ANTONIO SANGIO

GUIANDO A LAS
ALMAS PERDIDAS

AYUDANDO A LOS ESPÍRITUS A REGRESAR A
LA LUZ A TRAVÉS DE LA HIPNOSIS

Primera edición, 2021
Web del autor: www.antoniosangio.com
Diseñador de la carátula: Rob Williams
Diagramación: Antonio Revilla Leyva
Edición y corrección de estilo: Alejandra Travi Ponce
Coordinación editorial: Juan Pablo León Almenara

ISBN: 978-1-7359669-4-6
Editado en Perú

*A mis hijos Tony, Christian y
Sebastián, a través de quienes aprendí
el amor, la paciencia y la compasión.
Este libro es para ustedes.*

ÍNDICE

INTRODUCCIÓN: Explicando lo inexplicable 11

I. DEFINIENDO CONCEPTOS ESPIRITUALES 15
    ¿Qué es el espíritu?
    ¿Qué es el alma?
    ¿Qué es el ego?

II. LA ESPIRITUALIDAD 19

III. EL ESPIRITISMO 21

IV. LOS ESPÍRITUS EN LAS CULTURAS ANTIGUAS 23
    Mesopotamia
    Antiguo Egipto
    Antigua Grecia
    Antigua China
    La cultura maya
    Los incas

V. LOS ESPÍRITUS Y EL CHAMANISMO 29

VI. LAS PLANTAS SAGRADAS 33
    Ayahuasca y chacruna
    Hongos sagrados, carne de los dioses
    San Pedro

VII. LA MUERTE SEGÚN LAS RELIGIONES Y DOCTRINAS 37
    El budismo
    El cristianismo
    El islam
    La doctrina Espírita

VIII. LA ATEMPORALIDAD DEL ALMA 43
    ¿Qué es el tiempo?
    La ilusión del tiempo
    El alma a través del tiempo
    Lanzada desde un balcón
    Manos ardientes
    La sirvienta inocente

IX. LAS ALMAS PERDIDAS   65
¿Por qué el alma se pierde?
Atrapamiento inconsciente
Un fantasma en casa
El bombero con amnesia
Atrapamiento consciente
La niña en el hoyo
El embarazo imaginario
Los espíritus obsesores

X. ESPÍRITUS EN NUESTRO CAMPO VIBRATORIO   93
El aura
El ego y la consciencia espiritual
Regresión al vientre materno

XI. ESPÍRITUS PARÁSITOS   99
El pueblo incendiado
El exorcismo
Mi trabajo: asistencia espiritual
El mensaje de César
¿Posesión o apego?

XII. ENERGÍAS QUE SE CONFUNDEN CON ESPÍRITUS PARÁSITOS   117
Abortos
Desorden de personalidades múltiples y subpersonalidades
Formas de pensamiento
Walk-ins
Implantes

XIII. LOS ESPÍRITUS EN LA HIPNOSIS   123
El trance y los estados expandidos de conciencia
¿Cómo una persona entra en trance?
¿Solo podemos entrar en trance por medio de una inducción?
Mitos sobre la hipnosis
Los estados de la mente
¿Qué sucede cuando estamos en trance y para qué se usa?

XIV. EL ESPACIO DEL 'NO TIEMPO' Y LOS ESPÍRITUS DE SERES QUERIDOS   131
Giovanna y la abuela
¿Cómo y cuándo se puede utilizar la herramienta del 'no tiempo'?
El padre de la novia
Adiós, hermano
El amor de una madre

XV. EL ESPACIO DEL 'NO TIEMPO' Y OTROS ESPÍRITUS   149
La médium que no quería su don
Un espíritu en casa

XVI. VIDAS PASADAS   159
¿Para qué sirve navegar por una vida pasada?
Evaluación de la vida pasada

XVII. ¿POR QUÉ SE PEGA UN ALMA PERDIDA?   163
Asuntos inconclusos
Conflicto con la víctima
Enviados por alguien más
Oportunismo
Hábitos y adicciones de su víctima
Esperando a un ser querido
Esperando para dar un mensaje
Para pedir perdón
La dueña del velorio
El espíritu de un violador
Un depredador sexual vengativo

XVIII. ¿CÓMO HALLAR ESPÍRITUS PARÁSITOS?   185
El escaneo espiritual
Otras formas de manifestarse
Un constructor en la Torre de Babel
Probando a los espíritus
Espíritus haciéndose pasar por guías
Espíritus haciéndose pasar por seres queridos
Espíritus que dicen venir a ayudar
Espíritus que dicen ser Satanás o demonios
Espíritus usando nombres conocidos y reverenciados
El espíritu suplantador
Un mal perdedor

XIX. SÍNTOMAS QUE CAUSAN LOS ESPÍRITUS PARÁSITOS   207
El espíritu suicida
El soldado que no se enteró de su muerte

XX. ¿QUIÉNES SON MÁS SUSCEPTIBLES A LOS ESPÍRITUS PARÁSITOS?   221
Personas que abusan de drogas o alcohol
Ayahuasca, hongos y otras plantas sagradas
Trasplante de órganos
Transfusión de sangre

    Los traumas y la fragmentación del alma
    Atrapamiento del alma
    Abortos
    Personas vibrando en una baja frecuencia
    Personas cerca de escenas de accidentes trágicos
    Personas que trabajan en hospitales
    El tablero de la ouija
    La madre agradecida
    El hombre mutilado
    El pacto de la joven

XXI. ¿CÓMO AYUDAR A UN ALMA PERDIDA A PARTIR A LA LUZ?   245
    La niña en la fiesta
    La hermana sin ojos

XXII. EL MIEDO Y LA PROTECCIÓN   267
    Autoprotección
    Técnicas de intimidación de las almas perdidas
    Un espíritu terco y mentiroso

XXIII. ¿QUÉ SUCEDE DESPUÉS DE LIBERAR A UN ALMA PERDIDA?   281

XXIV. ¿CÓMO AYUDARNOS Y AYUDAR A LOS DEMÁS?   283
    Reconstruyendo nuestro campo vibratorio
    Detectando almas perdidas en nuestro campo vibratorio
    Ayudando al espíritu a partir
    Durante el embarazo
    Las almas perdidas y las vidas pasadas

CONCLUSIONES   291

INTRODUCCIÓN

Explicando lo inexplicable

Muchas veces no necesitamos ver o tocar algo para saber que existe. Desde que llegué a este mundo, a cada minuto, mis pulmones respiran oxígeno para subsistir. No puedo visualizarlo, sin embargo, lo siento dentro mío en cada inhalación y exhalación. Lo mismo ocurrió cuando escuché la voz de mi madre por primera vez. En aquel instante, descubrí el amor incondicional sin que este sea realmente tangible para mí. Luego, al crecer y empezar a tener mis propios pensamientos, instantáneamente supe que habitaban mi mente sin tener que palparlos.

¿Cómo explicar aquello que no se puede ver, pero sí sentir? Desde pequeños, se nos ha pedido creer en cosas que no podemos comprobar con nuestros cinco sentidos. Por ejemplo, por mucho tiempo, la religión me exigió que creyera en un Dios que nunca había visto, tan solo observando su obra divina a mi alrededor.

Qué es la fe entonces, sino creer fervientemente en algo que no podemos tocar, pero sí percibir de otras formas. Hoy me encuentro ante la tarea y misión de revelar, transmitir y compartir el amor y la ayuda que le brindo a aquellos que, al igual que he mencionado líneas arriba, no puedo ver, ni comprobar que existen, pero sí sentir.

Esto se hace aún más difícil de entender porque, a pesar de no poder visualizarlos, me comunico con ellos. Puedo sentir sus miedos, angustias y dolores, y develar sus historias y singularidades.

Me refiero a los espíritus y almas perdidas, nuestros hermanos espirituales, quienes, a lo largo de los años, se han manifestado de diferentes maneras a través de mis clientes en trance.

En el camino de la hipnosis regresiva, he jugado diferentes roles: el de alumno, practicante, investigador, maestro, y, ahora último, el de comunicador. Así, ayudo a elevar el nivel de la consciencia humana y a abrir las mentes hacia otras dimensiones más sutiles.

La intención de este texto es compartir mi trabajo de asistencia a estos espíritus en todos sus niveles: sean almas perdidas, espíritus de nuestros seres queridos o aquellos más avanzados, cuya misión es la de guiarnos a la dimensión de luz que corresponde.

Quizás nunca pueda comprobar científicamente aquello que compartiré en las siguientes páginas, tampoco pienso que sea necesario en la labor terapéutica. Mi misión es enseñar a descubrirlos, comprenderlos y, sobre todo, a darles el amor que necesitan para que así puedan acabar con su atrapamiento y continuar su evolución espiritual.

***

A través de los años de trabajo terapéutico con hipnosis regresiva y espiritual, me he encontrado con todo tipo de situaciones. Una de ellas es el origen del trauma en el ser humano, que causa que parte de su energía se quede atrapada en aquel evento doloroso que experimentó. Esto genera que, a nivel subconsciente, cuando atraviese un escenario similar, reaccione de la misma forma que lo hizo a la edad en que el trauma se produjo.

Ni el subconsciente, ni el espíritu entienden de tiempo. Para ellos, todo sucede ahora. Es por eso que, a pesar de que hayamos atravesado un suceso traumático cuando teníamos tan solo tres años, este puede ocasionar que, al enfrentar un escenario parecido, reaccionemos como lo hicimos en aquella edad. No importa que tengamos cuarenta, cincuenta o sesenta años.

Una característica de la mente consciente es que nos protege en todo momento. Cuando ve que algún evento traumático puede sobrecargarnos, lo encapsula y lo envía a la mente subconsciente para lidiar con él más adelante, cuando estemos listos. Sin embargo, no recordar un hecho que pasó provoca un vacío en nuestra memoria.

Durante mis años de estudio, práctica e investigación en el campo de la hipnosis, he aprendido diferentes técnicas para ayudar a mis clientes a enfrentar esos recuerdos traumáticos que les estaban causando problemas en la actualidad. En varias ocasiones, esos sucesos se habían generado en experiencias en otros cuerpos, es decir, en vidas pasadas.

No pasó demasiado tiempo para que me diera cuenta que otra de las razones para la aparición de aquellos síntomas eran los espíritus perdidos pegados a su campo vibratorio. Estos no solo les hacían experimentar la misma dolencia física que sintieron antes de fallecer, sino que también les transmitían sus emociones, adicciones, creencias y hasta pensamientos suicidas, si este hubiese sido el motivo por el cual su cuerpo murió.

Mientras ganaba más experiencia en este campo, descubrí que uno de los aspectos más controversiales, y peor enfocados y entendidos era casualmente el de cómo trabajar con esos espíritus perdidos. Algunos de ellos habían decidido quedarse en la casa en la que vivieron antes de morir, adherirse a espíritus reencarnados o aparecerse en el mundo físico para comunicar algo.

Lamentablemente, algunas técnicas de hipnosis no tienen en cuenta a estos espíritus, otras los mencionan muy superficialmente, mientras que unas varias se refieren a ellos —especialmente a los perdidos— como demonios, energías negativas o entidades diabólicas. Peor aún, cuando se comunican con ellos, lo hacen como si se tratase de un exorcismo. Los insultan y les ponen todo tipo de adjetivos calificativos mientras utilizan el nombre de Dios para ello.

Muy aparte de la ignorancia y mala información que hay sobre estos espíritus y el trabajo terapéutico con ellos, podemos encontrarnos con el miedo humano a lo desconocido. Es este sentimiento el que hace que muchos terapeutas opten por cerrar sus ojos y pretender que esa otra consciencia pegada al campo vibratorio de sus clientes no existe, siendo ignorada por completo a pesar de sus intentos por dialogar.

En realidad, no importa cuánto sepamos de hipnosis, cuántas técnicas hayamos aprendido en el camino o cuántos clientes hayamos atendido. Si no sabemos cómo trabajar con las almas perdidas durante una sesión, nuestro trabajo terapéutico no estará completo.

Por ejemplo, si una persona sufre de asfixia en ciertos momentos del día y no existe un sustento médico para esto, ni tampoco algún evento traumático que pueda justificar dicho síntoma, deberíamos estar siempre abiertos a pensar que este puede estar siendo ocasionado por una energía pegada a su campo vibratorio.

Este fue el caso de una mujer que recibí en mi casa para una sesión de hipnosis. La asfixia que padecía era causada por el alma de una joven pegada a ella, quien había muerto sofocada en un incendio en su pueblo.

La motivación al escribir este libro ha sido la de transmitir el conocimiento de mi trabajo terapéutico con almas perdidas y espíritus a través de los años. No solo he ayudado a mis clientes a entender el origen de sus síntomas inexplicables, sino también a aquellas almas pegadas a ellos para que puedan resolver los asuntos inconclusos que no les permitían partir y a hallar el camino hacia la luz. Además, es esencial para mí contribuir a que la sociedad tome conciencia de la importancia del auxilio a estas almas errantes, que sufren sin comprender qué está pasando con ellas.

Debemos saber que un espíritu perdido merece el mismo respeto, tiempo y dedicación que le brindamos a esa persona que vino a atenderse con nosotros. Ellos merecen ser tratados con amor y compasión. Solo basta con recordar que todos somos chispas de la misma fuente de luz universal (Dios).

Deseo finalizar esta introducción con un fragmento de la presentación hecha por Emmanuel, guía espiritual del médium brasilero Chico Xavier en el libro "Obrero de la vida eterna", psicografiado y dictado por el espíritu de André Luiz:

"¿Cómo transferir inmediatamente para el infierno a la mísera criatura que se enredó en el mal por simple influencia de la ignorancia? ¿Qué se dará, en nombre de la sabiduría divina, al hombre primitivo, sediento de dominación y caza? ¿La maldición o el alfabeto? ¿Por qué conducir al abismo tenebroso al espíritu menos feliz, que solo obtuvo contacto con la verdad, en el momento justo de abandonar el cuerpo? En ese mismo razonamiento, ¿cómo llevar al cielo, con carácter definitivo, al discípulo del bien, que apenas se inició en la práctica de la virtud? ¿Qué género de tarea caracterizará el movimiento de las almas redimidas, en la Corte Celestial? ¿Se formarían apóstoles tan sólo para la jubilación obligatoria? ¿Cómo se hallaría en el paraíso, el padre cariñoso cuyos hijos han sido entregados a Satanás?"

I

DEFINIENDO CONCEPTOS ESPIRITUALES

Pienso que, para poder entender de qué estoy hablando cuando me refiero a los espíritus en las sesiones de hipnosis, es importante comprender lo que es un espíritu, lo que es el alma y el ego.

A la larga, nos daremos cuenta que las definiciones que se les ha dado en diferentes culturas son, básicamente, etiquetas para explicar algo que no se puede ver. En realidad, estamos hablando de los más grandes misterios de la humanidad.

¿Qué es el espíritu?

La palabra espíritu viene del latín *spiritus*, que significa respiro, y de la palabra griega *pneûma*, que se relaciona con los vocablos aliento, respiración y espíritu. Los griegos consideraban el *pneûma* como el soplo vital que anima el cuerpo.

Esto puede evidenciarse al recorrer las páginas de la Biblia, donde se hallan las siguientes definiciones de la palabra espíritu: viento, aire en movimiento, aliento y hálito. Ahí, en griego se le conoce como *pneuma*, en hebreo como *ruah* y en latín como *spiritus*; y se hacen las siguientes referencias:

Génesis 2:7 Entonces Jehová Dios formó al hombre del polvo de la tierra, y sopló en su nariz aliento de vida, y fue el hombre un ser viviente.

Job 34:14 Si él pusiese sobre el hombre su corazón, Y recogiese así su espíritu y su aliento.

Salmos 104:29 Escondes tu rostro, se turban; Les quitas el hálito, dejan de ser, Y vuelven al polvo.

En el antiguo Egipto, se contemplaba el 'Ka' como un componente del espíritu, el principio universal e inmortal de la vida, nuestra fuerza vital.

De acuerdo a la definición expuesta en "El libro de los espíritus", que fue escrito por Allan Kardec (Hippolyte Léon Denizard Rivail), basándose en una comunicación sistemática con médiums, los espíritus son seres inteligentes fuera de la creación, que pueblan el universo fuera del mundo material. Estos están revestidos de una sustancia vaporosa llamada periespíritu, la cual les permite elevarse en la atmósfera y transportarse adonde quieran.

A través de la historia de la humanidad se le han asignado distintos nombres a algo que en realidad no podemos ver o palpar, y cuya demostración científica es prácticamente imposible. Sin embargo, sabemos que existe y que es lo que le da vida al cuerpo.

Basta con haber presenciado la muerte de un ser querido para ver cómo, a los pocos segundos de esta, el cuerpo luce y se siente completamente distinto. Puede sentirse la ausencia de esa chispa de vida que se encontraba ahí tan solo unos segundos antes.

Para efectos de este libro y para ayudar al lector a tener un mejor entendimiento del mismo, nos referiremos al espíritu como un campo de energía con una identidad eterna con consciencia e inteligencia propias, cuya misión es la de evolucionar a través de reencarnaciones en distintos cuerpos, o vidas pasadas. Aunque, la verdad es que, para el espíritu, la vida es una sola ya que este es inmortal. Para él, el tiempo no es comprendido, pues todo lo que experimenta lo experimenta en el ahora. Esto quiere decir que, si el espíritu tuvo una vivencia en una reencarnación pasada en el Antiguo Egipto, para él, eso acaba de suceder.

¿Qué es el alma?

La palabra alma viene del latín *ánima* y del griego *psyché*. Este primer vocablo hace referencia a una entidad, que, de acuerdo a algunas tendencias religiosas y filosóficas, poseemos todos los seres vivos. Por otro lado, el segundo es un concepto de la cosmovisión de la Antigua Grecia que hace referencia a la fuerza vital de cada individuo que se encuentra ligada a su cuerpo y se desprende después de morir.

El doctor argentino José Luis Cabouli, creador de la Terapia de Vidas Pasadas (TVP), en su libro "Terapia de la posesión espiritual" dice lo siguiente sobre el alma:

En términos físicos, el alma es un complejo de campos electromagnéticos y lumínicos que sirven de soporte a la experiencia y manifestación de la consciencia, la realidad fundamental de nuestro ser.

Mientras tanto, en "El libro de los espíritus", Allan Kardec comparte la respuesta que obtuvo de los médiums al preguntar lo que es el alma:

¿Qué es el alma?

-Un espíritu encarnado.

¿Qué era el alma antes de unirse al cuerpo?

- Espíritu.

En consecuencia, ¿las almas y los espíritus son la misma cosa?

-En efecto, las almas no son sino los espíritus. Antes de unirse al cuerpo, el alma es uno de los seres inteligentes que pueblan el Mundo Invisible y que se revisten temporariamente de una envoltura carnal, para purificarse y esclarecerse.

Como se ha podido apreciar en las definiciones mencionadas líneas arriba, aunque el alma posee varios significados dependiendo de la vertiente religiosa o filosófica, todos coinciden en que el alma es un ser (energía) inteligente que ocupa el cuerpo y que se desprende del mismo cuando fallece.

Como con el espíritu, en este libro nos referiremos al alma como un ser encarnado de luz y energía con consciencia e inteligencia propias, es decir, dentro del cuerpo humano. Pero, también utilizaremos este nombre para el mismo espíritu que, a la hora de desencarnar y de no ir a la luz, mantiene su ego, personalidad, y creencias.

¿Qué es el ego?

La palabra ego, que viene del latín y significa 'yo', ha sido adoptada por la psicología y filosofía para hacer referencia a nuestra mente consciente. Es entendida como nuestra capacidad para percibir la realidad.

El ego, por lo tanto, concentra los fenómenos físicos que median entre la realidad del mundo exterior, los ideales del superyó y los instintos de ello. Por ende, hace que validemos nuestra opinión por encima de la de los demás, logrando que, automáticamente, nos liberemos de toda responsabilidad ante algún evento.

Desde mi punto de vista, el ego es esa parte que busca cuidarnos constantemente, tratando de asegurar en todo momento la supervivencia de nuestro cuerpo físico. Es casualmente el ego de lo que deberíamos deshacernos, tanto el terapeuta como el cliente, durante una sesión de hipnosis para poder trabajar en diversos traumas.

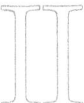

LA ESPIRITUALIDAD

En el diccionario de la Real Academia Española (RAE), encontramos los siguientes significados para la palabra espiritualidad.
- Naturaleza y condición de espiritual.
- Cualidad de las cosas espiritualizadas o reducidas a la condición de eclesiásticas.
- Obra o cosa espiritual.
- Conjunto de ideas referentes a la vida espiritual.

La palabra espiritualidad deriva del griego *voz spiritus*, que hace referencia a lo relativo a la cualidad de lo espiritual o del espíritu. Realmente, no tiene un solo significado. Se puede entender como la búsqueda de sentido, trascendencia o del reconocimiento de una conexión universal.

En las culturas antiguas, la espiritualidad estaba asociada a los dioses y la mitología, y a la búsqueda de una conexión psíquica con el más allá, con otras dimensiones.

Los egipcios creían que todos los aspectos de la vida estaban controlados por poderes sobrenaturales. Ellos consideraban que el universo funcionaba de acuerdo a una estricta regla universal denominada 'Ma'at', que significa verdad, balance, orden y armonía.

La espiritualidad, a través de la religiones, se puede entender como el camino en la búsqueda de la transformación. Si bien es cierto que algunos pueden interpretar la espiritualidad como un conjunto de doctrinas y convicciones, otros la entienden como el conjunto de valores del ser humano. No olvidemos que la espiritualidad existe con o sin religión alguna.

Para mí, la espiritualidad es comprender que somos un espíritu eterno con consciencia e inteligencia propias, cuya finalidad es la de evolucionar en el amor. Es entender que somos espíritus teniendo una experiencia humana en una escuela llamada planeta Tierra, al que venimos a experimentar y aprender a través de las emociones.

La espiritualidad significa ser conscientes de que nosotros mismos, antes de reencarnar, planeamos las situaciones que enfrentamos, estamos enfrentando y que enfrentaremos en el futuro. Es por ese motivo por el cual debemos hacernos responsables de esas situaciones, comprendiendo lo que nuestro espíritu creyó que debía aprender de ellas cuando las planificó.

Además, la espiritualidad busca que entendamos que somos parte de un grupo espiritual, una especie de aula con cuyos compañeros interactuaremos y representaremos distintos papeles de reencarnación en reencarnación. Significa comprender que no hay seres malos ni buenos, sino seres más evolucionados que otros. Es sentir amor y compasión por el prójimo, ayudándolo a levantarse para que siga su travesía, recordándole que llevamos a Dios dentro de nosotros, esa chispa de luz divina de la que todos venimos y que nos hace ser uno.

La espiritualidad también se centra en que los seres humanos concibamos que no somos víctimas del destino, ni de otros individuos, recordando que, si hoy nos tocó representar el papel de víctima, es porque seguramente en el pasado nos tocó interpretar el de victimario. Por eso, ahora nos toca sentir en carne propia aquello que le hicimos sentir al otro. Nada pasa por casualidad. Incluso los accidentes no son accidentes.

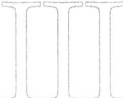

EL ESPIRITISMO

Desde la antigüedad, el hombre ha creído en la posibilidad de contactarse con personas que han fallecido. En algunas culturas, los chamanes se comunicaban con los espíritus en estado de trance, mientras que en otras se veneraban a los muertos y ancestros, basándose en el amor hacia ellos y en la creencia de la continuidad de su existencia. Incluso creían que estos podían influenciar en la fortuna de los vivos.

Sin embargo, si hablamos de espiritismo, debemos referirnos a su origen en la doctrina francesa Spiritisme, de mediados del siglo XIX, cuyo máximo representante ha sido Allan Kardec, quien además de publicar "El libro de los espíritus", también publicó "El libro de los médiums".

Fue Kardec quien definió el espiritismo como la ciencia que estudia la naturaleza, origen y destino de los espíritus; además de la relación de estos con el mundo físico y las consecuencias morales de esos nexos.

El espiritismo se basa en varios conceptos: la existencia de Dios como un ser supremo e inteligente y de los espíritus como seres individuales creados por Dios, la ley de causa y efecto (karma), la pluralidad de los mundos habitados —no solo reencarnamos en este planeta—, la igualdad de los espíritus y la creencia de que los ángeles y demonios son en realidad espíritus con diferentes niveles de evolución.

Con el transcurrir de los años, el espiritismo se ha venido practicando en otros países, donde se ha dividido en dos corrientes: una como ciencia y filosofía moral, y la otra como ciencia, filosofía y religión, siendo Brasil su base y Chico Xavier su mayor exponente.

Apoyándonos en las definiciones brindadas líneas arriba, podríamos deducir entonces que la diferencia entre espiritualidad y espiritismo es que la primera se enfoca en el desarrollo espiritual de la persona, en la evolución y la conexión con el universo y otras dimensiones; mientras que el segundo concepto hace referencia a la comunicación con los espíritus, con esa conciencia individual e inteligente que no podemos ver.

En este libro, entenderemos que, a pesar de que en ciertas ocasiones nosotros mismos iniciamos una conversación con espíritus a través de personas en estado de trance, habrá casos en que el diálogo será espontáneo y originado por ellos.

Esta comunicación puede tener distintos objetivos, como brindarnos un mensaje, resolver un conflicto, comprender lo que impide a este espíritu avanzar y ayudarle a tomar consciencia de que su cuerpo ha muerto y que se está manifestando a través de otro que no le pertenece. Lo fundamental es ayudar al espíritu y a la persona a cuyo campo vibratorio se pegó.

LOS ESPÍRITUS EN LAS CULTURAS ANTIGUAS

En la actualidad, se conocen diversas evidencias que demuestran la fuerte creencia en la vida después de la muerte que tenían varias civilizaciones antiguas. Estas coincidían en que, para que pueda haber vida luego de fallecer, era necesaria la existencia de algún tipo de sustancia o cuerpo sutil.

Confiaban también en que la calidad de vida *post mortem* dependía directamente del tipo de vida que tuvo el individuo en el mundo físico, así como de la forma en que se conservó su cuerpo tras su deceso. Incluso, en muchas de estas culturas, era clave la manera en que se colocaba el cuerpo, la posición en la que se enterraba y el lugar de la sepultura.

Mesopotamia

En la antigua Mesopotamia, ubicada donde actualmente se encuentra Irak y la zona limítrofe con el noreste de Siria, la muerte era considerada el último acto de vida, y de la cual no había retorno. Tras fallecer, el espíritu iba a lo que se conocía como Irkalla o 'la tierra de los muertos', una gran caverna ubicada bajo tierra.

Era en Irkalla donde se pensaba que los habitantes continuaban una versión oscura de la vida terrenal, donde el único alimento era polvo o tierra seca. La gobernante del inframundo era la diosa Ereshkigal, quien vivía en el palacio Ganzir.

Todos los espíritus iban al mismo lugar después de fallecer. Ahí no importaba su accionar en vida, pues todos eran tratados de la misma manera. No había ningún tipo de juicio o evaluación del difunto.

Antiguo Egipto

Las doctrinas religiosas del Antiguo Egipto incluían tres ideologías: la creencia en el inframundo, en la vida eterna y en el renacimiento del espíritu.

El concepto de la vida eterna era generalmente visto como un renacer indefinido. Por ello, al morir, los espíritus eran guiados a Osiris para nacer de nuevo. Los egipcios contaban con una serie de rituales de entierro, considerados necesarios para asegurar la inmortalidad del alma.

Ellos creían que la personalidad humana tenía varias facetas y que la persona era, en realidad, una entidad completa. Dependiendo del desarrollo de la persona, esta podría utilizar diferentes formas después de fallecer para asistir a aquellos que quisiera y para, inclusive, vengarse de sus enemigos. Entre esas formas, se encontraban las siguientes:

- Khet era la forma física que el espíritu necesitaba para poseer inteligencia o para poder ser juzgado por los guardianes del inframundo. Por este motivo, el cadáver debía ser preservado tan cuidadosamente como fuera posible.

- Sah era el cuerpo espiritual que permitía interactuar con diferentes entidades del más allá. Se creía que este le concedía al espíritu volver para vengarse de aquellos que los hubiesen perjudicado en vida.

- Ib o el corazón era el nexo para la emoción, pensamiento, deseo e intención. En Egipto, el corazón era la llave para la vida después de la vida, una parte fundamental para el juicio que enfrentaría el espíritu. Por eso, este órgano debía ser conservado lo mejor posible dentro del cuerpo momificado.

- Ka era el concepto de la esencia vital, la diferencia entre una persona viva o muerta. La muerte se producía cuando el Ka salía del cuerpo.

- Ba era la personalidad, lo que hacía a una persona única.

- Shut era la sombra que siempre está presente y que contiene parte de la persona.
- Sekhem era la forma, la fuerza vital que existe en la otra vida una vez que se haya pasado el juicio.
- Ren era el nombre. Como parte del alma, el Ren les era dado a los seres humanos a la hora de nacer. Se creía que estos vivirían mientras se pronunciara su nombre.
- Akh era el intelecto y se comprendía como una entidad viva.

Antigua Grecia

En la Antigua Grecia, cuando una persona moría, se colocaba una moneda en la boca del difunto como pago a Charon, el hijo de Erebus y Nyx, cuya función era transportar a los espíritus por los ríos Styx y Acheron después de haber recibido los rituales fúnebres.

Una vez que el espíritu se encontraba al otro lado, se topaba con Cerberus, perro de tres cabezas que vigilaba el portal del inframundo; para luego ir hacia donde los jueces y rendir cuenta de las decisiones que tomó en vida.

El destino final del espíritu dependía de este juicio. Unos cuantos iban a Los Campos Elíseos, algunos a la Llanura de Asphodel y otros terminaban en la oscuridad de Tartarus. Ningún espíritu era condenado por toda la eternidad.

Antigua China

En esta civilización, considerada una de las más antiguas del mundo, se creía que la vida después de la muerte era una especie de viaje a través de un puente hacia la otra vida. Los espíritus eran juzgados como dignos o indignos durante esta odisea. Si habían tenido buenas acciones, podían continuar la travesía, pero si habían hecho el mal, caían del puente al infierno.

Un entierro apropiado era de gran importancia en esa época. La tierra bajo el terreno era considerada propiedad de los dioses, y no se podía cavar una tumba sin primero honrarlos y 'comprarles' aquella área.

Además, se pensaba que el espíritu constaba de dos partes: el 'po' y el 'hun'. El primero estaba asociado a la oscuridad, agua y tierra, y el segundo a la luz, fuego y a los cielos.

La cultura maya

Para los mayas, la vida y la muerte eran complementos indispensables. Ellos creían que la muerte no era el destino final. Por eso, en sus tumbas, colocaban alimentos en forma de ofrendas para su recorrido después de fallecer. Dependiendo de la jerarquía y prestigio del difunto, era posible el sacrificio de mujeres sirvientes para que le acompañaran en su camino.

La preparación del cuerpo podía incluir la colocación de maíz molido en la boca junto con una bebida a la que llamaban 'koyem'.

La concepción maya de la vida después de la muerte es parecida a la de Mesopotamia, donde se consideraba el inframundo como un lugar oscuro y terrible. En el inframundo Maya, también llamado Xibalba o Metnal, había señores de la muerte que podían engañar al espíritu, quien se encontraba en busca del paraíso.

Una vez que el espíritu descendía al inframundo, no había retorno.

Los incas

La cosmovisión andina inca contemplaba la naturaleza, el hombre y la Madre Tierra (Pachamama en quechua) como un todo. Bajo esta visión del mundo, tanto el hombre como los animales, las plantas y las montañas tienen un alma, una fuerza vital.

El Imperio Inca consideraba que el mundo tenía tres planos:

- Uku Pacha: inframundo o mundo de los muertos.
- Kay Pacha: el mundo del presente y del aquí, donde los seres vivos pasan sus vidas.
- Hanan Pacha: el mundo de arriba, celestial o supraterrenal, donde solo las personas justas podían entrar cruzando un puente hecho de pelo. Este era el mundo donde habitaban los dioses como Viracocha, Inti, Mama Quilla, Pachacamac, Mama Cocha, entre otros.

Los incas creían en la continuación de la vida después de la muerte. Era por esta razón que enterraban a sus difuntos en posición fetal dentro de fardos funerarios, recreando el vientre materno para iniciar el proceso del renacer, ya que ellos creían en la reencarnación.

De acuerdo a los escritos de Felipe Guamán Poma de Ayala, cronista amerindio de ascendencia incaica, el proceso de preparación del cadáver incluía vestirlo con las mejores prendas y accesorios, acompañándolo con los productos que más le gustaron en vida. Dependiendo del estatus social, algunos objetos de oro y plata eran puestos en las tumbas. El oro representaba el sol y la plata la luna.

***

Si bien solo he mencionado algunas culturas de las muchas que han existido antiguamente, es sencillo encontrar en ellas un común denominador: la creencia en la vida después de la muerte y el proceso por el cual pasa un espíritu desde que deja su cuerpo, atravesando una etapa de juicio o evaluación de su experiencia terrenal, para luego llegar a un destino final de acuerdo a cómo vivió aquella vida.

Otras culturas que también creyeron en la vida después de la muerte fueron los aztecas (México), los maoris (Nueva Zelanda), los antiguos romanos, los celtas (Europa central), los indios americanos (Estados Unidos) y los vikingos (Escandinavia).

Algunas civilizaciones antiguas y algunas religiones en la actualidad han manejado el concepto del cielo y el infierno. El primero es considerado un lugar o plano superior, una especie de paraíso al que se le ha conocido con diferentes nombres como: los siete cielos, tierras puras, Tian, Jannah, Valhalla, entre otros. El segundo es considerado por muchas religiones y culturas como el lugar de tormento y castigo después de morir. Se cree que este sitio está localizado en otra dimensión, debajo de la superficie terrestre. Además, se han mencionado otros destinos *post mortem,* tales como el limbo y el purgatorio.

Resulta sorprendente que, a pesar de haber estado separadas por vastos territorios y océanos, sean tantas las culturas de la antigüedad que coincidan en sus creencias y descripciones del recorrido del espíritu luego de fallecer. ¿Cómo pudieron ser tan similares sus ideas y principios? ¿Qué los llevó a creer que el espíritu sigue un nuevo sendero tras abandonar su cuerpo físico?

LOS ESPÍRITUS Y EL CHAMANISMO

Desde tiempos inmemorables, el ser humano ha creído en la existencia de un mundo paralelo habitado por seres incorpóreos con conciencia e inteligencia propias. A estos seres se les solicita favores y ayuda, pero también se les atribuye ser los causantes de enfermedades físicas, emocionales y psicológicas.

En distintas culturas, territorios y lenguajes, se cree que existieron y aún existen personas con dones extrasensoriales y amplios conocimientos sobre la naturaleza, que buscan el contacto con estos seres para aliviar los pesares del individuo enfermo. A ellas, consideradas una especie de médicos y expertos en la materia, se les conoce como chamanes.

La palabra chamán hace referencia a los sanadores de Turquía y Mongolia, en el centro-norte de Asia (Siberia). Chamán significa médico en turco y es el equivalente a los *medicine man* (hombre medicina) de las tribus indias de Norteamérica, a donde arribaron desde Siberia.

El chamanismo se entiende como una clase de creencia y práctica heredada de las culturas antiguas, que asegura poder diagnosticar y curar distintos malestares y sufrimientos del ser humano a través de los chamanes y su conexión con el mundo de los espíritus.

Además, el chamanismo es considerada una de las formas más primitivas de establecer una comunicación con los espíritus. Se basa en la premisa de que el mundo está plagado de estos entes invisibles, quienes habitan en una dimensión paralela a la nuestra, coexistiendo con ella y afectándola de diferentes maneras.

El chamanismo cree que los espíritus pueden ser buenos o malos, y que el chamán puede sanar las enfermedades generadas por aquellos malignos por medio de técnicas que inducen a un trance para obtener visiones al respecto.

Los chamanes pueden contar con las siguientes habilidades:

- Comunicación con mundos más sutiles.
- Asistencia de uno o más espíritus, pudiendo incluso tener un espíritu animal como guardián.
- Dones mentales, como ser intuitivo y sensitivo.
- Comunicación directa con los espíritus por medio del estado de trance hipnótico.

A pesar de que el chamanismo cree que las enfermedades son provocadas desde el mundo espiritual por espíritus malignos, el chamán utiliza tanto métodos físicos como espirituales para curar. En ocasiones, en estado de trance, entra al cuerpo del paciente pare hacerle frente a ese espíritu que origina la dolencia. Gracias a que algunos cuentan con un excelente conocimiento sobre plantas medicinales de su localidad, pueden recetar un régimen de hierbas como tratamiento.

El chamán no solo utiliza el trance hipnótico para acceder a la otra dimensión o mundo de los espíritus. También emplea herramientas y métodos, como el humo del tabaco, el compás de un tambor, el fuego, bailes, ícaros (canciones medicinales), vigilias, entre otros.

En algunas regiones de América del Sur, a los chamanes se les denomina también curanderos. En el Imperio Inca, llamado Tawantinsuyo, se les conocía como Willac Umu (sumo sacerdote en quechua) y se distinguían por poseer conocimiento en medicina, religión y astronomía. Contaban con un excelente dominio en la comunicación con espíritus, los cuales podían introducirse en ellos para ayudar a otros que sufrían de problemas físico-psíquicos o psicosomáticos.

En Corea, el chamanismo lleva el nombre de Muísmo y está ligado totalmente a la figura del chamán y de su rol como puente entre el cielo y la tierra. En esta región, las personas que aún practican esta religión tradicional realizan rituales chamánicos para eliminar el rencor que siente el fallecido hacia el mundo de los vivos. Entre las ceremonias para guiar a los espíritus al inframundo, se encuentra el 'cheondogut', que es oficiado por un profesional que juega el rol de intermediario entre el mundo de los dioses y el mundo de los vivos.

En la cultura maya, los chamanes tenían un rol muy importante puesto que se les consideraba la conexión directa entre los hombres y los dioses. Ellos eran quienes aconsejaban distintos métodos de curación en la época donde la medicina occidental no existía. Es así que, mediante el uso de plantas con efectos alucinógenos, buscaban separar el cuerpo del espíritu, para así tener visión de otros planos más sutiles o de otras dimensiones.

LAS PLANTAS SAGRADAS

Desde tiempos antiguos, los seres humanos han utilizado plantas con efectos alucinógenos, tanto para sanar enfermedades como para entrar en un estado de conciencia expandida, con el fin de contactarse con otras dimensiones y los espíritus que las habitan, sean estos seres de luz avanzados o sus propios ancestros.

Muchos creen que las plantas medicinales cumplen la misma función que las sagradas, pero no es así. Las plantas medicinales, que pueden ser miles alrededor del mundo, son aquellas que poseen facultades curativas. En cambio, las plantas sagradas son aquellas que, además de ser curativas, tienen la característica de ser psicoactivas y de poder llevar al que las consuma a estados expandidos de conciencia, a una especie de trance hipnótico o místico.

El uso de plantas sagradas no es ajeno al chamán, quien cuenta con un amplio dominio y conocimiento sobre ellas. Estas, por lo general, actúan sobre el sistema nervioso central originando cambios en sus funciones.

Eso sí, para que la experiencia sea favorable, la persona debe tener una intención correcta y debe saber cómo utilizar la planta. A diferencia de la hipnosis, las plantas sagradas nos inducen a un estado sobre el cual no tenemos control que durará hasta que acabe su efecto, lo que quiere decir que no tenemos poder sobre la vivencia total. Si, por algún motivo, lo que estamos sintiendo no es lo que deseábamos o simplemente no es de nuestro agrado, lamentablemente tendremos que soportar la experiencia completa.

Otro punto clave a considerar es que, cuando nos encontramos en un estado alterado de conciencia, nuestro espíritu sale de nuestro cuerpo, quedando desprotegido y expuesto a otros espíritus o almas perdidas que pueden aprovechar la oportunidad y adherirse a nuestro campo vibratorio.

No todas las experiencias son malas o peligrosas, pues sé de muchas que resultaron siendo altamente positivas para el individuo. Sin embargo, siempre recomendaré investigar y conocer al chamán que se encargará de guiarlos y cuidarlos, pues, lamentablemente, la ambición ha terminado por prostituir las plantas milenarias usadas por nuestros antepasados. Actualmente, es muy común toparse en Internet con personas ofreciendo ceremonias individuales o grupales sin tener un conocimiento real de las plantas y su impacto en el ser humano.

Otra de las cosas que aconsejo es tener muy clara nuestra intención. ¿Qué necesito obtener de esa experiencia? ¿Para qué la necesito? También es importante elegir a las personas correctas para que nos acompañen y un lugar óptimo y armonioso ya que, como veremos más adelante, hay ciertos espacios e individuos que actúan como grandes repositorios de almas perdidas.

Personalmente, he presenciado sesiones de hipnosis donde personas relataban cómo, durante una ceremonia de ayahuasca, su alma salía de su cuerpo mientras parásitos energéticos entraban en él sin que ellos pudieran hacer nada al respecto.

Existe una gran diversidad de vegetación sagrada, pero he elegido solo tres preparados botánicos. Algunos de estos producen lo que se llama 'una pequeña muerte', la cual ayuda al espíritu a salir del cuerpo en busca de otras dimensiones.

Ayahuasca y chacruna

La palabra quechua ayahuasca significa 'soga de los muertos' o 'liana de los espíritus', y es considerada un puente entre el mundo físico y el mundo espiritual, entre la salud y la enfermedad, entre la vida y la muerte. Se trata de un enorme arbusto trepador que posee lianas de hasta 30 metros de largo.

Esta planta cocida en agua caliente junto con el arbusto chacruna resulta en una bebida poderosa también llamada ayahuasca o yagé. Esta, al ser ingerida, incrementa la cantidad de DMT (Dimetiltriptamina) que todos tenemos en la glándula pineal, produciendo efectos físicos y cerebrales que llevan al individuo a experimentar un estado alterado de conciencia. Este no es un alucinógeno ni una droga.

Empleadas por los pueblos amazónicos de Bolivia, Brasil, Colombia, Ecuador y Perú, la ayahuasca y la chacruna son consideradas plantas maestras que se utilizan mayormente para trabajar en nosotros mismos, mientras exploramos los laberintos de nuestra mente y abrimos nuestro espíritu a otras realidades. Sin embargo, no es raro que durante esa experiencia fuera del cuerpo se nos muestre vidas pasadas o que se tenga contacto con espíritus que vienen a ayudarnos o a brindarnos información.

Hongos sagrados, carne de los dioses

También llamados hongos mágicos, estos organismos pertenecen a las especies psicoactivas. Su uso está ampliamente documentado en la zona de Centroamérica, sobre todo por los aztecas, quienes solían consumirlos con fines sagrados. Su nombre es teonanácatl, que significa 'carne de los dioses'.

Al consumirlos, estos causaban alucinaciones y visiones de aquellas deidades a las que veneraban.

San Pedro

También conocido como 'wachuma' o 'huachuma', es una especie de cactus psicoactivo utilizado en la actualidad por indígenas procedentes de Perú, Bolivia y Ecuador. Este cactus contiene mescalina, un alcaloide con propiedades alucinógenas.

En sesiones de curanderismo en el norte del Perú, se acostumbra tomar un brebaje al que llaman 'el remedio', cuyo ingrediente principal es la pulpa del San Pedro. Esta bebida es ingerida por los asistentes a sesiones de curanderismo, que son guiadas por chamanes, con la finalidad de estar en un estado alterado de conciencia durante la ceremonia, facilitando el trabajo a realizar en ellos mismos.

Los chamanes afirman que esta sustancia les permite percibir lo que a simple vista es invisible, para así poder conectar con los espíritus en esa dimensión, pedirles ayuda e información.

***

Por lo descrito líneas arriba, podemos notar que el ser humano ha estado en búsqueda de un contacto con otras dimensiones y con los espíritus que residen ahí desde hace muchos años. Los motivos son realmente diversos, pero todos concuerdan en el deseo de hallar las respuestas a sus preguntas, sanar sus enfermedades, encontrar protección, recibir consejos y hasta reconectar con algún ancestro del cual necesitan alguna información.

Si bien es cierto que todos tenemos la capacidad de conectarnos con estos espíritus y dimensiones, en muchas ocasiones recurrimos a personas que cuentan con un amplio conocimiento sobre la materia para que sirvan como intermediarios. Estamos hablando de los chamanes, quienes juegan el rol de puente entre el mundo físico y espiritual para lograr estos propósitos.

Otra manera en la que el ser humano ha logrado dicha conexión ha sido mediante el uso de plantas consideradas sagradas. Estas poseen agentes psicoactivos y alucinógenos que llevan al individuo a un estado de conciencia expandido para así lograr la tan deseada comunicación.

En la actualidad, se puede recrear ese estado de otras maneras. La meditación es una de ellas, pero la más efectiva y conocida es la hipnosis, entre las cuales se encuentran la hipnosis regresiva y espiritual.

Si bien, recientemente, el uso de la hipnosis ha alcanzado gran difusión, la verdad es que esta ha sido utilizada desde la antigüedad, cuando ni siquiera era conocida con ese nombre. Si nos remontamos al antiguo Egipto, unos 4.000 años atrás, encontraremos los templos del sueño o templos oníricos, bajo el mandato de Imhotep, sumo sacerdote del dios solar Ra en Heliópolis.

Estos espacios eran una especie de hospitales dedicados al tratamiento de dolencias de origen psicológico. El procedimiento incluía cánticos, colocar al paciente en un estado de trance y analizar sus sueños para determinar el tratamiento a seguir.

LA MUERTE SEGÚN LAS RELIGIONES Y DOCTRINAS

El budismo

Al igual que otras religiones, el budismo cree en la reencarnación, es decir, en regresar a la Tierra en otro cuerpo físico tras la muerte del cuerpo actual. Esta doctrina filosófica y espiritual original de la India comprende una variedad de tradiciones, creencias religiosas y prácticas espirituales principalmente atribuidas al sabio y eremita Buda Gautama.

Para el budismo, la calidad de vida en una reencarnación futura dependerá de la calidad de vida que estamos llevando ahora, o sea nuestras acciones actuales influirán directamente en cómo viviremos en el cuerpo que tengamos en el futuro. Esto también se conoce como el dharma (las acciones hechas para bien) y el karma (la consecuencia de lo realizado). En otras palabras, se trata de las leyes de causa y efecto.

La intención del budista es conseguir la evolución constante a lo largo de las reencarnaciones para poder lograr la iluminación. Dos objetivos fundamentales para esto son: la liberación del Samsara (Saṃsāra en sánscrito), que es el ciclo de nacimiento, vida, muerte y reencarnación; y, la iluminación, que convierte al individuo en Buda.

El budismo cree que una mente y cuerpo sutiles pueden guardar la información kármica de todas nuestras acciones físicas, mentales y verbales realizadas de reencarnación en reencarnación. Según esta religión, es de suma importancia el nivel de conciencia en que se encuentra la persona momentos antes de fallecer. Es con esa finalidad que la tradición Mahayana ha desarrollado cánticos, rituales y procesos para ayudar al cuerpo a tener una transición más propicia.

En países budistas que practican la Mahayana, alguien debe susurrar el nombre de Buda al oído de la persona que está a punto de morir o que acaba de morir, de tal manera que esto sea lo último que escuche. Luego, el cuerpo es colocado en un ataúd rodeado por coronas florales y velas, pudiendo tomar lugar el funeral días después de la defunción para permitir que se lleve a cabo el primer estado de 'bardo', estado de existencia intermedia entre dos vidas en la Tierra.

En el Tíbet, país Mahayana, 49 días después de un fallecimiento, se lee al espíritu del difunto una guía detallada. En el caso de los budistas tibetanos, este texto es "El libro tibetano de los muertos". Se dice que, durante este período, el espíritu pasa por una serie de estados intermedios confusos y es capaz de ser influenciado por otros espíritus.

El cristianismo

La religión cristiana considera la muerte como una de las consecuencias del pecado original heredado de Adán. Sobre este tema, en la Biblia se puede encontrar lo siguiente:

Romanos 5:12 Por tanto, tal como el pecado entró en el mundo por medio de un hombre, y por medio del pecado la muerte, así también la muerte se extendió a todos los hombres, porque todos pecaron.

Romanos 6:23 Porque la paga del pecado es muerte, pero la dádiva de Dios es vida eterna en Cristo Jesús Señor nuestro.

Los cristianos creen que la muerte es la separación del alma (el aliento de vida, *psyche*) del cuerpo físico, para que luego el espíritu pueda volver a Dios. En la Biblia, se dice que, tras la muerte física, los creyentes son llevados por ángeles ante el creador.

Lucas 16:22 Aconteció que murió el mendigo, y fue llevado por los ángeles al seno de Abraham; y murió también el rico, y fue sepultado.

Por otro lado, tras la muerte, el incrédulo será llevado a un lugar de tormento llamado el Hades (Lucas 16:23)

La Biblia menciona también que Jesucristo regresará a la Tierra y juzgará a todos los hombres, siendo los injustos consignados al infierno, lugar de castigo eterno.

Entre los rituales cristianos de entierro, se encuentran el velatorio, en donde se prepara el cuerpo lavándolo, envolviéndolo o vistiéndolo; visualización o vigilia del cadáver; servicio religioso, donde se realizan lecturas de la Biblia, salmos y rezos, y se carga el ataúd de la iglesia al cementerio; y, servicio junto a la tumba, en el que un sacerdote encomienda el cuerpo a la tierra con la frase "ceniza a ceniza, polvo a polvo".

El islam

El islam considera la muerte como un traspaso o una vida en otra dimensión, donde el espíritu vive más allá del cuerpo. Es decir, esta religión, fundada por el profeta Mahoma, cree en una continuidad de la vida, en una fase intermedia entre la muerte y el día de la resurrección o juicio final.

Se cree que todos nacemos con un propósito que debemos cumplir antes de la muerte: adorar a Alá, único Dios verdadero, en sus términos y condiciones.

Noble Corán 51:56 Y no he creado a los genios y a los hombres sino para que me adoren.

Noble Corán 29:57 Cada alma probará la muerte.

El islam también mantiene su propia concepción del paraíso y del infierno, destinos a los que van las almas como consecuencia de sus actos después del juicio final.

En cuanto a los rituales mortuorios, al igual que el judaísmo, el islam prohíbe todo lo que no sea enterrar el cadáver bajo tierra. El cuerpo es tratado con un ritual de limpieza y luego envuelto en un paño blanco sin nudos para que el alma no sea impedida de salir. Una vez hecho esto, se procede al entierro en ausencia de ataúdes.

Según la tradición, una vez enterrado el cadáver y ante la ausencia de los familiares, los ángeles levantarán el alma. Pero, antes de acompañarlo al descanso, le harán cinco preguntas: ¿quién es tu Dios?, ¿quién es tu profeta?, ¿cuál es tu libro sagrado?, ¿quién es tu imán (posición de liderazgo religioso)? y ¿cuál es tu *qibla* (dirección de oración)? Si las respuestas son: Alá, Mahoma, el Corán, el nombre del imán y La Meca, entonces el alma encontrará su espacio de calma en el sepelio.

La doctrina Espírita

Si bien es cierto que en algunas partes del mundo es tratada como una especie de religión, no podemos afirmar que lo sea porque no cuenta con dogmas, cultos, rituales, jerarquías y no pide una fe ciega. El espiritismo es, en realidad, una doctrina filosófica con consecuencias religiosas ya que toca forzosamente las bases de toda religión: Dios, la vida, el alma y la vida futura.

Para dar una mejor explicación de lo que sucede al momento de la muerte, sería bueno referirnos a la descripción brindada en el libro "Los mensajeros espirituales", canalizado por el famoso médium brasilero Francisco Cándido Xavier (Chico Xavier), cuyo autor adicional fue André Luiz, quien a su vez fue un célebre médico en su última vida. Cabe resaltar que la explicación dada por él fue hecha desde el mundo espiritual, desde una dimensión más sutil invisible para nosotros.

Ahí, Luiz describe la asistencia espiritual que se le da a Fernando, un hombre de sesenta años que se encontraba en estado de coma hacía unos días. En el libro, cuenta cómo se utilizaba una especie de pases magnéticos para lograr la separación final del cuerpo y detalla cómo espíritus desencarnados estaban presentes en la habitación de Fernando con la finalidad de ayudarlo. Entre esos espíritus, se hallaba el de su madre.

Es fundamental resaltar que los familiares reencarnados, que también se encontraban en el cuarto junto a Fernando y sentían una gran aflicción por la condición del mismo, emitían una especie de red magnética sobre su espíritu, haciendo más difícil su desprendimiento.

La asistencia a Fernando acabó al ser cortada. Él describe ese aspecto como algo parecido a un cordón umbilical —tal vez lo que conocemos como el cordón de plata—, logrando así la separación completa del cuerpo para proceder a ser acompañado a la luz por los espíritus que le habían estado asistiendo.

Por otro lado, en el libro "Obreros de la vida eterna" del mismo autor y dictado también por André Luiz, se da una detallada descripción de la asistencia espiritual brindada a Dimas durante su desencarnación.

Aquí nos explica cómo la energía de Dimas fue separada del cuerpo gradualmente hasta formar una especie de cuerpo energético paralelo, el cual aún se encontraba unido al cuerpo físico por el mismo cordón al que se hizo referencia líneas arriba. Lo interesante de este caso, a pesar de que el cuerpo físico de Dimas ya había muerto, es que los espíritus que lo asistían dejaron el cuerpo energético unido a él hasta el día siguiente, por no encontrarse preparado para una separación más rápida.

¿Cuántas veces hemos escuchado a moribundos decirnos que son visitados por personas que ya habían fallecido? Lo cierto es que, durante el proceso de muerte, del desprendimiento del espíritu del cuerpo físico, el moribundo poco a poco va teniendo acceso a la otra dimensión. Es por eso que no es raro que cuenten que seres fallecidos están viniendo por ellos, ya que lo que en realidad está pasando es que estos espíritus vienen a asistirlo para el desprendimiento final.

Si hago referencia a mi propia experiencia, quizás podría contar sobre los momentos previos al fallecimiento de mi padre, quien, a pesar de no haber tenido una agonía prolongada, estoy seguro que su proceso fue muy parecido al descrito por André Luiz.

Dos días antes de su muerte, él pudo ver a mis tíos (los espíritus de sus hermanos fallecidos) venir a visitarlo y los saludó con gran sorpresa. Además, mientras veía como la vida en su cuerpo se apagaba poco a poco, pude notar cómo el último día prácticamente no sentía dolor. Cada vez que preguntaba si quería que le diera la pastilla que tomaba para el dolor, me dijo que no era necesario. Mi única explicación para esto es que ya estaba siendo asistido y que poco a poco lo estaban desconectando de su cuerpo.

Su habitación, que siempre se había caracterizado por ser caliente y, más aún durante la época de verano, se encontraba fría en su último día de vida. Yo sentía y sabía que ese cambio de temperatura se debía a la presencia de los espíritus que lo estaban asistiendo.

Lo curioso es que hasta su gato se dio cuenta de lo mismo, cuando de un momento a otro, pegó un maullido que lo hizo saltar del susto mientras pasaba por el pie de la cama de mi padre.

LA ATEMPORALIDAD DEL ALMA

Para hablar sobre la atemporalidad del alma, de lo que esto significa y de cómo esta se ve afectada o cómo funciona dentro de este concepto, pienso que primero deberíamos definir lo que es el tiempo; al menos lo que nosotros, espíritus reencarnados que vivimos en la tercera dimensión, entendemos por tiempo.

¿Qué es el tiempo?

El tiempo se puede entender como una magnitud física con la que se mide la duración o separación entre acontecimientos. A través del cerebro humano, el tiempo es lineal, es decir, con una secuencia y un orden: presente, pasado y futuro.

De acuerdo a la teoría de sistemas propuesta por el sociólogo alemán Niklas Luhman, el tiempo tiene una formación social, es decir, que está situado desde la perspectiva del observador, quien hace de manera concreta una distinción de un antes y un después. El antes es el pasado, el después es el futuro y el punto medio entre los dos es el presente en el que se encuentra la sincronización de la simultaneidad.

El tiempo cuántico, en cambio, es en donde se desenvuelve una persona en estado de trance hipnótico. Me refiero al tiempo existente en las dimensiones más sutiles, donde habitan seres incorpóreos.

La ilusión del tiempo

Los seres humanos estamos acostumbrados a ver el tiempo como una constante, pero el reconocido físico alemán Albert Einstein demostró que, en realidad, este es tan solo una ilusión. Puede acelerarse y desacelerarse, dependiendo de cuál sea nuestra velocidad a través del espacio. Un ejemplo de esto es el hecho de que los astronautas envejezcan más lento cuando están en el espacio exterior.

Para Carlo Rovelli, físico italiano y autor de "El orden del tiempo", entender el concepto común del tiempo es aceptar que este tiene varias capas. Él sostiene que la confusión al tratar de entender su significado se genera cuando tomamos todos sus atributos como un solo paquete, como un todo, cuando en realidad muchas de las propiedades y atributos del tiempo vienen de meras aproximaciones e implicaciones.

En el tiempo cuántico, el presente, pasado y futuro se funden en el ahora. Según las propiedades del universo cuántico, las partículas elementales de materia pueden estar en dos lugares o estados diferentes a la vez.

Por ejemplo, la teoría de Interpretación de Copenhagen, formulada en 1927 por el físico danés Niels Bohr con ayuda de Max Born y Werner Heisenberg, sostiene que una partícula se mantiene en superposición o en diferentes lugares a la misma vez hasta el momento en que se interactúe con ella o hasta que sea observada por el mundo exterior.

En 1935, el físico austriaco Erwin Schrödinger creó un ejemplo imaginario para entender esta teoría, donde se pone a un gato, un frasco de veneno y una fuente radioactiva en una caja sellada. Si un monitor interno detectase radio actividad, el frasco se rompería soltando el veneno que mataría al gato. En la Interpretación de Copenhagen de la mecánica cuántica, el gato de Schrödinger está en un estado de superposición cuántica de estar vivo y muerto al mismo tiempo y, solo abriendo la caja y mirando al gato, se convertiría en uno u otro.

Por otro lado, Magdalena Zych, directora del grupo de investigación de la Universidad de Queensland, sostiene que la superposición de estados no solo es una propiedad de las partículas elementales, sino también del tiempo. Bajo ese concepto, el gato en el ejemplo de Schrödinger no estaría vivo y muerto a la vez, sino que estaría comiendo y siendo envenenado a la vez en una espiral interminable.

El alma a través del tiempo

Podríamos pasar mucho tiempo tratando de entender el significado del tiempo y cómo este se relaciona con otras dimensiones, pero trataré de explicar lo inexplicable basado en lo que otros expertos en la hipnosis regresiva han encontrado, como es el caso de José Luis Cabouli, uno de mis maestros en el campo, pero fundamentalmente de lo que yo mismo he hallado en las sesiones con mis clientes.

Al iniciar la práctica de hipnosis, utilizaba la única técnica que conocía en ese entonces, la Quantum Healing Hypnosis Technique (QHHT), desarrollada por Dolores Cannon. En aquella etapa, pude notar cómo ciertas personas con síntomas físicos o psicoemocionales encontraban alivio al regresar a la vida pasada en que ese malestar se había originado.

Por citar unos ejemplos, vi a personas con glosofobia (ansiedad o miedo para hablar en público) regresar a supuestas vidas pasadas donde habían sido sentenciadas o ahorcadas ante una muchedumbre. Por algún motivo, su cuerpo reaccionaba exactamente igual a cuando fueron ejecutadas. Sentían ansiedad, miedo, falta de aire, rigidez en el cuerpo, entre otras dolencias. De alguna manera, su alma recordaba haber enfrentado una situación similar causando reacciones incomprensibles e incontrolables.

Otros clientes que sufrían de alergias y distintos problemas en la piel volvían a una reencarnación pasada en donde habían sido quemados en la hoguera —por citar solo una de las muchas explicaciones que yo mismo constaté— y, por algún motivo, su alma recordaba ese evento al enfrentar una circunstancia de injusticia similar.

También recibí personas con dolores inexplicables que no obtenían respuestas claras en sus exámenes médicos. Aquellas afecciones no tenían una justificación científica, pero las sentían y les afectaba en su día a día. Dejó de ser una sorpresa averiguar que la raíz de aquellos síntomas radicaba en sus vidas pasadas. Podía ser que la persona haya sufrido una herida o lesión en esa misma zona por un puñal, espada, bala u otro tipo de arma.

Por algún motivo, el alma recordaba aquellos eventos, que generalmente estaban asociados a la agonía de un cuerpo anterior. Es el mismo proceso que ocurre con un trauma de la infancia. Este puede hacer que, si enfrentamos un suceso similar o experimentamos una emoción parecida en la actualidad, reaccionemos igual a cuando éramos niños.

De la misma forma en que un trauma queda registrado en nuestro subconsciente —ya sea que recordemos ese evento o no—, nos puede afectar en un futuro y dictar cómo vamos a reaccionar ante una situación similar. El alma de esos clientes guardaba aquella información y hacía que respondieran así ante distintas situaciones.

Otra cosa que noté con esos clientes fue que, al visitar la escena de una vida pasada en la que el trauma o dolencia se produjo, por lo general el síntoma en el cuerpo actual desaparecía. ¿Cómo era esto posible? No importaba qué tan profundo había sido su trance hipnótico o si al salir de ese estado recordaban o no lo experimentado, el resultado era siempre el mismo.

Con el transcurrir del tiempo, aprendí técnicas adicionales, tales como Introspective Hypnosis, basada en la técnica del hipnoterapeuta colombiano Aurelio Mejía; Life Between Lives (Vida Entre Vidas), creada por el estadounidense Michael Newton; y, finalmente, la Terapia de Vidas Pasadas (TVP), creada por el argentino José Luis Cabouli.

Si bien continué guiando a mis clientes en la búsqueda del origen de sus padecimientos, generalmente ubicados en vidas pasadas, obteniendo resultados similares, no fue hasta que conocí el trabajo de José Luis Cabouli que entendí por qué traían al presente estas manifestaciones físicas y psicológicas de un cuerpo pasado.

La realidad es que el alma no entiende de tiempo. Puede ser que hace 3.000 años, en una vida pasada en Egipto, fuiste enterrado vivo, pero, para tu alma y espíritu esto acaba de suceder e, incluso, aún sigue sucediendo. El presente, pasado y futuro solo es una creación del cerebro humano para entender el tiempo, pero la verdad es que todo pasa ahora.

Lo que entendemos como vidas pasadas son, en realidad, vidas que están sucediendo en este momento en otra línea del tiempo. Esto vendría a ser lo mismo que dice la prestigiosa física Magdalena Zych, que todo ocurre ahora en un espiral interminable. Entonces, el pasado no es pasado porque está con nosotros ahora.

En el ejemplo de la vida en Egipto, donde pudiste haber desarrollado una claustrofobia antes de fallecer, es más que seguro que esos mismos síntomas puedan presentarse en un siguiente cuerpo, haciéndote reaccionar tal cual lo hiciste en aquella tumba tan solo estando en un ascensor o en un ambiente cerrado.

¿Por qué? La respuesta es simple. El espíritu nunca muere y, para él, la vida es una sola con experiencias en distintos cuerpos. Si nuestro espíritu (alma) no procesó algún evento correctamente en algún cuerpo que tuvo anteriormente, este síntoma nos seguirá de cuerpo en cuerpo, de reencarnación en reencarnación.

Compartiré un párrafo del libro "Obreros de la vida eterna", psicografiado por Chico Xavier, en donde Barceló, un espíritu asistente del grupo de servidores que se destinaba al apoyo de los enfermos mentales desencarnados, quien a su vez fuera profesor cuando estaba reencarnado en el plano físico, le explica a André Luiz la importancia de entender que la información guardada en nuestro subconsciente no se limita al tiempo de vida en el cuerpo físico, si no que va aún más allá:

El subconsciente es, de hecho, el almacén dilatado de nuestros recuerdos y la reserva de las emociones y deseos, impulsos y tendencias que no se proyectaron en las realizaciones inmediatas; no obstante, se extiende mucho más allá de la zona limitada de tiempo en que se mueve un cuerpo físico. Representa la estratificación de todas las luchas con las adquisiciones mentales y emotivas que les fueron consecuentes, después de la utilización de varios cuerpos.

Este fenómeno también es conocido con el nombre de atrapamiento del alma, que consiste en que parte de nuestra energía queda atrapada en el suceso que no se procesó correctamente, haciendo que lo revivamos una y otra vez.

El no comprender que el tiempo no existe y que todo pasa ahora es lo que limita el trabajo de un hipnotista o hipnoterapeuta en las regresiones a vidas pasadas, sin que ellos siquiera se den cuenta. Lo que hace todo esto aún más confuso para los profesionales en el campo es llevar las sesiones en tiempo lineal (pasado, presente y futuro) para un mejor entendimiento de nuestros clientes, pero a su vez, tener que analizarlas y utilizar tanto las vidas pasadas como los recuerdos de la vida actual de forma terapéutica en el tiempo presente, en el ahora, en el tiempo cuántico.

Para explicar este concepto de mejor manera, utilizaré un ejemplo inventado por mí:

Vamos a decir que John, quien ha sufrido un dolor crónico de espalda desde hace unos años, decidió agendar una sesión de Introspective Hypnosis conmigo. John ha ido a varios doctores para hacerse exámenes, pero no han encontrado ningún problema físico que estuviera desencadenando esta dolencia. También ha probado diferentes terapias alternativas para lidiar con este padecimiento, pero sin resultados positivos.

Para este ejemplo, vamos a suponer que John tuvo las siguientes vidas pasadas: Egipto en el 2589 a.C., Roma en el 509 a.C., Francia en 1789, dos vidas en Estados Unidos en 1861 y 1889 respectivamente, y en su vida actual vive en Colombia.

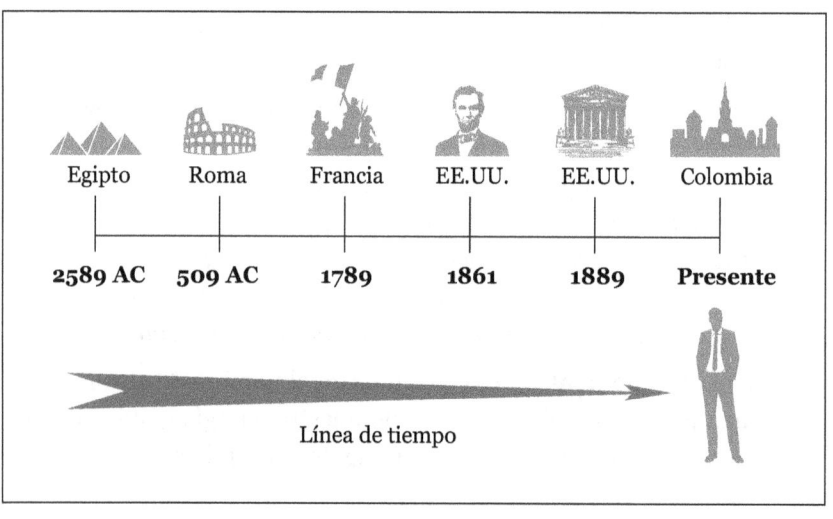

La gráfica está representando las vidas en otros cuerpos en tiempo lineal, en una secuencia de pasado y presente, para que sea fácil de entender.

Digamos que, ya en trance, mientras buscamos el origen de su dolor de espalda, John se traslada a su vida pasada en Francia, al momento en el que participa de una batalla.

Ya ahí, comienza a describir con lujo de detalles lo que acontece a su alrededor. Dice que hay muchas personas muertas, que la gente está luchando con espadas. Me explica que tiene miedo porque sabe que están en desventaja con el enemigo y, de un momento a otro, emite un gemido de dolor, diciendo "¡Mi espalda! ¡Qué dolor!". Al preguntarle sobre lo que está sucediendo, John responde que le han clavado una espada en la espalda.

A continuación, le pregunto lo que está sintiendo en el cuerpo, las emociones que está experimentando y lo que está ocurriendo a su alrededor —si se dan cuenta, mis preguntas están formuladas en tiempo presente—. John me dice que su cuerpo está apagándose, que tiene dificultad para respirar y que piensa en que va a dejar a sus hijos y esposa desprotegidos. Podemos agregar, inclusive, que durante los últimos minutos de vida, está pensando que aquella batalla es absurda y que tanto otros como él están muriendo por una causa carente de sentido.

En resumidas cuentas, en sus últimos minutos de vida, John generó una especie de visión de túnel mientras pensaba en la injusticia de la situación y en el futuro de su familia. Sería esta visión la que no le permitiría ser consciente de todo lo que está ocurriendo con él en tres niveles: físico, emocional y mental. Es decir, su alma no procesó la muerte correctamente y es esto lo que va a generar que parte de su energía quede atrapada en aquella experiencia, y lo que le causará el dolor de espalda en los cuerpos que ocupará a futuro.

Como parte del trabajo terapéutico, le ayudo a tomar consciencia de todo lo que estaba pasando mientras fallecía y lo acompaño hasta el momento en que su alma sale de aquel cuerpo, diciéndole que, con la muerte de ese cuerpo, esa experiencia ha acabado para siempre y que nada de lo que ha experimentado le va a afectar negativamente en el futuro. Al salir del trance hipnótico, ese dolor de espalda ha desaparecido.

Ahora bien, si pensamos en tiempo lineal (pasado, presente y futuro), podríamos asumir que, si el dolor se originó en la vida en Francia y en la vida presente vive en Colombia, el dolor que trajo a la actualidad también lo tuvo en las vidas que siguieron después de la de Francia, o sea las dos en Estados Unidos.

Bueno, en realidad no es que haya nacido en esas vidas con aquel padecimiento, sino que pudo haber aparecido, al igual que pasó en su vida actual, cuando experimentaba alguna emoción similar a la que experimentó mientras moría en Francia. Quizás, al sentirse preocupado por proveer a su familia y no dejarlos desamparados.

Hasta aquí, hemos visto la representación en tiempo lineal de las vidas pasadas de John, la manera en que el cerebro humano entiende el tiempo. Ahora, veremos cómo es que en realidad esas supuestas vidas pasadas funcionan y nos afectan.

En esta segunda gráfica, podemos apreciar que las vidas pasadas no ocurren en una secuencia lineal, sino que todas suceden a la vez. Es por eso que han sido colocadas alrededor de John.

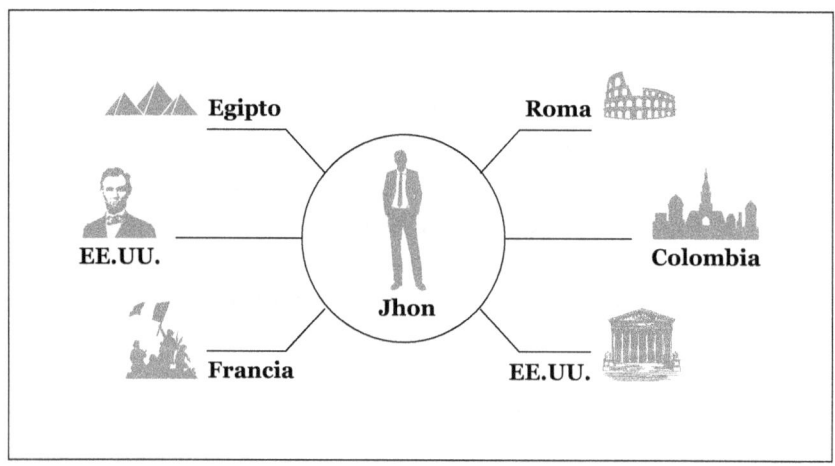

Si comprendemos que las vidas pasadas no son realmente pasadas, sino simultáneas en una línea de tiempo alternativo, podremos darnos cuenta que todo lo que sucede en otras vidas afecta a John; y, que todo lo que le afecta a él, afecta esas vidas y esos otros cuerpos que ha ocupado. Todo está conectado porque somos una misma alma, un mismo espíritu.

Ahora bien, yendo un paso más allá, pensemos en la batalla y consecuente muerte en Francia desde esa perspectiva. A la vez que pude ayudar a sanar aquella experiencia anterior, podríamos deducir que también ayudé a sanar todas las otras vidas interconectadas a su alma y espíritu.

Si ayudamos a John en una vida pasada, lo estamos ayudando en algo que está sucediendo ahora. Es por eso que el dolor de espalda que tenía en su cuerpo actual desapareció.

En este ejemplo, he explicado uno de los conceptos más confusos para un terapeuta. Cuando explico este punto en los cursos de Introspective

Hypnosis que dicto, siempre tengo que dedicarle minutos adicionales. Es difícil cuestionar y desarmar una idea que se nos enseña desde que nacemos.

Entender estos conceptos nos dará la flexibilidad que necesitamos tener mientras facilitamos sesiones de hipnosis porque, al hacerlo, nos daremos cuenta de que podemos aplicar todas las técnicas que hemos aprendido en todo momento, sin importar que se trate de un evento reciente, de la infancia o de un cuerpo anterior.

Para reforzar mejor la relación del alma y el tiempo, creo que es importante mostrar al lector algunas sesiones que he facilitado a lo largo de estos años. La mayoría de nombres de clientes que utilizaré en este libro han sido cambiados para proteger su identidad. Solo unos cuantos me dieron permiso de poner su nombre real. Todas las conversaciones durante los trances de hipnosis que presentaré son verídicas y han sido transcritas tal cual ocurrieron.

Lanzada desde un balcón

Sophia llegó a una sesión de Introspective Hypnosis para tratar algunas situaciones emocionales que estaba atravesando. Cuando la vi entrar a mi oficina, noté que caminaba lento y con mucho cuidado, como si no tuviese un buen balance.

Dentro de los problemas físicos que mencionó durante nuestra entrevista inicial, se encontraba un dolor de espalda crónico que había venido experimentando desde hace poco más de veinte años. Ese era el motivo por el cual tenía dificultad para andar y levantarse después de estar sentada por un tiempo. Había visitado a un doctor en algunas ocasiones, pero este no había encontrado nada que justificase lo que sentía. Sin embargo, el dolor seguía ahí.

Ya estando en trance, Sophia visitó una vida pasada en la que era una niña esclava de ascendencia afro que, junto a su madre, trabajaba en la casa del dueño de una plantación. Fue a través de este hombre que experimentó todo tipo de abusos y estuvo expuesta a situaciones muy tristes. Cuando le pedí que fuera a la siguiente escena clave de esa reencarnación, se dirigió a cuando ya era una joven casada que había sido liberada de la esclavitud.

Su esposo era alcohólico y la maltrataba constantemente. Mientras me relataba las discusiones que tenía con él y su agresividad, podía ver la expresión de terror en su rostro. Al preguntarle dónde estaba, me dijo que en un balcón o terraza.

Sophia: He caído de un balcón —me dijo con una expresión de dolor en el rostro.

Antonio: ¿Qué edad tienes ahí?

S: Treinta.

A: ¿Cómo pasó eso?

S: Alguien me empujó.

A: ¿Qué está pasando mientras te empujan?

S: Estoy gritando.

A: ¿Mientras caes?

S: Sí —respondió mientras gemía del dolor.

A: ¿Qué está ocurriendo?

S: Me golpeé con el suelo.

A: Y mientras eso está sucediendo, ¿cuáles son tus reacciones físicas? ¿Qué le está pasando a tu cuerpo físico?

En este punto, quería que reviviera aquella experiencia para que así pueda tomar conciencia de lo que le estaba pasando a su cuerpo. Si Sophia había regresado a ese evento, era porque había algo inconcluso, algo pendiente que debía terminar.

S: Está roto —contestó.

A: Y, mientras tu cuerpo está roto, ¿cuáles son tus reacciones emocionales en ese momento?

S: Ninguna.

A: Y, ¿cuáles son tus reacciones mentales mientras tu cuerpo está roto y no sientes emociones?

S: Voy a morir. Voy a morir.

A: ¿Cómo te afecta esto en tu vida como Sophia? Todas estas sensaciones, ¿qué te hacen hacer?

S: Sentir dolor.

A: Y ese dolor, ¿qué te impide hacer en tu vida como Sophia?

S: Caminar. Me duele cuando camino.

Habíamos encontrado el origen de su dolor de espalda y de los problemas para caminar que tenía en su cuerpo actual. Ahora, debía ayudarla a cerrar ese capítulo, a liberar parte de esa energía que se había quedado atrapada en aquel suceso, al no haber procesado correctamente la muerte de su cuerpo.

A: Vemos cómo empieza esta experiencia. Voy a contar del tres al uno y quiero que vayas al momento en que te empujan. Fíjate quién te está empujando —nótese que las preguntas que hago siempre están en tiempo presente—. Tres, dos, uno. Ya estás ahí. ¿Qué está pasando antes de que te empujen?

S: ¡Es mi esposo! —dijo sorprendida.

A: ¿Por qué te está empujando?

S: Está borracho —contestó mientras movía su cabeza de lado a lado.

A: Y, ¿qué más está ocurriendo?

S: Me dice que soy una buena para nada.

A: ¿Por qué te está diciendo eso?

S: Traté de preparar la cena, pero no pude. Estoy enferma.

A: ¿Tienes niños?

S: No.

A: ¿Qué está pasando ahora?

S: Estoy enferma —respondió a la misma vez que comenzaba a respirar de forma veloz— y él me sujeta.

A: ¿Qué sucede luego?

S: Me está sacudiendo.

A: ¿Qué es lo siguiente que pasa?

S: Me dice que no valgo nada. ¡Me está empujando! ¡Oh, Dios!

A: Voy a contar del tres al uno e irás nuevamente al instante en que te está empujando, pero esta vez permítele a tu cuerpo que sienta todo lo que deba sentir para terminar con esta experiencia para siempre. Tres, dos, uno. Ya estás ahí. ¿Qué está ocurriendo?

S: ¡Oh, Dios! Estoy muriendo.

A: ¿Has caído al piso?

S: Sí.

A: Voy a contar del tres al uno y cuando llegue a uno, tocaré tu frente y sentirás el momento en que te golpeas con más intensidad. Tres, dos, uno. Siente eso.

S: ¡Oh, Dios! —dijo gritando y moviendo la cabeza de lado a lado—. Mi espalda me está matando.

A: Y, mientras tu espalda te está matando, ¿cómo se siente la columna?

S: ¡Me duele!

A: Y, mientras tu columna duele, ¿qué sienten tus pulmones?

S: Están colapsando.

A: Y, mientras eso está tomando lugar, ¿qué siente tu corazón?

S: Está ... está... —el dolor era tanto que no pudo terminar la descripción de lo que sentía.

A: Y, mientras eso sucede, ¿qué está sintiendo tu cerebro?

S: ¡Está asustado!

A: ¿Cuál es el último pensamiento que tienes en ese cerebro?

S: ¡Él me mató!

Hasta ese momento, le había ayudado a revivir el instante de su muerte, permitiendo que esta vez tomara conciencia de lo que había sucedido a nivel físico, emocional y mental, y haciendo que sienta todo de nuevo y con más intensidad.

A: Ahora, muévete al instante en que sales de tu cuerpo, entendiendo que, con la muerte de ese cuerpo, esta experiencia ha terminado para siempre y nada te va a afectar.

La sesión continuó unos minutos más mientras evaluábamos las lecciones que debía aprender en esa vida y visitaba otras buscando el origen de otras dolencias.

Al concluir la experiencia, le di unos minutos para que se reincorporara ya que esta había sido intensa y había trabajado varias de sus emociones. Cuando Sophia finalmente se recuperó, vi en su rostro una expresión de asombro y alegría a la vez. El dolor de espalda había desaparecido por completo.

S: ¡Mira! —me dijo—. Me puedo levantar sin dolor. Puedo ponerme los zapatos sin problemas. Llevaba veinte años con ese dolor y ya no lo tengo.

Este caso es uno de los muchos que he presenciado en los que se muestra claramente que el alma no entiende de tiempo. Sophia había experimentado aquel fallecimiento hacía muchísimos años, pero, para su espíritu, eso acababa de suceder. Es por eso que ella sentía el mismo malestar de espalda que sintió en ese cuerpo.

Esto no quiere decir que Sophia, quien tenía poco más de sesenta años cuando facilité su sesión, había nacido con esa dolencia en esta vida. El dolor había comenzado a manifestarse hacía unos veinte años, cuando empezó a experimentar las mismas emociones que tuvo durante aquel suceso, pero esta vez causadas por gente de su reencarnación actual.

Manos ardientes

Durante los cursos que dicto de Introspective Hypnosis, es bastante común notar que las emociones, síntomas y traumas que traen los aprendices a clase se manifiesten de diferentes maneras. Esto ocurre en el transcurso de los días en los que voy enseñando diferentes técnicas, mientras hago demostraciones y los participantes practican entre ellos.

Es usual que, antes de enseñarles cómo realizar inducciones hipnóticas, les haga una inducción a todos para que puedan experimentar un trance antes de entender cómo y por qué funciona.

Durante la formación en vivo por Internet que llevé a cabo en julio del 2020, luego de sacar a los participantes del trance en el que se encontraban, pude ver que Ophelie no se encontraba bien y estaba experimentando ciertas molestias. Cuando le pregunté, me dijo que le dolía la cabeza y que sentía calor en todo el cuerpo. Inmediatamente, supe que ella estaba en una experiencia de otra vida y que ese síntoma que estaba presentado venía de ahí.

La volví a poner en trance para aliviarle aquel malestar a través de un par de sugestiones post hipnóticas, pero también le indiqué que me contactara después de clase para conversar. No le quería decir en frente de todos lo que sospechaba para que pudiese sentirse tranquila hasta finalizar la jornada de aprendizaje.

Al momento de poner las sugestiones post hipnóticas, tocó el receso de una hora para el almuerzo. Para sorpresa mía, al revisar mi teléfono móvil encontré varios mensajes de otros participantes diciéndome que Ophelie no se sentía bien y pidiéndome que regrese para ayudarla.

Noté a Ophelie sonrojada por el calor que sentía. Tenía lágrimas en los ojos y estaba respirando profundamente. Es así que procedí a preguntarle qué sentía, mientras le pedía que se enfocara cada vez más en eso.

Antonio: Quiero que sientas tu cuerpo. ¿Qué estás sintiendo? ¿Qué emociones estás sintiendo?

Ophelie: No siento ninguna emoción, solo un hormigueo que sube por mis pies, pasa por mis rodillas y llega hasta mis manos.

A: Permítete sentir ese hormigueo aún más. Voy a contar del uno al cinco y lo vamos a hacer más intenso aún. Uno. Hazlo más intenso. Dos. Siente ese hormigueo. Tres. Siéntelo más aún. Cuatro, cinco. Muy bien.

Podía observar el síntoma intensificarse en su cuerpo. Ophelie estaba llorando y tenía problemas para respirar con normalidad.

A: Voy a contar del tres al uno e irás al lugar donde estás sintiendo eso. Tres, dos, uno. Ya estás ahí. Como si supieras, ¿dónde estás mientras estás sintiendo este hormigueo? Incluso así pienses que lo estás inventando.

Ophelie comenzó a mostrar mayor dificultad para respirar, mientras movía su cuerpo de lado a lado. Lloraba levantando sus manos a la altura del pecho. El síntoma era simplemente insoportable para ella.

O: No sé dónde estoy. Solo siento mis manos —siguió quejándose sin poder terminar la oración.

A: ¿Qué estás usando? Mira tus pies.

O: Parecen unas sandalias.

A: ¿Eses hombre o mujer?

O: Soy mujer.

A: ¿Joven o mayor? Siente el cuerpo.

O: Joven

A: ¿Qué estás vistiendo?

O: Una falda marrón.

A: Mira tus manos. ¿Qué está pasando con tus manos?

O: Ya no las siento —respondió llorando y con signos de dolor.

A: Mira tus pies. ¿Qué les está pasando a tus pies?

O: No me puedo mover.

A: ¿Estás acostada o sentada?

O: Estoy de pie.

A: Y si supieses, ¿a qué crees que se deba que no te puedas mover?

O: Es como una villa antigua.

A: ¿Qué impide que puedas mover tus manos y pies?

O: Hay algo pesado —contestó sollozando y apuntando su cabeza hacia sus manos, como si estuviese ahí nuevamente viéndolas.

A: ¿Por qué crees que te pusieron eso en tus brazos y piernas? ¿Qué ha ocurrido?

O: Para que no pueda moverme.

A: Voy a contar del tres al uno y veamos cómo inicia esta experiencia. Tres, dos, uno. Ya estás ahí.

O: Estoy en la naturaleza rodeada por árboles. Amo los árboles. Estoy conectada a ellos.

De pronto, su voz cambió y parecía muy asustada.

O: Puedo sentir que están viniendo.

A: ¿Quiénes están viniendo?

O: Unas personas.

A: ¿Cómo te sientes mientras descubres que esa gente viene?

O: Estoy asustada.

A: Muévete al momento en el que esta gente llega. Tres, dos, uno. Permítele a tu cuerpo sentir todo.

O: Me han enjaulado

A: ¿A qué crees que se deba que te han enjaulado?

O: Para que no haga magia.

A: ¿Y qué magia haces?

O: Me conecto con los pájaros. Me conecto con la energía de la vida.

A: Y, hasta aquí, ¿cuál ha sido el momento más difícil mientras te ponían en la jaula?

O: La soledad.

A: Voy a contar del tres al uno y sentirás esa soledad con más intensidad. Tres, dos, uno. Ya estás ahí. ¿Cuáles son tus reacciones físicas?

O: Me duele el estómago.

A: ¿Qué pasa con tu estómago?

O: ¡Me quema!

A: ¿Cuáles son tus reacciones emocionales mientras tu estómago quema?

O: Sé que voy a morir —respondió llorando desconsoladamente.

A: ¿Cuáles son tus reacciones mentales cuando sabes que vas a morir?

O: Lo he aceptado.

A: Y, esas sensaciones, ¿cómo afectan tu vida como Ophelie?

O: Me rindo.

A: Muy bien. Y, cuando te rindes, ¿qué te impides hacer?

O: No ser lastimada.

A: Adelántate y fíjate qué más sucede luego de que te ponen en la jaula. ¿Qué está aconteciendo ahora?

En ese momento, Ophelia comenzó a llorar desconsoladamente, como dándose por vencida y sin poder evitar lo que iba a pasar a continuación.

O: Todos me rodean. Todos me odian y me acusan de bruja.

A: Muévete un poco hacia adelante. ¿Es aquí donde muere ese cuerpo?

O: Sí.

A: Muévete al momento en que ese cuerpo empieza a morir. Tres, dos, uno. Ya estás ahí. ¿Qué está sucediendo?

O: ¡Me están quemando! —contestó llorando—. Mis manos y piernas arden.

Habíamos encontrado el origen del síntoma que Ophelie sentía en su cuerpo actual, del calor en todo el cuerpo, las manos que no sentía y el hormigueo intenso en las piernas. Todo se había generado en la vida de la mujer que murió quemada acusada injustamente de ser bruja.

El alma de Ophelie estaba atrapada en aquella experiencia, la cual parecía haber tomado lugar hace muchos años atrás, pero para ella eso recién estaba sucediendo. El pasado no era pasado. El pasado estaba presente ahora en su cuerpo y le estaba causando ese dolor.

Su alma no había perdonado a aquellos que la habían quemado de manera injusta e ignorante. Era por eso que aún seguía reviviendo ese momento una y otra vez. Continuamos la sesión por unos minutos más. La ayudé a tomar conciencia de todo lo que estaba experimentando a nivel físico, emocional y mental para que pueda cerrar ese capítulo para siempre y librar a su alma de él.

Cuando le pregunté lo que su espíritu debía aprender de esa vida, su respuesta fue: el perdón. Luego de esa sesión en línea, Ophelie pudo perdonar y librar a su alma de esa experiencia para siempre.

Al sacarla del trance, se veía exhausta, pero los síntomas habían desaparecido por completo. Esta sesión había sido un excelente ejemplo para los asistentes al curso, quienes no salían de su asombro.

La sirvienta inocente

Martha llegó a mi oficina con el deseo de experimentar una regresión a vidas pasadas. Durante nuestro diálogo inicial, me comentó sobre un fastidio que tenía en el cuello desde que tenía uso de razón. La molestia era tan grande que no le permitía usar nada alrededor del cuello.

Inmediatamente, la descripción de su síntoma me hizo sospechar que venía de otro cuerpo, pero no se lo mencioné ya que esto podría ponerla nerviosa perjudicando el proceso.

Durante la regresión hipnótica, fui haciendo que, poco a poco, Martha vuelva en el tiempo hasta una edad más joven, para luego pasar a su infancia y de ahí al tiempo en el que estuvo en el vientre materno, etapa de la cual obtuvimos mucha información y respuestas. Paso seguido, le di instrucciones para que visualice una especie de túnel del tiempo, el cual atravesó mientras yo contaba. Al final de este proceso, Martha ya se encontraba en otra vida.

Antonio: Mírate los pies y dime qué estás usando.

Martha: Unos zapatos negros con correas, como de una niña.

A: Muy bien. Ahora, fíjate qué estas vistiendo.

M: Un vestido y un mandil. Y tengo unas medias blancas.

A: ¿De qué color es tu piel?

M: Blanca.

A: ¿De qué color es tu pelo?

M: Rubio.

A: ¿El cuerpo es joven o adulto? ¿Es de hombre o de mujer?

M: Joven. De mujer.

A: Fíjate si tienes algún adorno en los brazos o en la cabeza.

M: En la cabeza tengo algo. Creo que es un gorro.

A: ¿De qué color es?

M: Blanco.

A: ¿Y tu mandil?

M: Blanco.

A: Mira a tu alrededor. ¿Qué ves?

M: Mucha gente. Es como una época antigua, de vestidos largos y sombreros. Es una época muy antigua.

A: ¿Cómo te sientes ahí?

M: Siento miedo.

A: ¿Por qué tienes miedo?

M: No sé —respondió tímidamente—, pero tengo miedo.

A: Sigue caminando y dime todo lo que ves a tu alrededor.

M: Es una plaza con mucha gente alrededor, como si estuviesen viendo algo. Yo estoy ahí caminando. Veo algo hecho de madera.

A: Y, eso de madera, ¿cómo se ve? ¿La gente está alrededor de eso de madera?

M: Sí. Es como cuando van a sacrificar o colgar a alguien.

Hasta este punto Martha no tenía ni idea de lo que estaba viendo, pero yo tenía una gran sospecha de lo que iba a suceder y de lo que ella iba a experimentar.

A: ¿Ves a alguien en eso de madera o no?

M: Hay dos personas. Son dos hombres.

A: Presta atención. ¿Qué dice la gente?

M: Pobrecita, ella no merece eso —contestó mientras comenzaba a llorar, como si ya estuviera dándose cuenta de lo que sucedía.

A: Y, ¿cómo te sientes al ver eso?

M: Asustada —dijo llorando profundamente mientras su respiración se agitaba—. ¡Tengo mucho miedo!

A: ¿Te van a hacer algo a ti o es a alguien más?

M: A mí —dijo sorprendida y llorando.

A: ¿Tú has hecho algo para que te hagan eso?

M: ¡No, no he hecho nada!

A: ¿De qué te acusan?

M: ¡No sé!

A: Vamos a averiguarlo. Vamos a retroceder al momento en que te agarran o te acusan.

Cuando Martha retrocedió al momento en que era detenida, me comentó que se encontraba en una casa grande y que una señora con vestido negro la estaba acusando de algo. Cuando le solicité que mirara a esa mujer a los ojos y me dijera si había visto esos ojos en su vida actual, me respondió llorando que eran los de su cuñada, con quien casualmente había tenido muchos problemas.

La mujer la había acusado de robarle joyas cuando en realidad no lo había hecho. Martha trabajaba de criada en esa casa y su nombre en esa vida era María y, en ese momento, tenía diecisiete años. María (Martha) me comentó que, cuando alguien es acusado lo condenan a la horca, y, en este caso, la señora era muy poderosa.

Le pedí a María que viajara un poco más adelante. Cuando lo hizo, me comenzó a relatar que un hombre con la cara cubierta la apresó y se la llevaron con las manos atadas, informándole que la iban a colgar.

A: Adelántate hasta el momento que están en la estructura de madera. ¿Qué van a hacer ahí?

M: Me están poniendo la soga al cuello. Tengo mucho miedo. La gente llora mucho porque soy joven. Me cuelgan y me dejan sola ahí —relató llorando desconsoladamente.

A: Muévete al momento en que sales del cuerpo. Ya no hay sufrimiento. Ahora, que estás fuera del cuerpo, ¿qué ves abajo? ¿Estás flotando?

M: Sí, veo a la gente reunida que camina, pero yo estoy tranquila. No siento dolor, ni miedo.

A: ¿Te das cuenta que la muerte es una ilusión? Ahora, si hacemos un balance de esa vida que ha terminado, ¿qué piensas que debías aprender en ella?

M: A defenderme, a ser más fuerte.

A: Y, ¿piensas que pasaste la prueba?

M: No.

A: Te hago otra pregunta. ¿Por casualidad debías aprender sobre el perdón?

M: Sí.

A: ¿Perdonaste?

M: No.

María no había perdonado a los que la habían acusado y matado injustamente. Es más, al ser ahorcada sintiendo miedo y rabia, no pudo procesar la muerte de ese cuerpo correctamente, sin sentir totalmente esa experiencia a nivel físico, emocional y mental. Es por eso que su alma se quedó aprisionada en ese evento, sintiendo esa muerte una y otra vez.

Por ese motivo, en la vida como Martha, su alma tenía aquel síntoma en el cuello. Sentía la soga con la que María fue ahorcada.

***

Mi intención hasta aquí ha sido explicar el concepto del tiempo desde el punto de vista del espíritu o del alma. Hemos podido apreciar claramente a través de estos tres casos que el alma trae consigo eventos traumáticos ocurridos en otros cuerpos, manifestándolos en el actual.

La razón por la cual esos acontecimientos fueron traumáticos es porque no se procesaron de forma óptima, causando lo que conocemos como atrapamiento del alma. Comprendiendo esto, será más fácil entender por qué un alma se puede perder una vez que muere. Veremos diferentes motivos para esto, pero, en la mayoría de los casos, he podido apreciar que su atrapamiento tomó lugar durante la agonía del cuerpo.

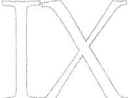

LAS ALMAS PERDIDAS

Como mencioné al inicio de este libro, entendemos el alma como un campo de energía consciente con inteligencia propia que, a pesar de partir de un todo, como es la luz divina, guarda individualidad y características propias. Al ser pieza de un todo, esta energía tiene acceso a la inteligencia y experiencias colectivas y son usadas para su propia evolución.

El espíritu, que es el alma fuera del cuerpo, tiene como motivación principal progresar por medio de la acumulación de vivencias en diferentes cuerpos y dimensiones. El planeta Tierra es solo una de las muchas escuelas en el universo a la que venimos los espíritus a aprender a través de las emociones.

Cuando el espíritu planifica su siguiente reencarnación, la estructura minuciosamente, como si se tratase de una gran obra de teatro hecha a su medida para su propia evolución. En esa puesta en escena, definirá el rol que va a jugar y el rol que jugarán otros en esa vida y, como en toda obra teatral, habrá héroes, villanos, víctimas y victimarios. Se harán contratos con otros espíritus para interactuar con ellos y se definirá el karma —ley del balance en la que nos tocará sentir en la misma o mayor intensidad aquello que hicimos sentir a alguien— que se deba pagar.

En este proceso de planeamiento, el espíritu también elige a sus padres, a través de los cuales experimentará diferentes situaciones, y escoge el lugar geográfico y momento de su nacimiento. En otras palabras, el espíritu planea a detalle lo que necesitará vivir con la finalidad de acumular experiencias y de evolucionar, aprendiendo en el amor o el sufrimiento.

Si bien es cierto que todo está programado detalladamente y el espíritu mismo elige las lecciones y eventos que enfrentará una vez en el cuerpo, ¿eso quiere decir que su vida estará en una especie de piloto automático o que su futuro estará predestinado y no podrá ser alterado? No, ya que, tanto en el mundo espiritual como una vez reencarnado, el espíritu tiene libre albedrío, es decir, la potestad de decidir si va a querer enfrentar esas lecciones o no, o de si prefiere desviarse de la ruta trazada.

Hay una serie de factores que pueden hacer que ese espíritu se olvide de lo que vino a aprender o que simplemente cierre los ojos y decida no enfrentar los obstáculos planeados antes de nacer. Me refiero al entorno familiar, la cultura en la que nació, la religión, las enseñanzas en la escuela, el apego a lo familiar, la pareja, entre otros.

Para dar una mejor idea de lo que intento explicar, compartiré nuevamente unos párrafos del libro "Mensajeros espirituales" de André Luiz, donde Tobías se comunica con él haciendo referencia a los espíritus con dones de médium que son enviados a la Tierra con una tarea específica:

Se preparan aquí numerosos compañeros para la difusión de esperanzas y consuelos, instrucciones y avisos, en los diversos sectores de la evolución planetaria. No me refiero tan sólo a emisarios invisibles. Organizamos grupos compactos de aprendizaje para la reencarnación. Cada año, salen de aquí centenares de médiums y adoctrinadores. Considerable cantidad de proveedores de consuelo espiritual, habilitados por nuestro Centro de Mensajeros, se encamina hacia los círculos carnales (...).

Usted no ponderó todavía, mi querido André, que esta preparación no constituye, aún, la realización propiamente dicha. Salen millares de mensajeros aptos para el servicio, pero son muy pocos los que triunfan. Algunos consiguen una ejecución parcial de la tarea, muchos otros fracasan rotundamente.

Hay que recordar que esta es la descripción hecha desde el mundo espiritual.

Raros son los que triunfan, porque casi todos estamos aún ligados a un extenso pretérito de errores criminales, que deformaron nuestra personalidad. En cada nuevo ciclo de tentativas carnales, creemos mucho más en nuestras tendencias inferiores del pasado que en las posibilidades divinas del presente, complicando siempre el futuro.

Esto quiere decir que, a pesar de que los espíritus venimos con un plan de aprendizaje definido o con funciones y misiones específicas, eso no garantiza un desenlace exitoso. En la comunicación de Tobías, inclusive se hace referencia a espíritus que reencarnan con dones de médium, pero que, por las propias exigencias de la vida, se desvían del camino o simplemente deciden no abrazar esa virtud debido a la discriminación, el miedo o la rutina.

Todos estamos expuestos a las dificultades de este mundo y a nuestro propio albedrío.

¿Por qué el alma se pierde?

Durante mi formación con el hipnoterapeuta José Luis Cabouli, le escuché decir algo que, para mí, tuvo mucho sentido. Recuerdo que estaba hablando sobre el proceso de la muerte y de lo importante que es que la persona sea consciente de lo que está sucediendo con su cuerpo para poder tomar conciencia de su fallecimiento, cuando dijo: "es en la muerte donde ponemos en juego toda nuestra reencarnación".

Lo que Cabouli quería decir con esto era que, si no se procesaba correctamente el momento de la partida, nuestra alma podía quedar atrapada en esa experiencia causándonos problemas en nuestra siguiente reencarnación y hasta impidiéndonos regresar al mundo espiritual. Esta es una de las formas de atrapamientos de alma conocida como atrapamiento *post mortem*.

Pero, ¿por qué un alma se quedaría atrapada luego de que su cuerpo muere? Para esta pregunta, no existe solo una respuesta. Por eso, he decidido compartir mi opinión basándome no solo en lo aprendido de mis maestros sino también en aquello que he podido comprobar a través de mis propias sesiones. Para mí, un espíritu puede perderse o quedarse atrapado tanto consciente como inconscientemente.

Atrapamiento inconsciente

Al hablar de un atrapamiento inconsciente, nos referirnos a aquellos casos donde el cuerpo no estaba consciente al momento de su fallecimiento e incluso antes de él. Si el alma no ha tomado conciencia de que el cuerpo ha muerto debido al estado de confusión en el que se encuentra, esta puede pensar que aún tiene cuerpo cuando en realidad no es así. Esto podría darse en los siguientes casos, por mencionar algunos:

- Muerte por sobredosis
- Muerte en estado de coma
- Muerte bajo los efectos de la anestesia
- Muerte por inhalación de gas o humo
- Ataque al corazón
- Accidentes trágicos
- Homicidios

Lo común en este tipo de decesos es la falta de consciencia del cuerpo al morir y que esta haya sido de forma instantánea. Cuando el alma despierta en la otra dimensión, se encuentra en un estado de confusión y desconcierto. En esa condición, es muy posible que no preste atención a lo que acontece a su alrededor, como ver la luz o a seres de luz que vienen a ayudarla a transcender.

Cuando la muerte sigue el proceso natural, los órganos comienzan a fallar y el alma inicia un proceso de desprendimiento gradual del cuerpo, muchas veces siendo asistida por otros espíritus para facilitar el mismo.

Hay una serie de señales o manifestaciones en el proceso de la muerte:

- Pérdida de peso
- Baja de temperatura
- Cambio en el tono de la piel
- Cambio en el ritmo de la respiración
- Alucinaciones

He usado la palabra alucinación porque es así como lo describe la medicina occidental, pero lo que en realidad sucede es que el moribundo, durante el proceso de desprendimiento, comienza a tener acceso a la dimensión espiritual. No es raro que puedan ver personas (espíritus) en la habitación u oír voces que nosotros no podemos percibir.

Si hacemos referencia a los casos que mencioné en la sección sobre la muerte, según la doctrina Espírita, recordaremos que en la descripción de André Luiz se nos da a entender el proceso del desprendimiento como algo gradual en donde, inclusive, seres queridos ya fallecidos pueden estar presentes y listos para encaminarnos una vez que el alma salga del cuerpo.

Ocurre otro tipo de atrapamiento inconsciente cuando el espíritu no ha tenido el tiempo suficiente para procesar el fallecimiento. Este es el caso de las muertes instantáneas:

- Accidentes trágicos
- Ataque al corazón
- Homicidios

En estos desenlaces, el cuerpo estuvo consciente pero la muerte tomó lugar tan rápido que el alma no tuvo tiempo de procesar lo que estaba pasando. Es por este motivo que tampoco pudo experimentar un desprendimiento gradual, como se explica líneas arriba, sino más bien uno brusco e inmediato.

En los dos tipos de muerte, el resultado resulta siendo el mismo: la confusión del espíritu al encontrarse en un nuevo estado, en uno más sutil en otra dimensión.

Un fantasma en casa

Para mí, la mejor manera de explicar este concepto es con la sesión de Christian, que ocurrió en el año 2014. En ese entonces, recién había aprendido la técnica Quantum Healing Hypnosis Technique y buscaba constantemente sesiones de práctica para continuar aprendiendo y practicando diferentes maneras de facilitar las sesiones de hipnosis. Es así que le pregunté a mi amigo Christian si se animaba a ser voluntario para una sesión de este tipo. A él le atraían los temas metafísicos, así que aceptó inmediatamente.

La técnica de Dolores Cannon se basa en las regresiones a vidas pasadas. Para ese entonces, yo aún no tenía conocimiento de las otras tres técnicas que aprendería más adelante y que me darían el conocimiento sobre las almas perdidas y sobre el atrapamiento de las mismas. Tendrían que pasar unos cuantos años para entender lo que en realidad había tomado lugar en esa sesión.

A continuación, el diálogo de la primera vida pasada que visitó Christian:

Christian: Estoy dentro de una casa.

Antonio: Mira tus pies. ¿Qué estas usando?

C: Zapatos.

A: Toca tu cuerpo y dime si eres hombre o mujer.

C: Soy yo.

A: Quiero que me describas esa casa por dentro. ¿Qué es lo primero que ves cuando entras en ella?

C: Madera. Hay gradas —respondió con una voz pausada, correspondiente a un trance profundo—. Es grande.

A: ¿Las gradas son para entrar a la casa o están dentro?

C: A la izquierda.

A: Cuéntame qué ambientes hay en esa casa.

C: Techos altos y lámparas grandes. Hay varios cuartos.

A: ¿Hay alguien más ahí contigo?

C: Está vacía. Los muebles están cubiertos con telas.

A: ¿Están tapados porque no está habitada?

C: Sí.

A: Busca la cocina y descríbeme qué es lo que ves.

C: Es grande y tiene muchas ventanas.

A: ¿Dónde cocinan?

C: Hay un horno.

A: ¿Con qué lo encienden?

C: Leña.

A: ¿Eres joven o mayor?

C: No lo sé.

A: Toca tu cuerpo. ¿Cómo se siente?

C: Fuerte.

A: Y, ¿qué es lo que haces en esa casa? ¿Es ese el lugar en el que vives?

C: No lo sé.

A: Sal de la casa y dime qué ves afuera.

C: Campo. Un paisaje lindo.

A: ¿Cómo se transportan?

C: No lo sé.

A: Dime si hay alguien o si ves animales.

C: No hay nadie.

Supuestamente, Christian estaba visitando una vida pasada en una época antigua, pero pude notar que se encontraba confundido. No sabía quién era, qué hacía ahí o si esa era su casa. Veía un campo de trigo, pero no sabía quién ni cómo lo cultivaban.

Es así que empezamos a buscar respuestas a cómo es que había llegado a esa casa vacía y a esa especie de granja sin saber nada al respecto.

A: Vamos a dejar esa escena. Quiero que te muevas en el tiempo y el espacio a otro evento importante en esa vida.

C: Hay gente.

A: ¿En qué lugar estás?

C: En un pueblo. La gente voltea a verme porque soy un extraño.

A: ¿No perteneces a ese lugar?

C: No lo sé.

A: ¿Qué están haciendo las otras personas?

C: Conversan y toman. Visten con sombreros y botas.

A: ¿Cómo llegaste ahí?

C: A pie.

A: ¿Qué estás haciendo en ese lugar?

C: No lo sé.

A: ¿Sabes cómo se transporta la gente ahí?

C: A caballo y en carretas.

A: Pero tú llegaste a pie. ¿Tuviste que caminar mucho?

C: No lo sé.

A: ¿Dónde crees que está tu casa?

C: No lo sé.

Continuó describiéndome aquel lugar, donde había mujeres amigables que le sonreían y hombres molestos a causa de eso. Las mujeres llevaban vestidos raros y acampanados. Él seguía vestido de la misma manera, pero me mencionó que los hombres usaban chalecos. Esto me hacía sospechar que estaba en la época del Viejo Oeste, algo que luego él mismo me confirmaría.

Yo estaba facilitando aquella sesión como una regresión a vida pasada común y corriente. Así que, tratando de averiguar cómo había llegado a ese pueblo, le pedí que regresara en el tiempo. Llegó a una especie de establo donde le estaba dando de comer a un caballo. Después de hacerle unas preguntas más y salir de aquel espacio, nos dimos cuenta que estaba de vuelta en la misma granja en la que había comenzado la sesión.

Ahora, se encontraba frente a la misma casa, pero esta vez había una luz prendida. Le pedí que entrara y empezara a describir cada habitación. Dijo lo mismo de la cocina, pero esta vez había gente ahí comiendo carne y papas.

A: ¿Conoces a alguien de los que están ahí?

C: No, pero son amigables.

A: ¿Tú crees que a lo mejor trabajas para ellos? ¿No son nada tuyo?

C: No lo sé.

A: Te puedes acercar y preguntarles qué haces ahí.

C: No me ven —respondió tranquilamente.

A: Prueba acercarte a ellos.

C: Estoy frente a ellos, pero no me ven. Son un niño, una niña y una mujer. Están solos.

A: Y, ¿dónde estará el hombre de la casa?

C: ¡Soy yo! Pero no me ven.

A: ¿Por qué piensas que no te ven? ¿Has tratado de hablarles?

C: Sí.

A: ¿Puedes tocar las cosas y moverlas?

C: No.

En este punto, yo estaba casi seguro que aquel hombre ya se encontraba en el plano espiritual y que era por eso que no lo podían ver ni oír.

A: O sea que tú sientes que es tu casa...

C: Estoy ahí —me interrumpió acongojado—, pero no me ven.

El hombre comenzó a llorar desesperadamente al no entender por qué su esposa e hijos no lo podían ver. Fueron varias veces las que repitió con angustia "están ahí, pero no me ven". Yo intentaba darle instrucciones para volver en el tiempo y averiguar la razón de ello, pero él seguía muy confundido por lo que estaba pasando.

Finalmente, luego de unos minutos, pude calmarlo y pudo viajar a otra escena de esa reencarnación. En ella, estaba jugando con sus hijos.

C: Estoy jugando con ellos. Son dos niños

A: ¿Te sientes mayor?

C: No, soy joven y muy fuerte.

A: ¿Estás en la misma casa?

C: Sí.

A: Cuéntame qué más está pasando.

C: Es un día lindo y juego con ellos. Soy su papá.

Su esposa, quien estaba en la cocina, lo saluda y él, muy alegre, me dice que ya pueden verlo. Ella era de cabello castaño y usaba un vestido largo color crema. Entre sus descripciones, el hombre me dejó saber cuánto la amaba.

Nos movimos una vez más en el tiempo, tratando de averiguar lo que había ocurrido. Llegó a una escena en la que estaba trabajando. Me contó que vendía animales y ganaba dinero en algo que parecía una feria.

C: Me respetan. Tengo un abrigo negro.

A: ¿Qué más está pasando?

C: Tengo un caballo negro y dos armas, una a cada lado. Una es una escopeta hermosa con el mango plateado. Me respetan mucho aquí y me quieren.

A: Y, ¿en este momento estás trabajando?

C: Vendo animales.

A: Fíjate si ha pasado algo para que tu familia no te pueda ver.

C: Me siguen —dijo de pronto.

A: ¿Quién te está siguiendo?

C: Son hombres a caballo. Es de día.

A: ¿Qué más está sucediendo?

C: Me siguen, pero mi caballo es más rápido. Quieren el dinero. Llego apresurado a casa.

A: Quieren el dinero, entonces.

C: Sí, han cogido a mi esposa. La agarran del cabello —dice llorando y con dificultad para tragar saliva—. Mis hijos están bajo una mesa secreta y no los pueden ver. Son seis y quieren matar a mi esposa. Le disparan, pero yo me meto y ¡ya no me ven!

El hombre se había dado cuenta de que lo habían asesinado al tratar de defender a su esposa y, como había pasado a ser espíritu, ya no podían verlo. Por haber ocurrido de manera rápida y dramática, él no tomó conciencia de la muerte de ese cuerpo. Es por eso que, cuando iniciamos la sesión, se encontraba en una casa vacía con los muebles tapados. Era más que seguro que, luego de su fallecimiento, su mujer e hijos se habían mudado.

Como ya he mencionado, para el momento que facilité esa sesión para Christian, aún no contaba con el conocimiento sobre las almas perdidas. En ese entonces, no caí en cuenta de que, lo que parecía una vida pasada de Christian, era en realidad la vida pasada del espíritu pegado a él, quien, una vez que el cuerpo de Christian estuvo en trance, pudo comunicarse conmigo. Quizás, ni él mismo sabía que se estaba manifestando a través de un cuerpo que no era el suyo.

Pude llegar a esa conclusión al ver que el espíritu de Christian no sabía quién era en esa vida pasada, ni su nombre u otros detalles a los que, estando en trance, es más fácil acceder.

Varios meses después, tras aprender otras técnicas, invité a Christian a otra sesión de hipnosis sin contarle mis sospechas ya que no quería asustarlo. Lo cierto es que, cada vez que pactábamos el día y la hora, siempre acontecía algo que le impedía venir. Esto me indicaba que el espíritu que aún llevaba adherido ya sabía que me había dado cuenta y prefería evitar la reunión, poniendo todo tipo de obstáculos en el camino de Christian.

Es más, mientras transcribía su sesión para este libro, decidí llamarlo y explicarle mis sospechas. Fue así que quedamos en reunirnos un par de días más tarde, pero una vez más, el encuentro no se concretó.

El bombero con amnesia

En el 2016, Liliana me contactó por teléfono para agendar una sesión de Introspective Hypnosis. Ella no sabía quién era yo, ni qué tipo de técnicas utilizaba. Se había topado conmigo en Internet mientras buscaba a alguien que practicara hipnosis en español en Charlotte, Carolina del Norte, ciudad en la que resido.

Durante nuestra entrevista inicial, Liliana me contó que, a veces, sentía que se asfixiaba y le venía a la mente la idea de que iba a morir. Me dijo que tenía miedo de que un día su esposo regresara y la encontrara sin vida. También me comentó que había visitado algunos médicos, pero no habían encontrado ninguna causa para ese síntoma. Incluso, había sentido eso mismo al estar conectada a un sistema de monitoreo del hospital cuando nació uno de sus hijos, y los doctores le dijeron que los monitores no mostraban que se estuviera asfixiando.

En su sesión, encontramos dos espíritus: el primero era el de una joven, quien le estaba provocando aquel síntoma; y, el segundo era el de un bombero, quien apareció mientras utilizaba la técnica del cambio de rol en uno de los recuerdos que visitó estando en trance.

Tras entrar en trance, una de las primeras problemáticas que afronté junto a Liliana fue el origen de la rabia que sentía hacia su padre.

Antonio: Voy a contar del tres al uno e irás al momento en el que se inicia aquel rencor. Tres, dos, uno. Ya estás ahí. ¿Qué está sucediendo?

Liliana: Estoy con mi papá.

A: Y, ¿qué está pasando?

L: Está enojado. Yo lo hice enojar.

A: ¿Qué fue lo que hiciste?

L: No le obedecí —dijo con voz lenta y suave, indicando un trance profundo.

A: ¿Qué edad tienes ahí?

L: Siete.

A: ¿Y qué hace él?

L: Está sentado. Me está corrigiendo, pegándome en la mano.

Cuando alguien más está involucrado en un recuerdo triste de mi cliente, empleo la técnica de cambio de rol, con la cual comienzo un diálogo con la persona ausente. Usualmente, esta comunicación es mental, aunque, dependiendo del nivel de trance, puede darse también a escala espiritual.

A: Voy a contar del tres al uno. Cuando llegue al uno, vas a dejar que tu papá hable conmigo. Tres, dos, uno. Jesús, buenas noches. ¿Tú eres el padre de Liliana?

L: No.

A: ¿No eres el papá de Liliana?

L: No.

A: ¿Tú eres Jesús?

L: No.

A: ¿Quién eres entonces?

L: No sé.

A: ¿No sabes quién eres?

L: No.

A: A ver, estoy un poco confundido. Estamos en un recuerdo en el que Liliana está con su papá. ¿Tú eres parte de ese recuerdo o estás en otro lado?

L: Estoy en otro lado.

A: Oh, ya entendí. ¿Por casualidad te has pegado a ella?

Espíritu perdido: No.

A: ¿Dónde estás entonces?

EP: Estoy aquí.

A: ¿En esta habitación?

EP: Sí.

A: Y, ¿qué haces aquí? ¿Nos vas ayudar?

EP: No sé.

A: ¿Necesitas ayuda?

EP: Sí.

A: ¿Te puedo hacer una pregunta? ¿Cómo es que tú nos encuentras? Si no estás pegado a ella, ¿cómo nos encuentras?

EP: Aquí estoy.

A: Yo sé que estás aquí, pero quiero saber cómo me encontraste. ¿Tú sabes quién soy?

EP: No.

A: ¿Tú sabes quién es Liliana?

EP: No.

A: ¿Y así nomás apareciste?

EP: No sé.

Definitivamente, estaba hablando con un espíritu que vio a Liliana en trance y aprovechó la oportunidad para comunicarse. Lo curioso es que no estaba adherido a ella, sino que estaba pasando por el mismo espacio físico en el que nos encontrábamos.

El espíritu no recordaba varios hechos de su vida. Esta especie de amnesia es bastante común. Yo mismo me he topado muchas veces con espíritus que ni siquiera recordaban cómo había muerto su cuerpo. Lo principal era que este se encontraba perdido, confundido y necesitaba ayuda.

A: Cuando tenías cuerpo, ¿eras hombre o mujer?

EP: Hombre.

A: ¿Cómo murió tu cuerpo?

EP: En un accidente.

A: ¿Qué tipo de accidente?

EP: Quemado.

A: ¿Sabes en qué año fue? ¿Antes o después de 1900?

EP: 1900.

A: Y, ¿dónde estabas cuando moriste quemado?

EP: Soy bombero.

Su respuesta en tiempo presente me hizo concluir que aún pensaba que era bombero. Lo raro es que ya habíamos hablado de su fallecimiento, pero, como su espíritu no había ido a la luz, este seguía conservando el ego, es decir su identidad, personalidad, hábitos y creencias.

A: ¿De qué país eras?

EP: De aquí.

A: ¿Eras estadounidense?

EP: No sé.

A: ¿Sabes cómo se llamaba tu escuadrón, grupo o bomba?

EP: Cruz roja —contestó como dudando.

A: Y, ¿cuál era tu nombre?

EP: Mario.

A: ¿Recuerdas tu apellido?

EP: Mario.

A: Ese es tu nombre, pero, ¿tu apellido?

EP: No sé.

A: Cuando tu cuerpo murió quemado, ¿eras joven o mayor?

EP: Joven.

A: Mario, ¿puede ser que algo de lo que sentiste al morir se lo hayas transmitido a Liliana?

EP: No.

Esto confirmaba que el espíritu de Mario no se encontraba adherido al campo energético de mi cliente.

A: Entonces, definitivamente no tienes nada que ver con ella.

EP: No.

A: Entonces, ¿por qué no has ido a la luz? ¿Qué es lo que te impide ir hacia ella?

EP: No veo luz.

A: Generalmente, cuando uno no ve la luz, es porque no se ha perdonado algo o porque tiene algo inconcluso. ¿Quedó algo inconcluso en tu vida?

EP: No.

A: ¿Hijos, esposa?

EP: No.

A: ¿Le hiciste daño a alguien o alguien te hizo daño a ti?

EP: No.

A: Es decir que tu muerte fue un accidente.

EP: Sí.

A: Y, entonces, ¿te quedaste por aquí buscando qué, hermano?

EP: Ayudando.

Esta respuesta me confirmó aún más su desorientación, pues él pensaba que aún se dedicaba a lo que hacía antes de fallecer.

A: ¿O sea que tú piensas que sigues apagando incendios, que aún estás ayudando a la gente? Lo que pasa es que tu cuerpo murió, pero tú eres espíritu y eterno. ¿Sí me entiendes?

EP: No

A: Entonces, te explico. Nosotros somos espíritus y reencarnamos en un cuerpo físico en este planeta. En tu última vida, eras un bombero, pero ese cuerpo físico, que a la larga es solo como un traje, ya no existe. Entonces, ahora eres un espíritu nuevamente. ¿Te has dado cuenta?

EP: Sí.

A: Sin cuerpo físico, es difícil que apagues incendios porque necesitas manos y piernas para poder cargar la manguera y echar agua. ¿Entiendes?

EP: Sí.

A: Tú ya no puedes hacer eso ahora.

EP: No.

A: Sé que tienes la intención de ayudar y me parece muy bien, pero no posees un cuerpo físico. ¿Te das cuenta?

EP: Sí.

A: Entonces, esperar aquí no tiene sentido. Tú tienes que ir hacia la luz y yo te puedo ayudar.

EP: Sí.

Es así que procedí a pedir ayuda a nuestros hermanos espirituales, a mi guía, a su guía espiritual y al equipo de rescate de la luz para que vengan por él.

A: Ahora, quiero que me digas si ves alguna luz o entidad que viene a guiarte.

EP: Un joven.

A: Y, ¿cómo se ve ese joven, hermano?

EP: Alegre.

A: ¿Te inspira confianza?

EP: Sí.

A: Entonces, ¿estás listo para continuar tu camino hacia la luz?

EP: Sí.

Aquel día, el espíritu de Mario partió hacia el otro plano asistido por un ser de luz. Más adelante, volveremos a repasar la sesión de Liliana para detallar el origen de su asfixia.

Como hemos podido apreciar, al igual que en el caso del espíritu del vaquero pegado a Christian, muchas veces los espíritus no se dan cuenta de que su cuerpo físico ha muerto y continúan entre nosotros, como si su vida siguiera, aunque llena de confusiones y desentendimiento. Una característica en ellos es la amnesia a la que están expuestos, olvidando ciertos detalles de su última reencarnación.

Una sesión bastante interesante y emotiva en la que se halló un alma perdida es una que facilitó José Luis Cabouli en el taller de Atrapamientos y Recuperación del Alma, que tomó lugar en México en el año 2019.

Durante la breve entrevista previa que mantuvo Cabouli con la voluntaria, ella mencionó la tristeza que sentía por la muerte de su padre, que había ocurrido hace ya algunos años. Cuando el hipnoterapeuta argentino preguntó cómo había muerto, ella respondió que fue a raíz de un ataque al corazón fulminante.

Una vez iniciada la sesión, la joven visitó inmediatamente el momento del fallecimiento de su progenitor. "¡Mi papá está aquí!", exclamó entre lágrimas. Cabouli, intuyendo lo que estaba sucediendo con el alma de su padre, le pidió que le preguntara si sabía lo que había pasado con su cuerpo. Ella respondió que él no lo sabía, mientras lloraba.

José Luis Cabouli le pidió que le explicara a su padre que acababa de sufrir un infarto que lo había llevado a la muerte. Después de todo este tiempo de confusión, su hija le estaba dando aquella noticia. Luego, a través de la joven, le dijo al espíritu que buscara a un ser de luz o una luz a su alrededor. El padre respondió que no veía nada de eso. El hipnoterapeuta, frente a todos los asistentes, comenzó a orar por él, pidiéndole a Dios que, en su infinita misericordia, enviara a sus ángeles a recogerlo.

El padre, finalmente, pudo ver la luz y su hija le informó que ya era hora de partir, pero él le contestó: "no puedo irme y dejar a tu mamá sola, sino ¿quién la va a cuidar?". Por indicación de Cabouli, la joven le pidió llorando a su progenitor que no se preocupara, que ella la iba a cuidar, y le dijo que se fuera en paz. Ambos se despidieron. Mientras tanto, el público lloraba ante tal escena.

Luego de ver su trabajo en aquel taller, me matriculé en el curso de Terapia de Vidas Pasadas que dictó en España un año después. Entre las muchas cosas que aprendí de José Luis aquella vez, se encuentra algo que dijo y que se me quedó grabado para siempre:

Cuando una persona va a morir, hay que ayudarla a ser consciente de lo que está sucediendo con su cuerpo y de lo que va a pasar.

Hay personas que prefieren ocultar a sus familiares que están muriendo mientras están postrados en una cama de hospital. Algunos le piden al doctor que no les dé la noticia de lo que va a pasar con ellos. Otros, inclusive, prefieren mantenerlos dormidos (inconscientes) con la finalidad de evitar su sufrimiento.

Debemos recordar que, cuando no procesamos correctamente lo que está pasando a nivel físico, emocional y mental durante la agonía, es muy probable que nuestra alma termine atrapada. Lo más seguro es que, cuando ese espíritu despierte en la otra dimensión, no entienda lo que está pasando y no se dé cuenta de que su cuerpo ha muerto.

Atrapamiento consciente

Hablamos de atrapamiento consciente cuando el alma sabe que su cuerpo ha muerto, pero decide quedarse en el plano físico por diversas razones. Los motivos que pueden tener para permanecer aquí son variados, pero puedo mencionar algunos con los que me he topado durante las sesiones que he realizado:

- Padres que se quedan velando por sus hijos, pues creen que, partiendo al plano espiritual, estarían dejando a sus hijos desprotegidos y necesitan quedarse a cuidarlos. También se puede dar el caso de que el progenitor es sobreprotector y desea asegurarse de que sus primogénitos tomen 'buenas' decisiones.
- Parejas que desean seguir cuidando al ser amado. Puede ser el caso de los que quieren esperar a que la pareja fallezca para dejar juntos el plano físico o, quizás, desean asegurarse de que su compañero no establezca relación con otra pareja. Suele darse el caso también de aquel que siente que dejó a la pareja en mala situación económica y desamparada.
- Abuelos que se quedan para ver crecer a sus nietos.
- Amigos con los que compartimos y que desean quedarse con nosotros.
- Familiares que desean dar un mensaje.
- Aquellos que tienen asuntos inconclusos y piensan que no pudie-

ron completar sus proyectos o negocios. Normalmente, son personas con mucho apego a lo material y no aceptan que ya no podrán disfrutar de ello.

La lista puede ser interminable, pero quiero que se hagan una idea de los motivos tan variados que pueden tener los espíritus para quedarse con nosotros y no viajar al otro plano. Estas razones pueden no tener sentido para nosotros porque pensamos que en la dimensión espiritual en la que se encuentran deberían tener un mejor entendimiento, pero recordemos que, al no ir a la luz, el espíritu mantiene su ego, personalidad, creencias, hábitos, adicciones, entre otras características. Es decir, es básicamente la misma persona, pero sin cuerpo.

La niña en el hoyo

María Magdalena llegó a mi oficina porque padecía una serie de síntomas sin explicación, como dolores de cabeza, mareos y vómitos. Además de estos, tenía todas las señales físicas de estar embarazada sin realmente estarlo.

Para que puedan procesar su sesión de la mejor manera y diferenciar lo que encontramos aquel día, la dividiré en dos partes.

Ya en trance, María Magdalena visitó un par de recuerdos tristes de esta vida, los cuales trabajamos con distintas técnicas, finalizando con la terapia del perdón. Mientras dejábamos que su alma y su subconsciente nos guiaran hacia otros eventos, llegamos a una supuesta vida pasada en la que era una niña en el desierto.

Antonio: Ahí donde estás, ¿qué es lo que ves?

María Magdalena: No veo nada. Es como un hoyo oscuro.

A: Puedes tocar tu cuerpo y decirme si él se siente joven o mayor.

MM: Un bebé.

A: ¿Qué está vistiendo ese bebé?

MM: Es una niñita morena, de facciones indias.

A: ¿Dónde ves a esa niña? También puedes prestar atención a los sonidos que hay alrededor.

MM: Me veo en el desierto.

A: ¿Y eres esa niñita?

MM: Sí.

A: ¿Sabes qué edad tienes más o menos?

MM: Siete años.

A: ¿Cómo te llaman ahí?

MM: No sé.

A: Camina por la arena del desierto y fíjate qué estás usando en los pies.

MM: Estoy descalza.

A: ¿Qué estas vistiendo?

MM: Tengo un vestido rosado.

Ya sabíamos quién era y dónde se hallaba. Continué haciéndole preguntas para descifrar la historia de esa vida pasada. Me comentó que había un pequeño lago y que estaba sola, pero había un hombre cerca que desconocía. Este era de piel morena y usaba una camisa blanca, pantalón negro y un trapo amarrado a la cabeza. Cerca del lago, había unas cuantas casitas vacías y unos camellos.

A: ¿Cómo sientes que llegaste ahí?

MM: No sé.

A: Vamos a alejarnos de esa escena. Quiero que retrocedas hasta el momento en que averiguas cómo llegas ahí. Tres, dos, uno. Ya estás ahí. ¿Qué está sucediendo?

MM: Veo arena y una fila de camellos. Su papá lleva una fila de camellos.

Aquí, por algún motivo, María Magdalena comenzó a hablar en tercera persona, desconectándose de la niña. Por lo que sucedió en el diálogo anterior, quería averiguar si el espíritu de la niña estaba pegado a ella.

A: Déjame hacerte una pregunta. ¿Tú eres María Magdalena en una vida pasada o estás con María Magdalena?

Espíritu Perdido: Yo estoy con María Magdalena —respondió suavemente.

A: Ya entendí. Cuando tu cuerpo tenía vida, ¿cómo te llamaban?

EP: No sé.

A: ¿Sabes por qué te le has pegado?

EP: Porque es morenita y ama mucho a su papá.

A: ¿Por eso te le pegaste a ella?

EP: Sí, porque yo también quiero mucho a mi papá.

Este fue un dato esencial para entender la situación.

A: ¿Cómo murió tu cuerpo?

EP: Me caí en un hoyo oscuro —dijo con la voz entrecortada, como a punto de llorar.

Aquella era la escena que describió inicialmente cuando llegamos a esta vida pasada, que ahora sabíamos que no le pertenecía a María Magdalena sino al espíritu de la niña adherido a ella.

A: ¿Te caíste de casualidad?

EP: Sí. Papá no pudo salvarme.

A: Entonces, te hago una pregunta. ¿Hay algo que le hayas causado voluntaria o involuntariamente a María Magdalena?

EP: El dolor de cabeza. Cuando me caí, me dolió la cabeza.

A: ¿Y eso es lo que está sintiendo ella?

EP: Sí.

A: ¿Qué otro síntoma le estás causando?

EP: Mareos y vómitos.

A: ¿Desde hace cuánto tiempo estás con María Magdalena?

EP: Desde que ella era bebé.

A: ¿Y dónde la encontraste?

EP: No sé.

A: ¿Tú sabes que estás adherida a un cuerpo que no es tuyo?

EP: Sí.

A: ¿Sabes hace cuánto tiempo más o menos murió tu cuerpo?

EP: Sí, en 1950.

A: Y, ¿alguna vez te has preguntado dónde está tu papá?

EP: No sé.

A: Porque, cuando uno muere, tiene la opción de ir a la luz o quedarse en este plano. ¿Tú te quedaste buscando a tu papá?

EP: Sí.

Nuevamente, el espíritu de la niña me estaba brindando pistas del desenlace de esta historia.

A: Y, ¿te has puesto a pensar que tu papá terminó la vida en su cuerpo y también te está buscando?

EP: No.

A: ¿Quieres que te ayude a buscarlo?

EP: Sí.

A: Muy bien, entonces, quiero que te vayas, pero que regreses. No te vayas a quedar. Le voy a pedir ayuda a mi guía y al de María Magdalena, al arcángel Miguel y al arcángel Gabriel para que te muestren el camino a la luz, donde está tu papá. Ve con ellos, ve a la luz y vuelve. Avísame cuando estés en la luz. ¿Los puedes ver a ellos?

EP: Sí, veo luz.

A: ¿Puedes ver a los guías?

EP: Veo a Jesús —respondió suspirando—, solo a Jesús.

A: Entonces, fíjate si cerca de Jesús está tu padre.

EP: No está —me dijo con voz de tristeza y frustración.

A: Pregúntale a Jesús si sabe dónde está.

EP: ¿Dónde está papi? —le preguntó a Jesús en voz alta—. ¡Dice que es el papá de María Magdalena!

A: ¿Dice que es el papá de María Magdalena?

EP: ¡Sí! —contestó con un llanto desconsolado.

A: Ya entendí. Te explico, tu papá falleció y reencarnó como el papá de María Magdalena, ¿comprendes?

EP: Sí.

A: Entonces, quiere decir que está en buenas manos porque tú sabes que ella lo quiere mucho, ¿cierto?

EP: Sí.

Así es como descubrimos el origen de los síntomas de María Magdalena y la razón por la que el espíritu de la niña se había pegado a su campo energético. De alguna manera, en el fondo, sabía que se trataba del espíritu de su papá y decidió seguirlo sin importar que ahora estuviese en otro cuerpo.

Como pudimos notar en el diálogo inicial, en a las primeras escenas de esa vida pasada, ya era un alma perdida que buscaba a su padre. La niña me había hablado de un hombre que desconocía y que estaba cerca del pequeño lago en el desierto. ¿Sería este su padre?

Al parecer, en la confusión de su deceso, su espíritu no es que haya decidido no ir hacia la luz, sino que había preferido buscar a su ser amado. Su alma se perdió y decidió pegarse al campo vibratorio de María Magdalena.

El embarazo imaginario

Una vez que ayudamos al espíritu de la niña a ir hacia el plano espiritual, continué trabajando con María Magdalena. Fue así que llegó a otra vida pasada —esta vez sí era una propia—, donde era una joven de nombre Mali.

En una de las escenas de esa reencarnación, Mali me contó cómo su madre había dado a luz a un bebé muerto. Ella describía lo que parecían tripas en la cama y a su madre triste, quien luego de esto también falleció.

Cuando le pedí que se adelantara a la siguiente escena, llegó al día de su boda, donde relató que todos estaban vestidos de blanco, pero después de un rato ya no podía ver nada. Luego de esto, me dijo que estaba embarazada y que su vientre era muy grande, característica que no era bien vista en su cultura. Cuando llegó el momento de dar a luz, este nació muerto también.

Luego, Mali viajó al último momento de su vida, en el que ya era una anciana. Me contó angustiada que había un niño con una expresión fea en el rostro, que parecía ser malo. Le pedí que lo mirara a los ojos y que me dijera si esos ojos estaban o estarían en la vida de María Magdalena. Me respondió que sí, pero no supo de quién se trataba. Después de unas preguntas más, ella me dijo: "Sí está. Está dentro suyo". Esta sería la clave para entender por qué María Magdalena sentía ese embarazo imaginario.

Le pedí que vaya a la fase en que salía de su cuerpo, pero me dijo que le fue difícil porque aquel niño la estaba mirando feo. Una vez que el espíritu de Mali fue a la luz, pedí hablar con la energía que estaba con María Magdalena —a pesar de que el espíritu de Mali y María Magdalena son el mismo, tienen diferentes cuerpos y por ende energía—.

Antonio: Hermano, ya te puedes expresar.

Espíritu perdido: Sí —me dijo con voz burlona.

A: ¿Hace mucho o poco tiempo que estás con María?

EP: Mucho tiempo —contestó sonriente.

A: Y, ¿quién eres?

EP: Soy malo.

A: Yo no quiero que me des un adjetivo calificativo. Quiero que me des tu nombre.

EP: No te lo voy a decir.

A: Yo creo que sé tu secreto.

EP: No sabes.

A: ¿Tú eras el hijo de Mali?

EP: No.

A: ¿Quién eres, entonces?

EP: Yo soy malo.

A: Tú sabes que aquí estoy para ayudarte a ti y a María Magdalena, ¿cierto?

EP: Sí.

A: ¿Qué le has causado a María Magdalena, sea voluntaria o involuntariamente?

EP: Su estómago.

A: ¿Por qué le estás ocasionando eso? ¿Por qué te le has pegado?

EP: Porque yo era un bebé que quería nacer, pero nací muerto.

A: ¿Tú eres el bebé de Mali que nació muerto?

EP: No, de la mamá de ella. Mi mamá falleció por mi culpa porque yo nací muerto.

A: Todos elegimos cuándo nacemos y cuándo morimos. ¿Tú crees que pueda ser que tu mamá eligiera cuándo partir?

EP: No.

A: Supongamos que sea cierto lo que dices, ¿qué ganas pegándote al cuerpo de María Magdalena, quien fue tu hermana Mali?

EP: Porque quiero nacer —respondió con un gesto de frustración.

A: Quieres nacer, pero ¿te has dado cuenta que no es la manera correcta? Primero, tienes que ir a la luz, evaluar tu corta vida, planificar con tus guías y regresar.

EP: Pero yo me siento vivo aquí.

A: Pero es una ilusión.

EP: No, yo estoy vivo dentro de ella —dijo muy frustrado.

A: Mira qué tanta confusión hay que María Magdalena piensa que eres un gas.

EP: No, ella siente algo. Su esposo me ha sentido también porque me muevo siempre en la noche, cuando ella está descansando. Ella se asusta porque no sabe lo que es.

A: O sea que tú crees que, porque haces que su vientre se mueva, vas a nacer.

EP: Sí.

A: Y, ¿hace cuánto tiempo que lo vienes intentando?

EP: Mucho.

A: Y, ¿por qué no has nacido todavía? El período de gestación son nueve meses. ¿Tú cuánto tiempo vienes intentándolo?

EP: Cuatro años.

A: ¡Imagínate! Eso quiere decir que un feto no puedes ser porque si no ya hubieras nacido.

EP: Sí.

A: Es una confusión. Yo también estaría confundido bajo esas circunstancias.

Así continuó mi conversación con el espíritu del bebé, tratando de que se diera cuenta de que se sentía vivo porque el espíritu nunca muere, pero no porque fuera un bebe en el vientre de María Magdalena esperando nacer.

A: Tu mamá te debe estar buscando.

EP: Yo no quiero ir con mi mamá. Yo quiero estar con María Magdalena porque ella quiere otro bebé.

En este punto, hice una pausa, pidiéndole al espíritu perdido que me espere, mientras volteaba a preguntarle al esposo de María Magdalena, quien estaba presente en la sesión, si era cierto que querían tener otro hijo. Él me respondió que sí.

Para obtener la versión de María Magdalena, puse al espíritu en espera mientras hablaba con ella.

A: María Magdalena, ¿has escuchado que tenemos un hermano espiritual que era tu hermanito en una vida pasada?

María Magdalena: Sí.

A: Esa energía que te mueve el vientre. ¿Tú la has sentido?

MM: Sí.

A: Él me dice que está ahí porque quiere nacer y quiere que tú seas su mamá. ¿Qué te parece?

MM: Pero yo quiero una niña —me dijo frunciendo el ceño.

A: Ah, quizás antes ha sido un niño, pero él es espíritu. ¿Tú estarías de acuerdo en darle el chance de nacer de tu vientre?

MM: Sí.

A: ¿Podrías darle la oportunidad que no le pudo dar tu mamá?

MM: Sí, quiero que nazca y que sea feliz.

Fue así como María Magdalena y el espíritu del bebé acordaron darse una oportunidad. Él se disculpó por los síntomas que le había ocasionado, recogió su energía y partió hacia la luz.

Lo interesante de esta sesión fue que, mientras me comunicaba con el espíritu del niño, tuve que cambiarle dos veces las baterías al micrófono que estaba usando para grabar la sesión porque parecía que la energía de aquel espíritu las consumía rápidamente.

El esposo de María Magdalena, quien estuvo presente durante toda la reunión, no podía creer lo que había presenciado.

Los espíritus obsesores

Aquí me refiero a aquellos espíritus cuya intención es pegarse a nuestro campo vibratorio (aura) con el único objetivo de causarnos problemas. Hay veces, incluso, que he hallado algunos que no están adheridos, pero que de igual forma complican nuestra vida.

Si bien podríamos decir que, en cierto modo, están perdidos, la verdad es que lo están por su pobre visión de la espiritualidad y por la ignorancia de lo que significa reencarnar en esta escuela llamada planeta Tierra.

Estamos hablando de:

- Enemigos en busca de venganza. Puede darse en caso de deudas, homicidios, infidelidades, entre otros.
- Espíritus que se ponen al servicio de personas que hacen rituales de magia negra o brujería, aunque no tengan nada personal contra la víctima.
- Espíritus oportunistas.
- Espíritus que se identifican con nuestros hábitos y adicciones.

Estos son solo algunos ejemplos que he hallado en sesiones. Más adelante hablaremos de las personas propensas a tener espíritus pegados o parásitos, como también se les llama.

***

Como hemos podido apreciar en este capítulo, son diversos los motivos por los que un alma puede perderse o pegarse al campo energético de una persona. No importa si las intenciones son buenas, el resultado será siempre el mismo: la persona terminará afectada por la energía del espíritu ya que este transmitirá sus emociones residuales, miedos, hábitos y hasta dolores físicos relacionados al modo en que murió su cuerpo.

Es desde ahí que parten muchos de los síntomas que experimentamos y que no tienen explicación lógica.

Hay mucha literatura psicografiada provista por seres de luz, donde se describe el espacio entre la corteza terrestre o plano físico y la luz, que es la dimensión más elevada. Al parecer, hay una zona intermedia a la que se refieren como zona purgatorial, en la cual habitan las almas perdidas y atormentadas que se encuentran presas de infiernos de horror creados por ellos mismos en sus desvaríos pasionales.

El espíritu de André Luiz ha proporcionado una descripción detallada sobre este espacio en sus diferentes textos. Esta información se ha podido corroborar hasta cierto punto a través de sesiones de hipnosis.

ESPÍRITUS EN NUESTRO CAMPO VIBRATORIO

Existen muchas contradicciones al momento de explicar la influencia que pueden tener las almas perdidas sobre los seres humanos. Algunos le llaman apego espiritual y denominan a estos espíritus como parásitos. Hay otros que le llaman posesión, haciendo referencia a una toma de control total sobre el cuerpo de la persona, desplazando el alma que lo habitaba originalmente.

La verdad es que tratar de exponer esto desde un punto de vista científico es algo prácticamente imposible porque no hay manera de demostrar lo que ocurre cuando una energía (alma perdida) ejerce influencia sobre el cuerpo de una persona. Pero, vayamos por partes. Primero, hablemos de estos conceptos de manera gradual para llegar así a un mejor entendimiento.

El aura

En la parapsicología, el aura es conocida como el campo vibratorio que se encuentra alrededor de la persona. Este puede ser de distintos colores que van cambiando constantemente, dependiendo de nuestra salud física, mental y emocional, y de las actividades que estemos realizando en el momento.

El aura es energía, frecuencia y vibración. Podríamos también describir el aura como aquella parte que envía señales al universo con información sobre nosotros mismos, atrayendo ciertas energías específicas. Se cree que el aura, que no es visible para la mayoría de personas, cumple también otras funciones, como filtrar energías dañinas en todas sus formas y operar como una antena o puente de conexión con energías nutritivas.

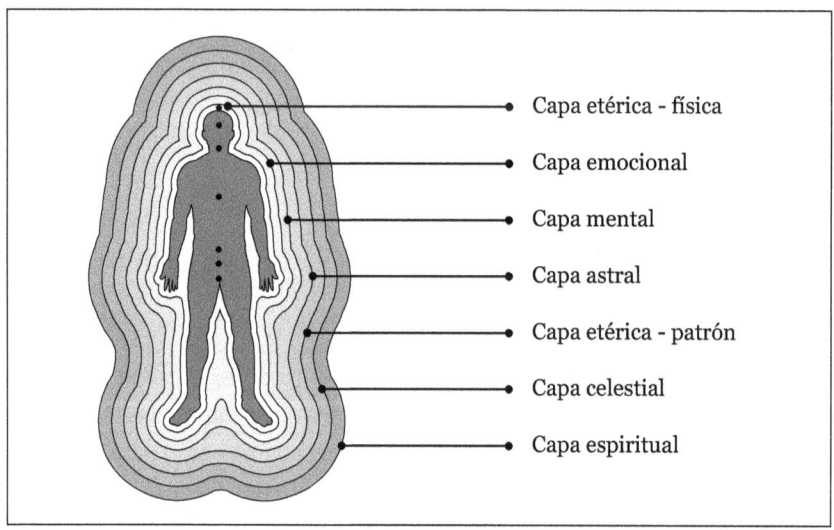

El aura cuenta con siete capas que contienen el mapa de nuestro cuerpo físico, desde las emociones y nivel de sensibilidad hasta nuestro nivel de evolución:

- **Capa etérica - física:** es la más cercana a nuestro cuerpo y está conectada al chakra raíz o centro de energía.
- **Capa emocional:** contiene las emociones, sentimientos y sensibilidad del ser humano.
- **Capa mental:** comprende nuestros procesos mentales, como la disciplina y el juicio.
- **Capa astral:** actúa como un puente que conecta las bajas vibraciones del plano físico con las altas vibraciones del plano espiritual.
- **Capa etérica - patrón:** está asociada con aspectos del cuerpo físico y está relacionada con el quinto chakra (garganta). Esta capa contiene el plano/plantilla de todo lo que existe en el plano físico.

- **Capa celestial:** es el origen de nuestra conexión espiritual y contiene la plantilla de todas las otras capas. A esta capa también se le conoce con el nombre de 'campo mórfico' (Rupert Sheldrake), que hace referencia a campos de estructuras y patrones.
- **Capa espiritual:** es la que protege todas las otras capas.

Como indiqué líneas arriba, el aura posee una frecuencia única que nos identifica en el universo y que se comporta como la dirección IP de una computadora conectada a Internet. Es a través de ella que se hace posible encontrarnos unos con otros a nivel espiritual y energético. De esta manera, nuestros seres queridos y enemigos que nos buscan desde la dimensión sutil llegan a nosotros para pegarse a nuestro campo energético o simplemente para darnos un mensaje.

A diferencia de los chakras, que son espirales de energía que van de afuera hacia adentro, el aura es energía que emite el cuerpo hacia el exterior desde las células en forma de calor, frecuencia electromagnética o bioplasmática.

Son varias las personas que aseguran poder ver el aura y, según un grupo de profesores de la Universidad de Granada, estas tendrían, en realidad, sinestesia, que es una alteración neuropsicológica que se caracteriza por mezclar los sentidos.

El ego y la consciencia espiritual

Como explicamos al inicio de este libro, la palabra ego viene del latín 'yo' y se emplea para hacer referencia a la conciencia del individuo, haciendo que la persona reconozca su propia identidad.

Cuando un espíritu comienza el proceso de reencarnación, también inicia uno de integración al cuerpo del bebé (feto) que va a ocupar; desconectar con el cerebro y los neurotransmisores, hasta conectar con el sistema emocional de ese cuerpo.

En esta etapa primaria que demora meses, el espíritu no permanece en el cuerpo durante los nueve meses de gestación, sino que entra y sale del vientre materno mientras hace esta conexión y continúa visitando el mundo espiritual hasta el día de su nacimiento.

El espíritu, que tiene una identidad eterna y un nombre en el mundo espiritual, poco a poco, irá acoplándose a esa propia identidad y ego del cuerpo que va a ocupar. La combinación del ego espiritual con el del cuerpo que habitará dará como resultado una nueva identidad que llevará el nombre que nos darán nuestros padres.

Los libros "El destino de las almas" y "Vida entre vidas" del hipnoterapeuta estadounidense Michael Newton confirman las características de este sistema, luego de miles de sesiones de hipnosis con sus pacientes. Esto es algo que también yo he podido comprobar a través de las sesiones que facilité una vez me certifiqué en la técnica de Newton.

Uno de los retos más grandes que tiene el espíritu reencarnado es el de acoplarse y controlar el carácter, emociones e instintos del nuevo cuerpo que estará residiendo.

Regresión al vientre materno

Para dar una mejor idea de lo que ocurre en el vientre mientras el espíritu se integra al cuerpo del feto, presentaré un fragmento de la regresión al vientre materno de Sabrina, quien tomó mi curso de Introspective Hypnosis en el 2018.

Aquella vez pude notar que entraba en trance profundo con mucha facilidad. Es por eso que, durante mi certificación con el Instituto Newton, le pregunté si le gustaría ser voluntaria en una sesión usando la técnica Vida Entre Vidas, la cual contiene la regresión al vientre como parte natural del procedimiento.

Antonio: ¿Tienes algún sentimiento o impresión sobre el cuerpo que vas a ocupar?

Sabrina: Siento que está vibrando.

A: ¿Sabes qué está causando que vibre?

S: Me estoy acoplando.

A: ¿Es fácil acoplarse a este cuerpo?

S: Sí.

A: ¿Cómo se compara este cuerpo con otros que has habitado antes?

S: Es frágil, puede romper y doler. También puede percibir.

A: ¿Cómo así?

S: Es sensible.

A: ¿Cuáles son tus impresiones sobre los últimos meses que has venido trabajando con el cuerpo?

S: Recién acabo de entrar —dijo refiriéndose a acoplarse completamente.

A: ¿Cuántos meses de gestación tiene ese cuerpo?

S: Ocho meses.

A: ¿Y en qué meses entraste al cuerpo?

S: A los ocho, pero de ahí volví a salir y regresé a los nueve meses.

A: Y, cuando sales, ¿a dónde vas?

S: Regreso a mi grupo espiritual, pero entro y salgo.

A: ¿Cuál es la característica principal de este cuerpo que vas a ocupar?

S: Es muy emotivo.

A: ¿Qué has aprendido del sistema emocional de este cuerpo?

S: Los neurotransmisores son esenciales porque juegan un papel importante en el cuerpo. La gente sabe de ellos científicamente y tienen que entender por qué las emociones son tan difíciles de entender. Los neurotransmisores son la conexión energética a la mente humana. Si se pudiesen manipular, las emociones no serían tan complicadas de controlar, pero no se nos enseña esto cuando vamos a la Tierra y somos niños. Nuestros padres no lo saben, a menos que sean doctores o científicos. Los neurotransmisores crean ondas de energía. Lo seres humanos están hechos de eso, están hechos de mucha energía. Puedo ver la energía, puedo sentirla en mis manos.

Aquel día, Sabrina dio mucha más información sobre la etapa de unión del espíritu al cuerpo humano. Lo que más rescato de nuestro diálogo es la complejidad de este proceso.

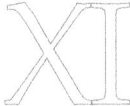

ESPÍRITUS PARÁSITOS

Temiendo que esta denominación pueda ser, hasta cierto punto, ofensiva para describir a un alma perdida adherida al campo vibratorio de una persona, decidí usarla de igual modo como referencia a lo que este hace o causa. Me explico mejor. La palabra parásito viene del latín *parasitus* y alude a un organismo que vive a costa de otra especie, debilitándola sin causarle la muerte.

En cierto modo, un alma perdida que decide pegarse al aura de un ser humano, sea con buenas intenciones o no, está haciendo básicamente lo mismo: viviendo de su energía, agotándolo y provocándole todo tipo de problemas.

No es raro que una persona que tenga un espíritu parásito se encuentre física y emocionalmente cansada constantemente. Podemos poner el ejemplo de una garrapata que se nos adhiere a la piel. Esta no nos controla, ni nos desplaza para quedarse con nuestro cuerpo, pero vive de nuestra sangre, debilitándonos y, a su vez, transmitiéndonos lo que conocemos como la enfermedad de Lyme, la cual puede causarnos síntomas como fiebre, fatiga, dolor de cabeza y dolores musculares. Eso es exactamente lo que ocasiona un espíritu parásito cuando se pega a nuestra aura: fatiga, debilidad y que experimentemos los síntomas que tenían cuando aún contaban con un cuerpo.

En el libro "Misioneros de la luz", dictado por el espíritu de André Luiz al médium Chico Xavier, se le denomina 'vampirismo' a esta acción. En ese mismo texto, Alejandro, un espíritu orientador quien le explicaba este fenómeno a André Luiz, dice lo siguiente:

> Usted no ignora que, en el círculo de las enfermedades terrestres, cada especie de microbios tiene su ambiente preferido. El neumococo se aloja habitualmente en los pulmones; el bacilo de Eberth en los intestinos, donde produce la fiebre tifoidea; el bacilo de Klebs en las mucosas, desde donde provoca la difteria. (...) ¿Cree usted que semejantes formaciones microscópicas se circunscriben a la carne transitoria? ¿No sabe que el macrocosmos está repleto de sorpresas en sus variadas formas? En el campo infinitesimal, las revelaciones obedecen al mismo orden sorprendente. André, amigo mío, las enfermedades psíquicas son mucho más deplorables. La patología del alma está dividida en cuadros dolorosos. La cólera, la intemperancia, los desvíos del sexo, los vicios de varios matices, forman creaciones inferiores que afectan profundamente la vida íntima. Casi siempre el cuerpo enfermo denota una mente enfermiza.

Lo que este párrafo nos trata de explicar es que, para las enfermedades del alma, antes de la afección, existe el ambiente y las acciones que producen efectos. Esto quiere decir que, para que un espíritu parásito se pegue a nuestro campo vibratorio, debe existir un espacio propicio: cólera, decepción, odio o vicios.

Ahora bien, debemos entender que un alma perdida, al no haber ido a la luz —o cielo, como se le quiera llamar—, aún no se ha desprendido de ese ego que adoptó cuando encarnó inicialmente en el cuerpo que tenía. Es decir, el alma perdida contará con la misma personalidad, creencias, prejuicios, adicciones, miedos y fobias, pero, lo que es aún más preocupante, es que también pueden mantener todo lo que experimentaron durante la agonía de su cuerpo, especialmente el dolor físico. Todas estas características terminarán siendo transmitidas por el espíritu parásito a su víctima.

Puede también haber circunstancias en las que un alma perdida ejerza influencia sobre ciertos sucesos y eventos. Esto puede verificarse en las respuestas otorgadas por los espíritus en el "El libro de los espíritus", del escritor francés Allan Kardec:

¿Ejercen los *espíritus influencia sobre los sucesos de la vida?*
- *Por cierto, que sí, puesto que te aconsejan.*

Ese influjo ¿lo ejercen de otro modo que por medio de los pensamientos que sugieren? Es decir, ¿tienen una acción directa en el cumplimiento o realización de las cosas?
- *Sí, pero no obran nunca fuera de las leyes de la Naturaleza.*

El pueblo incendiado

Esta vez volveremos a la sesión de Liliana, una joven que acudió a mí desesperada en busca de una sesión de hipnosis urgente. Recuerdo que me dijo: "siento que me asfixio y temo que un día mi esposo llegue a casa y me encuentre muerta".

Como relaté anteriormente, durante la entrevista que mantuvimos, me contó que esto era algo que le pasaba con frecuencia y que se había venido agravando. Inclusive, durante el alumbramiento de unos de sus hijos, sintió que se asfixiaba, pero los doctores le dijeron a su esposo que los monitores no indicaban eso y que seguramente se trataba de un síntoma emocional.

Cabe resaltar que, la mayoría de las veces, un alma perdida y adherida no nos dejará saber que está ahí porque no se ha dado cuenta de que su cuerpo ha muerto o porque tiene la idea errónea de que la queremos sacar a la fuerza y prefieren pasar desapercibidas. Más adelante veremos las maneras de detectarlas durante una sesión, prestando atención a cada palabra y expresión que digan durante el estado de trance de nuestro cliente.

Ya en trance, le pedí a Liliana que vaya a un recuerdo triste, a uno que le haya causado alguna molestia. Cuando conté del cinco al uno, fue inmediatamente a uno en el que ella y su madre estaban trabajando en un puesto ambulante vendiendo comida mexicana. Mientras le hacía preguntas para obtener una descripción detallada de esa escena, empezó a toser como si se estuviese atragantando.

Liliana: ¡Me estoy asfixiando! —exclamó mientras hacía sonidos con su garganta.

Antonio: ¿Ahí con tu mamá?

L: Sí.

A: Y, ¿por qué te estás asfixiando? Mira la escena desde fuera para que puedas respirar tranquilamente. ¿Por qué te asfixias?

L: Estoy comiendo.

A: ¿Te asfixias comiendo?

L: Sí.

A: ¿Siempre te pasa eso?

L: Sí.

A: ¿No importa lo que tú comas?

L: No

Este síntoma lo había venido experimentando desde su adolescencia y, si bien es cierto que podríamos asumir que se originó en este recuerdo, lo que en realidad debemos hacer es no dar nada por sentado y pedirle a nuestros clientes que busquen la primera vez que tuvieron ese síntoma.

A: Ahora, voy a contar del tres al uno y le pediré a tu subconsciente que te lleve a otro momento en el que has sentido esa asfixia. Tú eres espíritu y puedes viajar en el tiempo y el espacio. Busca en esta u otras vidas. Ve a la raíz. Tres, dos, uno. Ya estás ahí.

L: Estoy en el campo.

A: Ahí, donde estás, quiero que te mires los pies y me digas qué estas usando.

L: Nada.

A: Toca tu cuerpo y dime qué estás vistiendo.

L: Un vestido café.

A: ¿Eres joven o mayor?

L: Joven.

A: ¿Cómo se llama este lugar en el que estás?

L: No sé.

A: ¿De qué color es tu pelo?

L: Negro.

A: ¿Usas algo en tu cabeza?

L: Un sombrero.

A: ¿Y cómo te llamas?

L: No lo sé.

A: ¿Qué más ves en el campo en que te encuentras?

L: Caballos. Hay muchos caballos.

A: ¿Son tuyos?

L: No. Están corriendo.

A: Y, ¿qué haces en ese lugar?

L: Estoy asustada.

A: ¿Por qué?

L: Porque están corriendo.

Continué haciéndole preguntas sobre los caballos y me dijo que corrían porque tenían miedo y que ella les tenía miedo a ellos. Liliana, es decir, quien era esa mujer en esa vida, me dijo que no sabía por qué se sentían así.

A: ¿Tú vives por ahí?

L: No.

A: Y, ¿cómo llegaste ahí?

L: Estoy parada.

A: Adelántate un poco en el tiempo hasta que algo suceda. Este es el origen de tu asfixia, ¿qué ocurre?

L: Hay árboles secos y mucho aire. Viene gente corriendo.

A: ¿Qué más sucede?

L: Tienen miedo.

A: ¿Igual que los caballos?

L: Sí. No me ven —dijo extrañada.

A: Y, ¿tú estás parada frente a ellos?

L: Sí.

A: Y, ¿no te ven porque pasan corriendo o por qué?

L: No sé. No me ven —repitió.

A: ¿Qué más está pasando?

L: Hay fuego.

A: ¿Lo puedes oler?

L: No, lo veo. Se está quemando.

A: ¿El campo?

L: No, las casas.

A: ¿Tú puedes sentir el calor?

L: No, lo veo. Es mi casa la que está ardiendo.

A: ¿Es la única que se está quemando o hay más?

L: Hay más.

A: ¿Y qué vas a hacer?

L: Tengo miedo —respondió—. Estoy sola y tengo miedo.

A: Adelántate un poco y dime qué está pasando.

L: Tengo miedo.

A: ¿Qué pasa cuando te acercas?

L: Está muy caliente.

Continué haciendo preguntas sobre aquella casa en llamas, pues sentía que me estaba acercando al origen de su asfixia. La mujer de esa vida me decía que no podía apagar el incendio y que estaba fuera de su casa. Seguía repitiéndome una y otra vez que estaba muy caliente y que no podía apagarlo.

A: ¿Qué más pasa ahí?

L: Estoy sola y no puedo caminar.

A: ¿Por qué no puedes caminar?

L: Tengo miedo.

A: Y, ¿puedes respirar?

L: No —contestó moviendo su cabeza de lado a lado.

A: Y, ¿por qué no puedes respirar?

L: Porque está muy caliente.

A: ¿La gente huyó?

L: Sí.

A: Quiero que te adelantes un poco a ver qué sucede.

L: No puedo caminar y estoy asustada. No puedo caminar.

A: Adelántate en el tiempo y dime si puedes salir de ahí.

L: No puedo.

A: Y, ¿el fuego se acerca?

L: Sí.

A: Quiero que te adelantes y me digas si es ahí donde muere tu cuerpo. Adelántate. ¿Qué es lo que sucede?

L: Ahí está parada.

A: ¿Quién está parada?

L: Yo.

A: ¿Qué es lo que te pasa ahí?

L: No puedo moverme ni respirar. El humo no me deja.

A: Avanza y dime si es ahí donde muere ese cuerpo. ¿Pudiste escapar?

L: No. Estoy dormida.

A: ¿Te desmayaste?

L: No sé.

A: Adelántate hasta el momento en que sales del cuerpo y si es ahí donde acaba tu vida.

L: Sí —me respondió con voz muy suave.

A: ¿Qué es lo que ves cuando sales de tu cuerpo?

L: Humo. Mi cuerpo está acostado y quemado. Los pies y mi vestido también.

Una vez fuera del cuerpo, la ayudé a evaluar aquella vida que acababa de culminar para tener un mejor entendimiento de las lecciones que se le habían presentado. Para confirmar mis sospechas, le hice la siguiente pregunta:

A: Ahora, que estás fuera del cuerpo, ¿qué más ves? ¿Qué más está sucediendo? ¿A dónde decides ir, ahora que eres espíritu?

L: Al campo.

Cuando el cuerpo muere, por lo general, el espíritu va a la luz o ve a otros seres de luz que vienen por él. En este caso, el espíritu de la mujer regresó al campo, donde estuvo viendo a la gente corriendo sin que ellos la percibieran y viendo un fuego cuyo humo no podía oler.

Conforme fue regresando al momento en el que aún se encontraba fuera de su casa tratando de apagar las llamas, pasó de no sentir ni oler a hacerlo, pues, hasta ese entonces, estaba con vida. Lo que podemos asumir es que, debido al fuego y humo, la mujer perdió el conocimiento y falleció en ese lugar. Este tipo de muerte, en un estado de inconciencia, fue el que ocasionó confusión en ella, ya que, cuando estaba en el campo cerca de los caballos, todavía no se había dado cuenta de que su cuerpo había muerto.

Para ese momento, solo quedaba confirmar mis sospechas mientras me daba los detalles de esa vida.

A: ¿Ves a alguien que venga por ti?

L: No.

A: ¿Ves alguna luz?

L: No, estoy sola. Estoy flotando.

A: Adelántate y dime si en algún momento encuentras la luz.

L: No tengo miedo ya.

A: Pero no has ido a la luz.

L: No.

A: Entonces, te hago una pregunta. ¿Tú eres Liliana en una vida pasada o estás pegada al cuerpo de Liliana?

L: Estoy pegada.

A: Y, ¿en qué momento te le pegaste?

L: Cuando nació.

A: Y, ¿por qué decidiste adherirte a ella?

L: Porque tengo miedo.

Hasta aquí, podemos deducir que aquella asfixia que sentía Liliana había sido originada por esta alma perdida, quien, de manera consciente o inconsciente, estaba transmitiéndole la agonía de su cuerpo. El síntoma, en realidad, no era de ella, sino de la mujer que murió sofocada y quemada en aquel incendio. Cada vez que Liliana enfrentaba situaciones en las que sentía miedo, el síntoma de la asfixia se activaba.

Ese día trabajé con el espíritu de la mujer para que pueda partir hacia la luz y elaborar el perdón por los síntomas que le había producido a Liliana, quien, luego de la sesión, no volvió a experimentar asfixia alguna. Cuando salió del trance, no recordaba nada de lo que había acontecido.

El exorcismo

Aunque el exorcismo no es un concepto con el que abordo mis sesiones, pienso que es indispensable explicar por qué no. La palabra exorcismo viene del griego antiguo y, luego, de la romanización *exorkismos*, que significa literalmente 'obligar mediante juramento o conjurar', y se entiende como la práctica de expulsar o sacar de una persona una fuerza maligna.

Si definimos el exorcismo desde un punto de vista religioso, en el catolicismo, consiste en un ritual donde se repiten oraciones y órdenes de expulsión, llegando inclusive a utilizar objetos para repeler a espíritus considerados inmundos. La iglesia católica basa esta práctica en los evangelios, donde se narra cómo Jesús expulsaba a los demonios. Una de estas narraciones se puede encontrar en la Biblia, en Mateo 8:28-34:

28 Cuando llegó a la otra orilla, a la tierra de los gadarenos, vinieron a su encuentro dos endemoniados que salían de los sepulcros, feroces en gran manera, tanto que nadie podía pasar por aquel camino.

29 Y clamaron diciendo: ¿Qué tienes con nosotros, Jesús, Hijo de Dios? ¿Has venido acá para atormentarnos antes de tiempo?

30 Estaba paciendo lejos de ellos un hato de muchos cerdos.

31 Y los demonios le rogaron diciendo: Si nos echas fuera, permítenos ir a aquel hato de cerdos.

32 Él les dijo: Id. Y ellos salieron, y se fueron a aquel hato de cerdos; y he aquí, todo el hato de cerdos se precipitó en el mar por un despeñadero, y perecieron en las aguas.

33 Y los que los apacentaban huyeron, y viniendo a la ciudad, contaron todas las cosas, y lo que había pasado con los endemoniados.

34 Y toda la ciudad salió al encuentro de Jesús; y cuando le vieron, le rogaron que se fuera de sus contornos.

Bajo la visión de la iglesia católica, estos son los signos que pueden indicar una posesión:

- Aversión hacia Dios, la virgen, los santos, la cruz y las imágenes sagradas
- Hablar en lenguas desconocidas que el sujeto no ha podido aprender por su cuenta
- Demostrar más fuerza de lo normal
- Hacer presentes cosas distantes o escondidas

Algunos podrían considerar la práctica del exorcismo como algo que se ve en las películas o que sucede en raras ocasiones, pero sería interesante leer el artículo que la BBC publicó en su portal web (www.bbc.com) el 24 de abril del 2018, donde informaba que unos 250 sacerdotes procedentes de unos 50 países del mundo viajaron aquel mes a Roma para aprender a identificar una posesión demoníaca y conocer los rituales para expulsar demonios. Se trataba del curso Exorcismo y Oración de Liberación, un seminario que comenzó a impartir el Vaticano en 2005.

Mi trabajo: asistencia espiritual

¿Cómo trabajo con los espíritus y las almas perdidas en una sesión de hipnosis? He decidido denominar esta labor a la que me dedico como asistencia espiritual porque siento que, justamente, es eso lo que hago con los espíritus. Yo asisto no solo a mi cliente, a quien se podría considerar la víctima, sino también al alma perdida, que, si la observamos desde otra perspectiva, también se ha convertido en una especie de víctima al quedar atrapada en esta dimensión.

Muy por el contrario de lo que hace el exorcismo y, siguiendo las enseñanzas de mi maestro, el hipnoterapeuta colombiano Aurelio Mejía, mi intención no es expulsar a nadie. No uso rituales, ni repito oraciones, tampoco uso objetos con supuestos poderes, ni mucho menos los trato de espíritus inmundos. Yendo un poco más allá, podría decir que no creo que existan los demonios, el diablo o el infierno.

En los años que llevo practicando la Hipnosis Introspectiva, tan solo me he topado con almas perdidas que aseguraban ser demonios para amedrentarme. De igual manera, Aurelio Mejía y José Luis Cabouli, quienes poseen una mayor trayectoria, han tenido la misma experiencia que yo. Nunca se han encontrado con alguno.

Mi visión del trabajo con los espíritus proviene del amor y la compasión, partiendo del concepto de que todos somos chispas de la luz divina (Dios). Por lo tanto, eso nos convierte en hermanos espirituales y, solo por eso, cualquier espíritu merece nuestro respeto y comprensión.

A través de mis años de estudio y práctica, he podido comprobar, tal cual me enseñaron mis maestros, que no existen espíritus buenos ni malos, sino solo espíritus más evolucionados que otros. Cuando un espíritu hace algo que es catalogado, desde el punto de vista del ser humano, como malo, no lo hace por cruel o desalmado, sino por ignorante. Si este supiera que aquello que cometa lo tendrá que sentir con igual o mayor intensidad debido a la ley universal del karma, simplemente no lo haría. Cada alma perdida tiene su propia historia y su propia tragedia. Es la falta de entendimiento lo que los hace actuar así una vez que murió su cuerpo.

Un alma perdida pegada a mi cliente es como un cliente más y merece el mismo respeto, dedicación y ayuda para resolver sus problemas. Habrá veces que esa alma también deberá beneficiarse de las distintas técnicas terapéuticas que utilizamos los hipnoterapeutas. Nuestro objetivo es averiguar su historia, ayudarle a recordar la forma en que falleció su cuerpo, a entender por qué no pudo o no decidió ir a la luz y a resolver sus asuntos pendientes, incluso si estos están asociados con la persona a la que se adhirió. Por último, la guiaremos en el camino hacia la luz y, si es necesario, pidiendo asistencia a seres de luz para que la orienten a la dimensión que le corresponde.

Casualmente, lo que me ha motivado a escribir este libro es la concepción equivocada —según mi punto de vista— que existe sobre este tema. He visto cómo algunos terapeutas y sus técnicas de hipnosis trabajan con espíritus perdidos como si se tratara de un exorcismo sin siquiera averiguar el trasfondo de la situación. Para muchos, el único propósito de sus sesiones está en la liberación.

Líneas arriba hablamos sobre el aura, su función y la información (señal) que envía hacia las dimensiones más sutiles. Pienso que, a través del aura, los espíritus y almas perdidas saben cuál es nuestro nivel de evolución y nuestra intención al iniciar el trabajo con nuestros clientes, y, basados en eso, ellos adoptan un comportamiento específico durante una sesión. Si perciben que no tenemos experiencia o que sentimos miedo, es más que seguro que jueguen con nosotros y busquen hacernos pasar un mal rato. Pero, si ven que nuestra intención no es expulsarlos, sino escucharlos y darles una mano, su actitud será totalmente distinta, aunque algunos empleen lo que llamo 'efectos especiales', como cambios de voz, gestos, insultos y movimientos bruscos, para disuadirnos.

El mensaje de César

Voy a contarles acerca de una de las sesiones más trascendentales de mi carrera, una que llevaré por siempre en mi corazón pues transformó mi práctica de la hipnosis, mi visión del trabajo terapéutico y me llevó a comprender mi sentido y misión en esta reencarnación.

María era una mujer de Centroamérica que había pasado por muchas situaciones tristes y traumáticas a través de su madre, quien, en venganza a su ex esposo y padre de María, les hacía a ella y a su hermano cosas terribles.

Ya estando en trance, visitó un recuerdo en el que su madre la estaba agrediendo mientras otras personas trataban de defenderla. Al emplear con ella la técnica de cambio de rol, María me hizo saber que estaba sintiendo un fuerte dolor en el pie derecho que no había sido mencionado durante la entrevista o al inicio de la sesión. Gracias al entrenamiento que había tenido con Aurelio Mejía, entendí que se podía tratar de un espíritu que se estaba manifestando.

María: Me duele el pie.

Antonio: ¿Te duele el pie?

M: Sí, el derecho.

A: Ok, voy a tomar la energía de tu pie derecho y dejaremos que se exprese a través de ti. La voy tomando. La voy llevando a tu mente —le toqué la frente y me dirigí a aquel espíritu—. Hermano, ya te puedes expresar. ¿Hace cuánto tiempo que estás con María? ¿Mucho o poco tiempo?

Espíritu Perdido: Mucho tiempo —respondió.

A: Entiendo. Y, ¿qué es lo que pasó, hermano? ¿Por qué estás con ella?

EP: No sé

A: ¿Estás perdido?

EP: Yo creo que sí.

A: ¿Cuál era tu nombre, hermano? ¿Eras hombre o mujer?

EP: No sé qué soy.

A: Está bien, no hay problema. Eres espíritu, eres energía. ¿Me puedes decir qué fue lo que te pasó? ¿Cómo pasaste al plano espiritual? ¿Cómo murió tu cuerpo?

EP: ¡Me mataron!

El espíritu me contó que unos hombres lo habían asesinado, pero que no sabía la razón. Le pregunté qué parte del cuerpo le dolió cuando lo mataron para saber si estaba ligada a la dolencia que estaba sintiendo María. "El pie y el corazón", me dijo.

A: ¿Hay algo que le hayas causado a María voluntaria o involuntariamente?

EP: Muchos problemas.

A: ¿Como cuáles?

EP: No ser feliz. Yo no quiero que ella sea feliz porque yo no fui feliz.

Luego de unos minutos más de diálogo, tratando de averiguar por qué estaba con María y qué síntomas le había producido, el espíritu me dijo:

EP: Yo quiero conocer a doña Carmen.

A: ¿Doña Carmen la madre o la tía?

EP: No, la tía. Yo necesito conocerla.

A: ¿Es la tía que está sentada afuera?

EP: Sí, ella misma.

Carmen era la tía de María y quien la había traído a la sesión. En ese momento, ella estaba en la sala de espera. Le pedí al espíritu que aguarde unos segundos mientras iba por ella. Cuando entró a mi oficina la puse al tanto de lo que estaba sucediendo, dejándole saber que había un espíritu adherido a su sobrina que deseaba hablarle.

Algo de lo que me di cuenta meses después de facilitar esta sesión fue el hecho de que dos (Raúl y Cesar) de los tres espíritus pegados a María se estaban comunicando conmigo a la misma vez. Por eso, algunas de las respuestas a mis preguntas no tenían sentido.

EP: ¿Tú eres Carmen?

Carmen: Sí.

EP: Yo quería conocerte.

C: ¿Conocerme a mí?

A: ¿Le puedes explicar por qué?

EP: ¡Que tome mi mano! —dijo con voz enérgica.

Carmen procedió a tomarle la mano y el espíritu, a través de María, empezó a respirar rápidamente.

EP: Gracias por estar aquí.

A: Hermano, aquí estamos para ayudarte. ¿Qué podemos hacer por ti?

EP: Yo necesito dejar en paz a tu sobrina.

C: ¿Tú puedes decirme quién eres?

EP: ¡Raúl! —vociferó, extendiendo su mano.

C: ¿Qué Raúl?

EP: Gracias por darme mi mano.

A: ¿Qué relación tienes con María o con Carmen?

EP: Con María, me apoderé de ella —contestó mientras movía la cabeza de un lado al otro.

A: ¿Por qué necesitas a Carmen si tu problema es con María?

EP: Yo quiero mucho a Carmen. Yo necesitaba conocerla a ella por medio de María. Siento como que ella era mi esposa —dijo el espíritu, mientras Carmen sonreía nerviosamente.

A: Voy a contar hasta tres y, cuando llegue a tres, quiero que vayas profundamente a otra vida y busques tu relación con Carmen. Uno, dos, tres.

EP: Yo tengo dos niños.

A: ¿Dos niños en esa vida? ¿Eras hombre o mujer?

EP: Soy el esposo de Carmen —dijo asintiendo con la cabeza.

A: ¿Cuál era tu nombre en esa vida, hermano? ¿Era Raúl?

EP: No, César. ¡César! —repitió levantando la voz y la mano que Carmen aún sostenía—. Soy el esposo de Carmen. ¿Dónde están mis hijos?

A: César, yo te voy a explicar qué es lo que pasa.

EP: ¡Me mataron! —nos dijo, interrumpiéndome y levantando su mano nuevamente.

A: Eso fue en otra vida, hermano. ¿Cómo se llamaban tus hijos?

EP: Juan y Rosa

Poco a poco, fue tomando significado lo que estaba ocurriendo. Por lo pronto, sabíamos que César se había pegado a María para poder llegar a Carmen, quien había sido su pareja en otra vida.

A: ¿Eras feliz con Carmen?

EP: Yo la quería mucho. Por medio de su sobrina, la volví a encontrar.

Carmen se encontraba confundida, pues no recordaba conscientemente haber sido esposa de César en una vida pasada. Le pregunté a Carmen si podía entender lo que estaba aconteciendo y, con una sonrisa nerviosa, me dijo que sí.

EP: Yo necesito irme de aquí. Ya no quiero hacer infeliz a María. Necesito soltarla.

A: Está bien. Yo te voy a ayudar en ese proceso, pero necesitamos saber qué fue lo que pasó. ¿Te parece?

EP: Está bien.

A: A ti te asesinaron en esa vida. ¿Tú sabes por qué?

EP: Equivocadamente. Me mataron unos hombres malos.

A: ¿Tú perdonas a esos hombres ignorantes que mataron tu cuerpo pensando que mataban tu espíritu?

EP: ¡Sí! —contestó respirando de forma acelerada.

Así, comenzamos a trabajar con la terapia del perdón para ayudarlo a liberarse de todos esos sentimientos y emociones negativas. César agradeció que estemos con él en ese proceso, mientras Carmen no podía contener las lágrimas, ni soltarle la mano.

A: Entonces, ¿quieres pedirle perdón a María por las molestias que le has producido?

EP: No, a ella no. ¡A Carmen! Perdóname, tú no sabes. ¡Me mataron! Perdóname, por favor —le suplicó desesperadamente.

A: ¿Ella nunca supo lo que había pasado?

EP: No, ella pensó que los había abandonado, pero me mataron. Por favor, ¡perdóname!

Carmen y yo sabíamos que César necesitaba su perdón para poder continuar con su camino. Mirando a Carmen, le hice un gesto con la mano y la cabeza pidiéndole que le siguiera la conversación como si comprendiese lo que él estaba diciendo. En realidad, pienso que, aunque ella no era consciente de esto, a nivel subconsciente había algo que se estaba trabajando y que la ayudaría también.

C: No te preocupes. Quédate tranquilo —le dijo Carmen entre lágrimas.

EP: Perdóname, por favor. Yo te he amado mucho. Necesito irme de aquí. No quiero seguir haciéndole daño.

C: No te preocupes, yo te perdono.

Ese día, el alma perdida de César emprendió su camino hacia la luz sin antes comunicarnos que había otras dos almas perdidas pegadas a María. Más adelante, en *La dueña del velorio* hablaré de esa segunda alma perdida y en *El espíritu de un violador* hablaré sobre Raúl, la tercera.

Hay mucho que rescatar de esta sesión. Primero, ¿cómo hizo el alma de César para hallar a Carmen, quien ya había reencarnado en otro cuerpo? Por medio de su campo vibratorio, esa frecuencia única de espíritu. Incluso, el alma de César fue más allá y pudo encontrar una ruta para llegar a ella, a través de la vulnerabilidad de su sobrina para pegársele y así estar cerca de Carmen esperando el momento de pedirle disculpas y explicarle lo que realmente había pasado con él.

Ahora, yo me pregunto qué hubiese pasado si mi enfoque en la sesión solo hubiese sido liberar a María de César, sin darle siquiera la oportunidad de expresarse. ¿Qué reacción hubiese obtenido de César si lo llamaba demonio inmundo y le exigía que regresara al infierno de donde salió? ¿Acaso Dios no es amor? ¿Acaso no es uno de los mandamientos de la religión católica amar a nuestro prójimo como a nosotros mismos?

Uno de los conceptos más difíciles de explicar en los cursos de Introspective Hypnosis que dicto es el abordaje de la sesión desde el amor, entendiendo que lo que estamos haciendo es ayudar a un espíritu reencarnado (nuestro cliente) a entender quién es, pero que tarde o temprano también ayudaremos a otros espíritus desencarnados (almas perdidas) adheridos a su aura, esperando ser escuchados y guiados hacia la luz. Es esa empatía con el otro la que hará una gran diferencia en el resultado final.

¿Posesión o apego?

La posesión espiritual se entiende como un fenómeno paranormal por el cual un espíritu maligno toma control del cuerpo de su víctima, causándole cambios de comportamiento y una serie de síntomas físicos y psicológicos. Por lo general, la posesión se atribuye a energías negativas o demonios, quienes desplazan el alma de su víctima para quedarse con su cuerpo.

La posesión no puede considerarse un diagnóstico científico, pero hay quienes atribuyen síntomas como esquizofrenia, bipolaridad, epilepsia, histeria, desorden de personalidad múltiple y subpersonalidades como derivados de una posesión demoníaca.

En el "Libro de los espíritus" de Allan Kardec, los espíritus dicen esto:

¿Puede un Espíritu momentáneamente revestirse de la envoltura de una persona viva, esto es, introducirse en un cuerpo animado y obrar en lugar del Espíritu que se encuentra encarnado en él?

- El Espíritu no penetra en un cuerpo del modo que tú entras en una casa. Se asimila con un Espíritu encarnado que adolece de los mismos defectos y cualidades, para actuar conjuntamente con éste. Pero siempre es el Espíritu encarnado el que obra como quiere sobre la materia de que está revestido. Un Espíritu no puede sustituir a otro que se halle encarnado, porque Espíritu y cuerpo están unidos por el lapso que deba durar la existencia material.

La denominación debería ser apego espiritual, que se refiere a la acción que realiza el alma perdida al pegarse al campo vibratorio de una persona. Contrario al concepto del desplazamiento en la posesión, un apego es la influencia, consciente o inconsciente, que ejerce un alma perdida sobre la persona a quien se pegó.

Al adherirse al aura de la persona, el alma perdida comenzará a emitir sus propias señales, información, energía y frecuencias, provocando una especie de interferencia y haciendo que la víctima del apego sienta y piense lo mismo que ella siente y piensa: dolencias físicas, cambios de carácter, miedos, tristezas, entre otros. Estos rasgos no son realmente suyos.

Conforme más penetre el alma perdida en el campo vibratorio de su víctima, más influencia tendrá sobre esta, pudiendo llegar hasta el punto donde sea la personalidad de esta energía parásita la que se manifieste casi en todo momento, dando la impresión de una posesión (desplazamiento), cuando se trata solo de un nivel de influencia mucho más fuerte.

Sobre esto, los espíritus contactados en el "Libro de los espíritus" dicen:

-Si no hay posesión propiamente dicha, vale decir, cohabitación de dos Espíritus en un mismo cuerpo, ¿puede el alma estar bajo la dependencia de otro Espíritu, de manera de ser subyugada u obsedida por él, hasta el punto de que su voluntad se vea en cierto modo paralizada?

-Sí, y son los verdaderos poseídos, pero has de saber que este dominio no se ejerce nunca sin participación de quien lo sufre, ya sea por su debilidad, o bien por su deseo. Con frecuencia se ha tomado por poseídos a epilépticos o dementes que tenían mayor necesidad de un médico que de exorcismos.

En las regresiones al vientre que me han tocado facilitar, en donde básicamente establecemos el primer contacto con el espíritu antes de nacer, mis clientes en trance me han hablado sobre el complejo proceso de conectar el alma con el cuerpo, integrarlo con el cerebro y con el sistema emocional. Entonces, para mí, es difícil de imaginar que un espíritu puede no solo pegarse a nuestro campo vibratorio, sino desplazarnos también de nuestro cuerpo.

De la misma manera y, como ya lo he mencionado, no creo en los espíritus malos o negativos, ni en demonios, ni el infierno. En otras palabras, no creo en nada que me haga empezar una sesión de hipnosis desde el miedo, el prejuicio o la discriminación hacia quien necesita ayudar, tenga o no cuerpo.

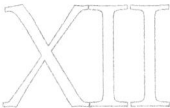

ENERGÍAS QUE SE CONFUNDEN CON ESPÍRITUS PARÁSITOS

Durante el transcurso de una sesión de hipnosis es posible que nuestros clientes nos dejen saber que están sintiendo algo que no es de ellos o que está fuera de lugar. Esto se puede presentar como un dolor físico, dolor de cabeza, presión en distintas partes del cuerpo o como una especie de bloqueo.

No es extraño que ellos mismos reporten estos cambios ya que, al estar en un estado de trance, su sensibilidad se potencia. Básicamente, una persona en un estado expandido de consciencia es un médium y puede tener ciertas habilidades psíquicas en esos momentos.

Hay ciertas energías pegadas que pueden dar la impresión de ser almas perdidas, pero que, en realidad, no lo son. ¿Esto hace alguna diferencia para nuestro cliente? No realmente. Si una persona en estado de trance piensa o siente que tiene un alma perdida pegada, poco importa lo que nosotros pensemos al respecto. Lo que vale es lo que la persona siente. Siempre trataremos esa energía de acuerdo a cómo la sienta el individuo que está en trance.

No estamos aquí para descubrir si ellos tienen o no la razón o si tiene sentido o no lo que dicen que están experimentando. Nuestro objetivo siempre debe ser buscar que la persona se sienta mejor utilizando su realidad interna, lo que ellos creen y no lo que tiene o no sentido para nosotros.

Veamos algunas de las energías que pueden generar síntomas como si fuesen un alma perdida adherida a la persona, pero que probablemente no lo sean:

Abortos

En varias ocasiones, las mujeres que han llegado a mí en busca de una sesión han expresado con tristeza el momento en que decidieron abortar. Esto puede haber sido porque a esa edad no tenían la madurez que tienen en la actualidad, porque no contaban con los medios económicos o porque la pareja se había desentendido del asunto. Sea como fuese, el resultado era siempre el mismo: tristeza, remordimiento y un fuerte sentimiento de culpa.

Muchas veces, mientras trabajábamos en la sesión, ellas mismas detectaban alguna sensación distinta en la zona abdominal o, a la hora de pedirles que escaneen visualmente su cuerpo energético, veían una sombra en esa zona. ¿Se trataba del espíritu del feto que no llegó a nacer? Para responder esta pregunta, me gustaría hacer referencia al trabajo del médico y psiquiatra estadounidense Brian Weiss.

Cuando leí su libro "Solo el amor es real", aún no sabía nada de hipnosis, pero me llamó la atención la parte en la que hablaba de Pedro y Elizabeth. Pedro estaba triste porque una pareja que tuvo había decidido abortar al hijo que esperaban juntos, haciendo que él también se sintiese culpable. Weiss le dijo que no debía sentirse así porque, en realidad, en ese momento el espíritu de su hijo no estaba aún ahí, pero Pedro no entendió lo que quiso decir. Al parecer, Weiss ya tenía conocimiento de que el espíritu no ocupa su futuro cuerpo hasta mucho después en el embarazo.

Ahora bien, si hacemos referencia al trabajo de Michael Newton en sus libros "El destino de las almas" y "Vida entre vidas", encontraremos la misma respuesta en la enorme cantidad de regresiones al vientre materno que llevó a cabo. Sus pacientes reportaron el proceso de integración con el cuerpo del bebé tal cual lo describió Sabrina en su sesión conmigo, de quien hablé páginas más arriba.

Dicho todo esto y, suponiendo que el aborto o la pérdida se produjo durante los primeros meses de embarazo, cuando es muy probable que el alma no haya estado integrada al feto aún, ¿qué es lo que sienten esas mujeres en el vientre? Al ser nosotros seres creadores y manifestadores, es muy probable que todos esos sentimientos negativos que sintieron y sienten los hayan convertido en energía pegada a esa zona, la cual también les causaría malestares y problemas.

En ese tipo de casos, yo hago que se comuniquen con esa energía como si fuese el alma perdida del bebé. Hago que le expliquen por qué tomaron la decisión de abortar, le pregunto al alma del bebé si culpa a su mamá por haber tomado esa decisión en un momento difícil de su vida —aunque la respuesta es siempre no— y dejo que la madre elabore el perdón para luego enviar a la supuesta alma perdida a la luz.

Esta dinámica le da un cierre a aquel capítulo tan doloroso para la mujer y soy testigo de que siempre funciona para mis clientes. Si algo imaginario pudo enfermarnos, ¿por qué algo imaginario no podría también ayudarnos a sanar?

Con esto no quiero decir que no sea posible que un alma ya integrada al feto decida adherirse al campo vibratorio de su madre, pero muchas veces es la mamá quien crea el trauma debido a sus emociones.

Desorden de personalidades múltiples y subpersonalidades

También llamado trastorno disociativo, el desorden de personalidades múltiples es una enfermedad mental que origina la desconexión entre acciones, pensamientos, recuerdos, entorno e identidad.

Dentro de los síntomas del trastorno disociativo tenemos:
- Amnesia en cuanto a ciertos sucesos o períodos de tiempo
- Separación de uno mismo
- Precepción de las personas y cosas del entorno
- Incapacidad de afrontar estrés emocional
- Depresión y ansiedad

Entre los principales motivos, se encuentran los eventos traumáticos, como abusos sexuales, maltrato emocional o torturas.

El tratamiento tiene como objetivo controlar los síntomas, estabilizar al individuo, buscar la integración de las personalidades y, finalmente, recobrar la identidad.

Por otro lado, las subpersonalidades son un modo de personalidad que se activa para permitir al individuo lidiar con ciertas situaciones psicosociales. Esta forma de personalidad puede incluir sentimientos, emociones, acciones y otros elementos del comportamiento humano.

No es raro que ambas patologías sean confundidas con una o más almas perdidas pegadas al individuo. A pesar de que el tratamiento para personalidades múltiples se parezca al proceso de asistencia espiritual en el que ambos se enfocan en buscar el origen del síntoma para eliminarlo, los dos difieren en que uno trata de integrar las personalidades, mientras que la asistencia espiritual busca ayudar al alma perdida a que vaya a la luz y se desprenda de la persona.

Formas de pensamiento

Se trata de una proyección de la conciencia de otro espíritu reencarnado (otra persona) en la que se forman emociones negativas, como enojo, tristeza, venganza y obsesión, que termina pegándose al campo vibratorio de la víctima, tal cual lo hace un alma perdida, y, generando básicamente los mismos problemas. La única gran diferencia es que el dueño de ese pensamiento aún está en la Tierra y, por ende, no se le puede enviar a la luz.

Aún recuerdo el caso de Johanna, una joven de unos diecisiete años a quien su madre trajo a mi casa para trabajar distintos síntomas. Durante la entrevista, ella me contó que su padre era un preparador físico y que hacía años que su madre y él estaban separados. Cada vez que a Johana le tocaba ir a visitar a su papá, lo primero que este hacía antes de siquiera saludarla era decirle "estás engordando, cuida tu peso que estás engordando". La verdad es que yo no le veía sobrepeso, pero esa era la percepción y trauma que su padre estaba creando en ella poco a poco.

Durante la última fase de la sesión, le pedí hacer una visualización de su campo vibratorio para que me dijera si veía algo fuera de lugar. No me extrañó que ella detectara una especie de sombra en su área abdominal. Llevé su mente hacia aquella energía para que se expresara. Cuando le pedí a la sombra que se identifique, me dijo que era su padre. Era básicamente la proyección de su conciencia y obsesión con que su hija no subiese de peso.

Comencé a dialogar con esa parte de su conciencia, tal cual lo hubiera hecho con un espíritu pegado y, una vez que se trabajó el perdón, le pedí que regresara a su cuerpo. Entonces, ¿qué fue lo que creó ese pensamiento pegado al cambo vibratorio de Johanna? La obsesión de su padre de que no gane peso.

Este tipo de obsesión la he visto también durante el rompimiento de una relación de pareja, ya sea un alejamiento o un divorcio. La persona víctima de esta circunstancia, comienza a experimentar síntomas al poco tiempo de haberse separado. El común denominador en esos casos es que la otra persona no aceptaba la ruptura de la relación, generando una obsesión y una forma de pensamiento que se pegó a mi cliente.

Walk-ins

La primera vez que escuché este término fue en los textos de Dolores Cannon y, aunque hasta ahora no me ha tocado uno de ellos, el concepto me es un poco difícil de aceptar. Se dice que un walk-in es un espíritu que ocupará o está ocupando un cuerpo que no le pertenecía originalmente, es decir, que el alma que es la dueña original del cuerpo sale y regresa a la luz cediéndole la posta a otro espíritu que lo ocupará y continuará la vida del mismo. Incluso, se dice que el nuevo espíritu que ingresa al cuerpo guardará las memorias y todo lo vivido por el espíritu anterior, aunque la personalidad cambie.

Pero, ¿cuál es el propósito de esto? Cannon explica que hay ocasiones en las que el espíritu, antes de nacer, elige más lecciones de las que puede tomar y, al darse cuenta que es demasiado para él, decide que quiere regresar a la luz, pero sin cometer suicidio. Es entonces que este espíritu hace un contrato con otro para que continúe la vida de ese cuerpo, suponiendo que este cuerpo cumple con los objetivos de las lecciones que este nuevo espíritu necesita aprender.

Resulta bastante confuso. Bajo la misma lógica de que integrar el alma al cuerpo en el vientre materno es un proceso que toma tiempo, esto no podría ser posible. ¿Cómo puede un espíritu desprenderse del cuerpo así como así para que otro entre?

El concepto de walk-in también fue utilizado por William Baldwin en su libro "Spirit releasement therapy" (Terapia de la liberación del espíritu), donde menciona que el término fue utilizado por primera vez en 1979 por la periodista y psíquica Ruth Montgomery.

Michael Newton dice en su libro "Life between lives" que nunca se ha topado con uno y que a él mismo le parece una idea difícil de creer. Es más, tampoco he escuchado a Aurelio Mejía hablar sobre este tema. Si lo menciono en este libro es porque muchos hipnoterapeutas usan esta terminología y les hablan a sus clientes de ella. Por otro lado, muchas personas que llegan a una sesión de hipnosis, dicen creer ser un walk-in, o quizás, solo tengan preguntas al respecto.

Implantes

Con implantes me refiero a los energéticos y no necesariamente físicos. Los implantes son dispositivos energéticos supuestamente colocados por extraterrestres en nuestro campo vibratorio con diferentes intenciones. Se dice que algunos son para poder saber nuestra ubicación, otros para recolectar datos que luego serán estudiados por ellos y unos cuantos para controlar el nivel de nuestra energía. En fin, he escuchado todo tipo de explicaciones y razones por las que un ser humano podría tener uno.

Algunas personas dicen que acordaron prestarse para estudios antes de reencarnar, varios no se acuerdan y otras mantienen una conversación con estos seres durante el trance, tratando de entender por qué lo tienen.

La manera en que manejo estos casos es básicamente respetando el libre albedrío que los seres humanos tenemos. Le pregunto a la persona si quiere mantenerlo o no. Si desea retirarlo, les pido que visualicen una luz blanca que lo disuelve. Algunos terapeutas dan la sugestión a su cliente de que lo están arrancando, poniendo sus manos en la zona donde lo han visualizado. Otros, incluso, le piden que llame al ser que se lo colocó y que le ordene que se lo retire en este momento ya que ellos no deberían interferir con nuestro libre albedrío.

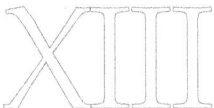

LOS ESPÍRITUS EN LA HIPNOSIS

En la historia de la hipnosis, hay muchos personajes cuyo trabajo e investigación han ayudado a la evolución de esta disciplina. En este capítulo, basándome en la influencia que estos han ejercido en mi propia práctica, mencionaré a unos cuantos de ellos.

Como mencioné al inicio de este libro, desde el Antiguo Egipto se ha utilizado el trance hipnótico en los templos del sueño o templos oníricos para tratar dolencias de origen psicológico. Más adelante, se oiría del médico alemán Franz Anton Mesmer (1734 -1815) y el 'mesmerismo', terapia que se basaba en la utilización de imanes para la sanación de sus pacientes. Él creía que el cuerpo contaba con un fluido universal que podía controlarse artificialmente a través de imanes que ayudaban a curar.

Luego, el aristócrata francés Armand de Chastenet (1751–1825) y Marqués de Puységur, pudo recrear lo que Mesmer hacía con sus pacientes, hallando que la persona no se encontraba dormida durante el estado hipnótico, sino que entraba en una especie de sonambulismo. Esto lo determinó cuando un joven de 23 años, llamado Víctor Race, pudo responder a sus preguntas mientras estaba en trance. Es así que decidió llamar a esta técnica 'sonambulismo artificial' o 'sonambulismo magnético'.

Unos años después, el neurocirujano escocés James Braid (1795 - 1860) se convertiría en el pionero del uso de la hipnosis como anestesia. Braid, quien estaba en desacuerdo con la teoría del 'mesmerismo' de Mesmer, reconoció la veracidad del fenómeno, pero también creía que estaba basado en la sugestión. Determinó que toda hipnosis es una autohipnosis, es decir, que no se necesita de un operador para logar este estado.

Más adelante, el psiquiatra y psicólogo estadounidense Milton Erickson (1901 – 1980) se especializó en el uso médico de la hipnosis y terapia familiar, fundando la Sociedad Americana de Hipnosis Clínica. Erickson empleaba metáforas para inducir a sus pacientes a situaciones psicoemocionales sin perder el estado de conciencia. Sostenía que el individuo no se relaciona con el mundo a través de sus sentidos, sino más bien de sus mapas internos, y era por eso que no existen conductas inapropiadas ya que estas corresponden a una reacción ante su realidad interna.

El trance y los estados expandidos de conciencia

Existen tres componentes de la mente con determinadas funciones: la mente consciente, la mente subconsciente y la mente crítica.

La **mente consciente** es el área en la que se halla la mente crítica, la razón, la lógica y la fuerza de voluntad. Es básicamente nuestra parte analítica, cuya función —a mi parecer— es asegurar la supervivencia de nuestro cuerpo. Nos protege de cualquier evento que nos pueda sobrecargar, extrayéndolo y enviándolo a la mente subconsciente hasta que estemos listos para lidiar con él.

En la **mente subconsciente,** se almacenan nuestras asociaciones, tanto positivas como negativas, así como nuestros mapas internos. Por ejemplo, aquellos que fuman cigarro podrían relacionar la sensación de relajación con este vicio y aquellos que beben alcohol podrían relacionarlo con una desconexión de la realidad.

Como la parte subconsciente ocupa aproximadamente un 88% de nuestra mente, todo lo que abarquemos ahí siempre tendrá más influencia sobre lo que conscientemente deseemos.

Recordando lo que dijo Milton Erickson, reconocido médico e hipnoterapeuta estadounidense, es a través de esas asociaciones guardadas que nos relacionamos con el mundo. Lo que se encuentra en la mente subconsciente es nuestra realidad más pura, aquella que dicta cómo nos comportamos en la vida y cómo reaccionamos ante ciertas situaciones porque, lo recordemos o no, tenemos ahí asociaciones creadas durante eventos traumáticos que la mente consciente deseó remover para protegernos.

¿Cómo se graba la información en el subconsciente? Según lo que he podido apreciar con mis propios clientes, es a través de tres maneras: por trauma, por repetición o por visualización.

En mis sesiones, mientras ayudo a mis clientes a buscar el origen de sus miedos, varios vuelven al momento en que sus padres les repetían una y otra vez que podían hacerse daño montando una bicicleta, haciendo deporte, corriendo o saltando. Al final, aquel temor que sentían no les pertenecía a ellos, sino a los padres, quienes lo habían grabado en su subconsciente después de repetirles tantas veces lo mismo.

Aquello que se almacena en el subconsciente, generalmente, se encuentra distorsionado ya que no se grabó de acuerdo a lo que en realidad ocurrió. Antes de que cualquier evento llegue a esta zona de la mente, pasa por un filtro que contempla nuestro sistema de creencias, recuerdos, decisiones pasadas, metaprogramas, valores y necesidades básicas.

Además, desde el punto de vista de la hipnosis regresiva y la espiritualidad, se entiende que lo que tenemos guardado en nuestro subconsciente no solo corresponde a lo que sucedió en el espacio de tiempo en que hemos estado en este cuerpo. También en nuestro subconsciente conservamos recuerdos, asociaciones y traumas de los cuerpos que hemos ocupado en otras vidas.

Por otro lado, la **mente crítica** se encuentra entre las áreas consciente y subconsciente, actuando como una especie de guardiana o contraseña que debemos ingresar en una computadora antes de poder almacenar y extraer información de ahí. Es la que decide qué pasa y qué no a la mente subconsciente.

Cuando somos niños, la mente crítica no se encuentra bien desarrollada aún y todo lo que nos acontece va directamente al subconsciente, creando fácilmente un recuerdo o una circunstancia negativa. Por eso, la mayoría de traumas con los que cargamos de adultos se originaron en nuestra infancia.

***

Habiendo entendido los componentes de la mente humana, pasemos a definir el trance hipnótico. Se trata de un estado de ensoñación, donde el individuo que se encuentra entre dormido y despierto es altamente susceptible a sugestiones.

Este es un estado natural del ser humano ya que todos pasamos por él por lo menos dos veces al día: antes de despertarnos y antes de quedarnos dormidos. En ambos momentos, es como si viésemos una película en la que nos envolvemos tanto en la trama que podemos emocionarnos hasta las lágrimas. Si, mientras manejamos nuestro auto, nos damos cuenta que debimos haber doblado a la derecha tres cuadras atrás, entonces estuvimos en trance. Nosotros mismos manejábamos el carro, pero estábamos enfocados en otra cosa.

¿Cómo una persona entra en trance?

Toda hipnosis es una autohipnosis. El hipnotista o hipnoterapeuta puede dar una serie de instrucciones que llamamos inducciones, pero depende de nosotros seguirlas o no para llegar a ese estado. Se requiere de nuestra colaboración y nadie puede obligarnos.

Las inducciones son de distintos tipos. Algunas pueden durar entre 7 y 15 minutos buscando una relajación del cuerpo; unas cuantas, a las que se les considera inducciones rápidas, son de menos de 4 minutos, tales como la inducción de Dave Elman; y, otras son consideradas inducciones instantáneas, como la inducción de choque o de interrupción de patrón.

Sea como fuere, el objetivo de las inducciones es atravesar la mente crítica para así tener acceso directo al subconsciente. Esto sería el equivalente a cuando un *hacker* entra en nuestra computadora para tener acceso a toda nuestra información.

Pero, ¿cómo puede ser esto posible? Simple. La mente crítica es la que analiza y nos protege. Si yo solo mirase a los ojos a una persona y le dijera "duerme", esta pensaría que estoy loco porque no tiene por qué quedarse dormida solo porque yo se lo ordeno. Esta es solo la mente crítica haciendo su trabajo. Pero, si yo distraigo a la mente consciente y la crítica dándoles una tarea como, por ejemplo, mirar el punto que tengo en mi mano, esto me permitirá hablarle directamente a la mente subconsciente que está siempre atenta, tal cual sostenía Milton Erickson, y actuará de acuerdo a la sugestión que se le dé, permitiendo que esta entre en trance.

¿Solo podemos entrar en trance por medio de una inducción?

El estado alterado de conciencia es natural en el ser humano. Lo experimentamos cuando nos vamos quedando dormidos, en ese punto medio entre dormidos y despiertos, cuando estamos caminando en el supermercado y nos damos cuenta que olvidamos meter un producto que queríamos y con el que nos cruzamos algunos pasos atrás o cuando vemos una película y lloramos al envolvernos en la trama.

Durante las sesiones que facilito, utilizo la técnica de Terapia de Vidas Pasadas de José Luis Cabouli y hago preguntas alrededor del síntoma o emoción de cada cliente mientras este se encuentra con los ojos cerrados. A la vez que vamos definiendo el síntoma, que luego localizaremos en alguna parte del cuerpo como asociándolo a algo conocido, estamos ayudando a la persona a hacer consciente lo que hasta ese momento es inconsciente para ellos: el origen del síntoma en una posible vida pasada.

Al trabajar de esta manera, la persona comienza a entrar en un estado expandido de conciencia sin necesidad de inducción alguna.

Mitos sobre la hipnosis

Son muchos los mitos y concepciones erróneas que se tienen sobre la hipnosis. A la larga, estas solo provocan un miedo infundado en el individuo que necesita una sesión. Entre esos mitos, tenemos:

- La hipnosis es quedarse dormido.
- Puedo perder el control durante el estado de trance.
- El hipnotista necesita poderes especiales.
- Puedo no despertar.
- Es algo diabólico.
- Puedo ser abusado o abusada.
- No recordaré nada cuando salga del trance.

Todas estas creencias se hallan muy lejos de la realidad. La hipnosis es un estado alterado de conciencia y, por eso, estamos conscientes en todo momento. Nadie puede perder el control de sí mismo así que no hará nada que vaya en contra de sus principios. Tampoco se está a merced del hipnotista o hipnoterapeuta.

Además, es común recordar todo lo que sucedió mientras se estuvo en trance. Algunas personas solo retendrán pequeños fragmentos de lo que sucedió, pero solo el 3% irá a lo que llamamos el nivel de sonambulismo, en el que no recordarán nada de lo acontecido.

En la hipnosis trabajamos con el subconsciente, pero, en mi caso, la mayoría de veces lo hago directamente con el espíritu de mi cliente, quien es el que guarda toda la información.

Los estados de la mente

Nuestro cerebro produce impulsos eléctricos conocidos como ondas cerebrales. Estas contienen información que viaja de neurona en neurona para ejecutar una función determinada. Existen cuatro tipos principales de ondas cerebrales:

- Beta: se producen cuando estamos despiertos y alertas.
- Alfa: se generan cuando estamos en estado de relajación, con los ojos cerrados o descansando. Es un estado similar al de la meditación y facilita la visualización.
- Theta: es un estado de relajación más profundo. Es cuando casi estamos dormidos y nos permite visualizar aún más.
- Delta: se originan mientras estamos dormidos.

Cuando vamos entrando en estado de trance, pasamos del estado beta al alfa y, dependiendo de qué tan profundo podamos ir en ese trance, podemos llegar al theta, donde casi no recordaremos lo que acontecerá durante esa fase. Como dije anteriormente, solo el 3% de las personas llegan ahí.

Nuestro cerebro y mente irán al nivel de trance necesario para trabajar durante la sesión, pero no es indispensable alcanzar el estado theta para poder percibir espíritus y almas perdidas o parar trabajar en otros asuntos durante la sesión.

¿Qué sucede cuando estamos en trance y para qué se usa?

Una persona en trance, muy por el contrario de lo que se cree, se encontrará en un estado alterado de conciencia en el cual sus sentidos serán agudizados, es decir, podrá tener acceso a recuerdos a los que no podía acceder de forma consciente.

Al haber puesto de lado la mente consciente, que es la que analiza y filtra, tendremos ingreso libre a todo lo que está almacenado en el subconsciente para analizarlo desde la objetividad y no desde lo que nuestros filtros personales interpretaron. Pero, principalmente, una persona en ese estado tendrá acceso a una dimensión más sutil —al menos así lo entiendo yo—, donde el tiempo y el espacio no existen. Se podría decir que esta puede entrar a la misma dimensión en donde nos desenvolvemos como espíritus antes de reencarnar.

En el espacio del 'no tiempo' —como yo lo llamo—, todo pasa ahora y es ahí donde se puede interactuar desde el presente, a pesar de que, bajo el concepto del tiempo lineal, ese evento se considere pasado. Trabajar desde ese espacio me da muchísima flexibilidad con mis clientes durante una sesión. Por otro lado, al estar la persona en este estado expandido de conciencia, puede ver, sentir y percibir más, no tanto su entorno, sino también su cuerpo y emociones.

Es casualmente en este estado que los espíritus pegados al campo energético ya no pueden ocultarse y empiezan a manifestarse de diferentes maneras. Otra cosa que sucede con frecuencia durante un trance es que las personas pueden percibir la presencia de otros espíritus que no necesariamente están adheridos a ellos, sino que solo se acercan para entablar una comunicación, como es el caso de los seres queridos fallecidos o de otros espíritus que simplemente tratarán de aprovechar la oportunidad para dialogar.

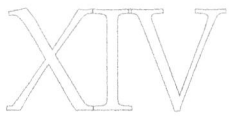

EL ESPACIO DEL 'NO TIEMPO' Y LOS ESPÍRITUS DE SERES QUERIDOS

Uno de los momentos más tristes para el ser humano es durante la partida de nuestros seres queridos. Aquella pena se basa en la idea de que esa persona murió cuando, en realidad, lo que murió fue su cuerpo, más no su espíritu pues este es eterno.

Muchas veces, esos sentimientos hacen que no podamos ver que su espíritu se encuentra bien, que ya no sufre —dependiendo de cómo falleció— e inclusive que quiere despedirse de nosotros antes de partir a la luz. En ese momento, estamos tan sumergidos en ese desconsuelo y nuestra mente está tan ocupada pensando en todo lo que acaba de acontecer que no tenemos la tranquilidad para recibir su presencia y lo que nos quieren transmitir.

Cuando uno de mis clientes visita este tipo de recuerdos, empleo el tiempo cuántico, que tiene la premisa de que no existen pasado, presente, ni futuro, que el espíritu no entiende de cuerpo y que, para el espíritu, todo está pasando ahora. Entonces, hablando en tiempo lineal, puede que la muerte de un ser querido haya tomado lugar hace algunos años, pero, como este está en trance y ha regresado a ese suceso, para él está ocurriendo en el presente. Bajo ese entendimiento, incluso puede acompañar al alma de su ser querido durante el proceso de la muerte de su cuerpo y, como el trance le permite a mi cliente estar en un estado expandido de conciencia, podrá procesar ese evento desde otra perspectiva, viendo todo lo que pasa desde la dimensión espiritual.

Comprender estos conceptos me tomó un tiempo, pero, como he explicado páginas atrás, dirigir una sesión desde la idea de que todo sucede ahora es lo que me ha permitido tener excelentes resultados en mis sesiones de hipnosis.

Giovanna y la abuela

Para explicar mejor el tiempo lineal y el tiempo cuántico, hablaré de la sesión de Giovanna, quien llegó a mi oficina con el propósito de tratar ciertos síntomas psicosomáticos, entre ellos un dolor de espalda y tristezas.

Primero, navegamos por un par de recuerdos amargos de su infancia: cuando en el colegio sus compañeros la molestaban por tener las mejillas grandes y cuando tuvo un incidente regresando de la escuela ya siendo una adolescente.

El siguiente acontecimiento que visitamos estaba relacionado a la muerte de su abuela, a quien llamaba mamá porque la había criado desde que era una niña. Esto me causó confusión porque yo sabía que su madre aún estaba viva, es más, estaba en otra habitación de la casa durante la sesión. Para salir de dudas, tuve que hacerle un par de preguntas para asegurarme de que no se trataba de una vida pasada.

Antonio: Vamos a buscar otro recuerdo, alguno que te haya molestado, que te haya puesto triste. Cinco, cuatro, tres, dos, uno. Ya estás ahí.

En ese momento, el rostro de Giovanna se inundó de tristeza y comenzó a llorar.

A: Ya veo que lo encontraste. En ese momento que estás reviviendo, ¿es de día o de noche?

G: Es de día.

A: ¿Qué está sucediendo?

G: Estamos enterrando...

A: ¿A quién están enterrando?

G: A mi mamá —dijo llorando.

A: ¿Cómo se llama tu mamá?

G: Leti. Leticia.

A: ¿Qué edad tienes ahí?

G: Veintidós años.

A: ¿Y tú conoces a una señora llamada Celia? —le pregunté tratando de averiguar si este evento era de esta vida o de una anterior.

G: Sí, es mi mamá.

A: ¿Entonces por qué me dices que la mamá que están enterrando es Leticia?

G: Es mi abuela.

A: Ya veo. Se trata de tu abuela, quien era como tu madre. ¿Qué más está ocurriendo? ¿Están en el entierro?

G: ¡Yo me quiero ir con mi mamá! —me contestó entre sollozos y moviendo la cabeza de lado a lado—. Mamá, lléveme. Lléveme, por favor.

A: Déjame explicarte algo. Lo que ha muerto es el cuerpo de tu abuela. Tu abuela es espíritu y ella no ha muerto. Te lo voy a demostrar. Voy a contar del tres al uno y vas a saludarla. Tres, dos, uno. Saluda a tu abuela.

G: ¡Mamá! —expresó con alegría—. Mi viejita.

A: La comunicación es mental y telepática. ¿Qué es lo que llega a tu mente? ¿Qué te dice tu abuela? ¿Cómo se encuentra?

G: Dice que está bien —respondió con una sonrisa.

A: Por supuesto. ¿Viste? Ya que la comunicación está abierta, aprovecha y dile a tu abuela todo lo que has querido decirle en todo este tiempo.

G: Siempre está conmigo. Yo sé que ella siempre está conmigo. Sí, mamá —dijo comenzando el diálogo con ella—. Me hace mucha falta cuando voy y no la veo.

A: Pregúntale si está al tanto de todos los acontecimientos que han ocurrido en tu familia desde que se adelantó, ya que todos partiremos algún día porque somos espíritu.

G: Me dice que sí.

A: ¿Me permites hablar con ella?

G: Sí.

A: Muy bien. Deja que se exprese a través de tu mente. Uno, dos, tres —dije tocando su frente—. Doña Leticia, buenas tardes. Gracias por la comunicación.

Leticia: Buenas tardes.

A: Estamos ayudando a sanar a su nieta Giovanna y quiero saber si podemos contar con su apoyo.

L: Sí.

A: Muchas gracias. Quisiera saber si hay algún consejo que le quiera dar a su nieta.

L: Que quiera mucho a sus niños.

En ese momento, pude notar que la abuela había iniciado una conversación mental con Giovanna. Les pedí que por favor repitieran lo que estaban hablando en voz alta para poder enterarme.

G: Ay, mi viejita linda. Sí, mamá.

A: ¿Qué te está diciendo?

G: Que soy su nieta preferida. Yo lo sé, mamá —expresaba asistiendo con la cabeza, mientras continuaba conversando mentalmente con su abuela.

A: ¿Me puedes repetir lo que te dice para que quede en la grabación?

G: Que me cuide mucho, que quiera mucho a José (su esposo). Sí, yo sé mami. Yo sé, mami.

A: ¿Me repites lo que te dice?

G: Que quiera mucho a mis hijos, que los cuide mucho, que no todo lo que la gente me dice es verdad o es mentira, que no le crea a la gente. También me pide que cuide mucho a mi tía Celia (su madre) —me contó sonriendo—. Sí, mamá. No me regañe pues. Sí, yo sé que sí, que ella es mi mamá, pero la quiero mucho a usted. Sí, a mi tía Cassie no. Yo la quiero mucho también.

A: ¿Qué está diciendo de la tía Cassandra?

G: Que es una mujer terca, testaruda. ¿Mi tía Cassie? ¿Ah? No le entiendo. No le entiendo nada.

A: ¿Está haciendo gestos? Trata de remedar lo que está diciendo.

G: ¿Qué? ¡No! No, no, no, no entiendo nada de lo que me está diciendo.

A: ¿Lo que te muestra es una imagen o un ruido?

G: Es un ruido.

L: La tía envidia la tranquilidad que tiene esta muchachita. Ya don José se lo ha dicho, que la quiere ver rodando. Qué lástima que mi propia hija...

A: Y, ¿usted puede ayudar a que se lleven mejor?

L: Ellas se llevan bien, pero Cassie no entiende. ¡Ay, mi muchachita!

A: ¿Usted sabe cuál es el origen de los dolores de cabeza que ella tiene?

L: Si no me equivoco, es un mal que venía para mí —respondió refiriéndose a alguna brujería.

A: ¿Giovanna cree en la brujería?

L: No cree. No cree para nada.

A: ¿Entonces nos ayudarías a remover ese dolor de cabeza que padece?

L: Sí, tiene que tener salud mi hija. Ella lo merece mucho.

Hasta aquí nos habíamos comunicado con la abuela de Giovanna. Aquello que había iniciado con un recuerdo triste, como es la muerte de un ser amado, se estaba convirtiendo en un hermoso diálogo en el que ambas tenían la oportunidad de decirse todo lo que necesitaban. Incluso, doña Leticia le había podido dar consejos a su nieta sobre su vida y sobre algunos familiares.

Muchos podrían decir que esta conversación pudo ser creada por la mente de Giovanna. Pero, si fuese imaginaria o no, desde el punto del trabajo terapéutico, esto no debería importar ya que lo que se busca es un resultado positivo: transformar un evento triste en uno alegre y hermoso.

Pero, de igual manera, demostraré por qué debemos creer que esta comunicación sí fue real: primero, Giovanna demostró alegría al ver a su abuela aparecer frente a ella; segundo, los gestos, emociones y tono de voz cambiaban cuando hablaba una y luego la otra; tercero, en un momento del diálogo, la abuela dijo algo que Giovanna no pudo entender por más que lo intentaba; y, cuarto, la abuela empezó a hablar de Giovanna en tercera persona.

Eso no es todo. Aquella conversación entre abuela y nieta continuó por varios minutos más, reforzando la idea de que lo que estaba ocurriendo era 100% verídico.

A: ¿Le quitamos el dolor de cabeza? Eso no la deja avanzar y ya no lo necesita, ¿o sí?

L: No, esta niña no necesita ningún síntoma que tiene.

A: ¿Me ayuda a quitarle todo eso?

L: Sí.

A: Porque también me ha mencionado que tiene problemas con su energía. Es como si estuviera más decaída de lo normal.

L: Sí, yo sé de dónde viene todo eso.

A: ¿El dolor de cintura también?

L: Sí —contestó asintiendo con la cabeza.

A: ¿Usted me puede ayudar a remover todo eso?

Rápidamente, la abuela comenzó a trabajar en el cuerpo de Giovanna. Lo pude notar porque hacía gestos como si estuviese visualizando algo. Mientras tanto, yo iba sosteniendo una conversación amical con ella, haciéndole preguntas sobre el origen de los miedos de su nieta y su falta de autoestima, y ella les iba enviando mensajes a sus familiares.

Cuando le pregunté si su nieta estaba lista, ella respondió:

L: Ella tiene un dolor —me comunicó mirando hacia abajo, hacia el cuerpo de su nieta.

A: ¿Dónde?

L: En la cintura.

A: Eso es lo que me dijo. ¿Usted me ayuda a quitárselo?

L: No.

A: ¿Ella tiene algo ahí?

L: Sí.

A: ¿Alguna sombra? —pregunté refiriéndome a un espíritu pegado.

L: No.

A: ¿Qué es lo que tiene?

L: Es algo… —respondió haciendo una pausa mientras movía la cabeza hacia abajo para ver el cuerpo—. No, tiene que ir con el doctor.

A: ¿Es algo de lo que se tenga que preocupar y no demorar?

L: Sí. Tiene que ser rápido, muy rápido.

A: Y una vez que se solucione, ¿nos ayuda desde allá?

L: Tiene que ir rápido mi hija, muy, muy rápido. Es emergencia prácticamente.

A: ¿Qué más está viendo?

L: Es la espalda. Nadie le cree lo que siente, pero mi muchachita sí está mala.

A: Dígale lo que es para que, cuando vaya al médico, pueda decir revisen esto y esto otro.

L: No, los médicos ya tienen un resultado. Esta muchacha es testaruda. Tiene que ir rápido. Si se puede, tan pronto salga de aquí.

Luego de conversar unos minutos más con la abuela y de recibir aquella advertencia, procedí a sacar a Giovanna del trance. Cuando abrió los ojos, solo recordaba la hermosa comunicación con su abuela, pero no recordaba nada más de lo que había tomado lugar.

Unos días más tarde, llamé a Giovanna para ver cómo se encontraba. Me contó que había visitado a un doctor, tal cual se lo recomendó su abuela, y que este le había hallado tumores. Su cirugía estaba programada para dentro de un par de días.

La abuela había estado en lo correcto y por eso le había recomendado ir al médico urgentemente.

¿Cómo y cuándo se puede utilizar la herramienta del 'no tiempo'?

Hay muchas maneras en las que utilizo el concepto del 'no tiempo' para tener una conversación con los espíritus de los seres queridos de mis clientes.

La intención no es usar al cliente como un médium o establecer una comunicación para hacer preguntas como si se tratase de un oráculo. Tampoco creo que el único propósito para que alguien tenga una sesión de hipnosis conmigo sea tener un acercamiento a su ser amado fallecido, a pesar de que muchos me lo han pedido. La oportunidad se da por sí sola. Si hay algo que trabajar en el duelo o en la pérdida de un familiar, el espíritu de mi cliente, que es sabio, los llevará hasta ahí. Es en ese momento en que aprovecho la oportunidad para entablar un diálogo si nos es permitido.

En conclusión, considero que la idea del 'no tiempo' puede utilizarse en ciertas ocasiones específicas:

- La persona va al momento en que su ser querido ha muerto o está muriendo: si el cliente revive la fase de agonía, le doy instrucciones para que pueda ayudarlo a tomar consciencia de lo que está aconteciendo con el cuerpo y para que lo asista hasta que abandona este plano.

    ¿Por qué es importante que sean conscientes de lo que está pasando con su cuerpo? Para evitar el atrapamiento del alma *post mortem*. Una vez fuera del cuerpo, se puede establecer un diálogo donde se digan todo lo que quedó pendiente antes de partir a la luz.

- Si la tristeza que trae el individuo a la sesión radica en que no pudo despedirse de su ser amado: esto generalmente ocurre cuando la persona no pudo decir adiós porque se hallaba lejos. Me ha tocado muchos de estos casos, especialmente inmigrantes que recibieron la noticia de que algún familiar falleció y no pudieron estar a su lado.

    Lo que hago en este caso es explicarles que, durante el estado de trance, no existen límites de tiempo ni espacio. Les pido que imaginen que su espíritu sale de su cuerpo y que vuela hacia donde está aquel familiar a la hora de su partida. El procedimiento es similar al descrito al punto anterior.

- Cuando llegan a un recuerdo donde un ser amado fallecido en la actualidad aún está vivo: no necesariamente me refiero al momento de su muerte, pues puede ser inclusive unos años antes.

    Podemos interactuar con ese espíritu en otro escenario y establecer una comunicación para que se digan lo que necesitan decirse, aunque sepamos que en la actualidad esa persona ya no está. Sé que puede sonar confuso, pero la verdad es que el espíritu es el mismo y está en una dimensión de 'no tiempo' donde todo está pasando ahora.

El padre de la novia

Para explicar de una mejor manera este último punto, compartiré la sesión de Marisel, quien tomó mi curso de Introspective Hypnosis hace algunos años.

Durante su niñez, Marisel había experimentado varios sucesos dolorosos que había terminado bloqueando. Este era un mecanismo de defensa que su mente había elegido emplear para evitar el sufrimiento. Ya comenzada la sesión, al momento de intentar volver en el tiempo hasta esos recuerdos tristes, presentó algunas obstrucciones mentales.

Con la finalidad de no insistir ni frustrarla, le pedí que se trasladara a un recuerdo alegre. Fácilmente, llegó al día de su boda, donde su padre, quien actualmente estaba muerto, se encontraba presente. Pensé, entonces, que para lograr que Marisel visite aquellos recuerdos que su mente buscaba olvidar podía pedir la ayuda de su padre, utilizando el concepto del 'no tiempo'.

A: Tres, dos, uno. Ya estás ahí, Marisel. Dime lo que llega a tu cabeza.

M: Estoy bailando —dijo con una sonrisa.

A: ¿Qué edad tienes ahí?

M: Veinticuatro. Es el día de mi boda con David y está mi papá también.

A: Y, ¿cómo te sientes?

M: Feliz. Todo el mundo está aquí —respondió visiblemente emotiva.

A: Y, ¿qué más sucede?

M: Está todo el mundo bailando y riéndose. Son muchos. Mi papá está callado porque dice que se está yendo, pero estamos todos felices.

Este último dato me hizo saber que ya estaba dándose una comunicación entre ambos a nivel espiritual, pues, en su boda, ella no sabía que su papá moriría pronto.

A: Y, ¿por qué piensas que tu papá está callado?

M: Porque está pensando que se irá pronto.

A: Y, ¿a dónde se irá?

M: A unirse con el universo. Me está mirando —me contó con lágrimas en los ojos.

A: Como el tiempo no existe y todo pasa ahora, pregúntale a tu papá por qué está tan callado.

M: Porque sabe que no nos va a ver físicamente dentro de poco.

A: Él ha dicho una gran verdad, pues ha remarcado que esto es únicamente de forma física. El cuerpo tan solo es un traje biológico que nosotros, los espíritus, utilizamos para estar en este planeta. Pídele a tu papá que se adelante en el tiempo y que te diga si, una vez que sea espíritu, te va a poder seguir viendo.

M: Dice que sí.

A: Entonces, pregúntale a tu papá, que es espíritu ahora, cómo se encuentra.

M: Está en unión con el universo.

A: Entonces, desde esa unión con el universo, pregúntale si tiene algún consejo o mensaje para ti.

M: Siempre estoy cerca de ti —dijo repitiendo lo que su padre le transmitía.

A: ¿Ya ves? Entonces, ¿por qué estás triste si él siempre está cerca de ti? Lo que tenemos que hacer es no solo prestar atención al cuerpo físico, sino también sentir al espíritu, la energía. Pregúntale a tu papá si está al tanto de todo lo que ha pasado en tu vida desde que se marchó, desde que se nos adelantó.

M: Dice que sí.

A: Y, ¿qué te puede decir sobre tu vida, sobre las decisiones que estás tomando?

M: Me siento orgulloso de ti. Vas bien —dijo repitiendo el mensaje de su padre.

A: ¿Tú le prestarías tu mente y tus labios para que se comunique conmigo?

M: Sí.

A: Voy a contar hasta tres y cambias. Tres, dos, uno. Cambia. Floyd, buenas noches, gracias por la comunicación.

Floyd: Buenas noches —dijo con la voz más suave y pausada –.

A: Floyd, tengo unas preguntas que hacerte para ayudar a Marisel. ¿Tú me las podrías responder?

F: Sí —contestó, mientras los párpados de Marisel se movían más rápido indicando un trance más profundo.

A: Floyd, Marisel me cuenta que ella no recuerda nada de su infancia hasta los nueve años. Sin embargo, ahora me mencionó dos recuerdos felices de cuando tenía cuatro y cinco años. ¿Tú sabes por qué ha bloqueado sus memorias?

F: Su madre y yo discutíamos frente a las dos niñas.

A: Y, ¿tú piensas que debido a eso ella bloqueó esos recuerdos?

F: Sí, porque a ella no le gustaba.

A: Floyd, cuéntame, ¿estás en la luz?

F: Sí.

A: Y, desde la luz, ¿cómo me podrías ayudar a que Marisel recuerde todos esos años? Hay información valiosa que debe tener en ese rango de edad. Todos necesitamos esa parte de nuestra identidad. Yo entiendo que puede haber vivido sucesos tristes, pero, si le enseñamos a cambiar la percepción de lo que pasó y le ayudamos a retirar esa emoción negativa, quizás le ayudemos a recordar todo lo demás, ¿te parece?

F: Sí.

Fue así, con la ayuda de Floyd, que pudimos regresar a los eventos de la infancia de Marisel, donde había asuntos pendientes. Fue su propio padre quien nos guio a trabajar en ellos.

Adiós, hermano

Susan deseaba averiguar sobre los bloqueos mentales que tenía, así como resolver varias interrogantes acerca de su vida. Una de las cosas que más le afectaban era no haber podido decirle a John, su hermano fallecido, cuánto lo quería y lo orgullosa que estaba de él.

John había muerto a causa de un disparo. Al parecer, esto había ocurrido frente a Susan, haciendo que este evento sea aún más traumático y doloroso para ella. Ya en trance, se trasladó a ese trágico momento.

Antonio: Cinco, cuatro, tres, dos, uno. Ya estás ahí. Dime qué está sucediendo.

Susan: Lo veo tirado en el suelo —respondió moviendo los ojos—. Está junto a su camioneta, tratando de aguantar.

A: ¿Qué más está pasando? Quiero que te conectes con esa emoción. Si sientes ganas de llorar, deja que salgan las lágrimas.

S: Está cansado —dijo muy emotiva.

A: ¿Está herido?

S: Sí, está cansado de luchar.

A: ¿Cómo te hace sentir eso?

S: Pienso que debe luchar para estar aquí.

A: Sigue diciéndome todo lo que ves.

S: No se mueve. Es como si se estuviese dando por vencido. Quiere descansar.

A: Ve un poco más profundo ahora —le indiqué poniendo mi mano sobre su hombro—. Muévete al momento en que descansa. ¿Qué está pasando?

S: ¿Cómo puede estar feliz y no estar aquí con nosotros?

Esta frase me dio a entender que Susan estaba viendo al espíritu de su hermano, quien acababa de salir de su cuerpo. Ella estaba percibiendo más de lo que originalmente había visto cuando aquel suceso ocurrió por primera vez.

Estando en trance, ella tenía acceso a la dimensión sutil donde habitan los espíritus, donde el tiempo no existe, donde podía estar con su hermano una vez más. No importaba que aquel hecho hubiese tomado lugar hace ya algunos años.

A: Averigüémoslo. Lo que acaba de morir es el cuerpo de tu hermano. Es como la vestimenta que nosotros, los espíritus, usamos en este planeta, pero él es espíritu. Pregúntale si está triste o si está feliz.

S: Está feliz.

A: Pregúntale por qué.

S: Dice que son amigables —contestó haciendo referencia a otros espíritus.

A: ¿Quiénes son amigables?

S: La gente (los espíritus).

A: ¿Puedes prestarle tu mente y labios a John para hablar con él?

S: Sí.

A: Muy bien. Uno, dos, tres, conéctate. John, buenos días, ¿eres el hermano de Susan?

John: Sí.

A: Gracias por la comunicación, John. ¿Te das cuenta que tu hermana está triste porque no entiende lo que acaba de suceder? ¿Quieres explicarle lo que ha pasado?

J: Fui golpeado por unas personas y no quise regresar. Hay mucha presión aquí —dijo refiriéndose a la Tierra.

A: Cuando dices que no querías regresar, ¿te refieres a regresar al cuerpo?

J: Sí.

A: ¿Estás bien y contento dónde estás?

J: Sí lo estoy.

A: Susan siente culpa por no haber podido expresar cuánto te quería y te quiere. Susan, este es el momento de decírselo. Él es espíritu y siempre ha estado contigo.

S: Lamento no haberte demostrado tanto amor como debí hacerlo, pero te quiero y quiero que sepas que siempre estaré aquí para ti.

A: John, ¿siempre supiste esto?

J: Sí —respondió cambiando de tono de voz y suspirando.

A: ¿Piensas que ella debe lamentarse por no haberte podido expresar su amor antes de que partieras?

J: No.

A: ¿Qué le quieres decir al respecto?

J: Todo está bien. Yo ya sabía que me quieres. Tomé ciertas decisiones en mi vida, pero yo sabía lo que sentías por mí.

Cuando facilito una comunicación entre seres queridos, también suelo pedir consejos para mi cliente, además de hacer preguntas relacionadas a los asuntos que vinieron a tratar en la sesión.

Como expliqué anteriormente, no deseo usar este acercamiento para hacer predicciones o preguntas frívolas que no tienen ningún sentido desde el punto de vista de la dimensión espiritual. Las preguntas que hago van orientadas a ayudar a la persona en su evolución, especialmente si tiene alguna idea o percepción equivocada que pueda estar bloqueándola.

J: Quédate en paz. Yo estoy bien.

A: Para cerrar el círculo, ¿tienes permiso para decirle si van a estar juntos en una vida futura?

J: Sí lo estaremos.

A: ¿Te importaría si te hago unas preguntas para que me des una mano en ayudar a tu hermana?

J: No.

A: Muy bien. Ella siente depresión y ansiedad. ¿De dónde viene eso?

J: Ella está sintiendo cosas de otros alrededor de ella.

A: Entonces no es ella. Es que es empática. ¿Podrías ayudarnos a balancear su energía para que no se sienta de esa manera?

J: Sí. Ella necesita meditar más.

A: ¿Qué lograría meditando más?

J: Podrá enfocar su energía cuando reciba esos sentimientos. Ella sabrá como redirigirlos, cómo manejarlos.

A: ¿Algo de eso tiene que ver con tu muerte?

J: No.

A: ¿Qué más le puedes decir?

J: Relájate un poco.

A: Ella está tan preocupada en su futuro y su carrera, que quiere que se le diga cuál es el siguiente paso que debería dar. ¿Qué le puedes decir acerca de eso?

J: Ella tiene muchos talentos. Puede hacer muchas otras cosas. Solo tiene que decidir lo que quiere hacer.

A: Siempre depende de ella, ¿correcto?

J: Sí.

A: Nadie va a decirle lo que tiene que hacer.

J: No.

Fue así como, usando el concepto del 'no tiempo', Susan tuvo la oportunidad de decirle a su hermano todo lo que no le había podido decir cuando este aún tenía cuerpo.

En aquella sesión, John le otorgó mucha tranquilidad a su hermana y, lo que es mejor aún, le dio consejos para que haga lo que desee usando sus talentos. Lo que hasta ese momento ella consideraba un recuerdo triste, se convirtió en una hermosa comunicación llena de amor y esperanza.

El amor de una madre

Compartiré otro segmento de la sesión de Sophia, quien llegó a mi oficina para hallar la raíz de un dolor de espalda crónico que había venido experimentando en los últimos años. Una primera parte de la sesión de Sophia se encuentra en *Lanzada desde un balcón*.

Esta tarde pudo comunicarse con el espíritu de su madre. Durante la sesión, Sophia revivió una escena trágica de su pasado, cuando, una noche, su prima tocó a su puerta para decirle que su madre había muerto. Ella se sentía muy triste y culpable porque no había llamado a su mamá aquella noche.

Sophia: ¡Tengo que ir a verla! —dijo con desesperación—. Necesito ver a mi mamá.

Antonio: Ve a ver a tu mamá y dime todo lo que está sucediendo.

S: No me dejan entrar —respondió rompiendo en llanto—. Me dicen que no.

A: ¿Quieres ver a tu mamá?

S: Sí.

A: Recuerda que tú eres espíritu. ¿Te encuentras dentro de la casa?

S: No, estoy en la puerta de entrada y hay gente parada ahí que no conozco. Yo la quiero ver y no me dejan entrar. Quiero abrazarla y decirle que lo siento, que no la pude llamar.

A: Voy a contar del tres al uno. Cuando llegue al número uno, quiero que salgas de tu cuerpo y vueles hacia donde está tu mamá. Tres, dos, uno. Vuela. Vuela a ver a tu mamá y dime qué está pasando.

S: Ella está parada en una nube.

A: Muy bien. ¿Cómo se ve?

S: Hermosa.

A: ¿De qué color es su energía?

S: Morada.

A: Entonces, dile todo lo que has querido decirle. Tú estabas preocupada por su cuerpo cuando ella ya era espíritu.

S: He sido buena. He sido buena con la gente. No me volví mala. Ayudo a la gente, mamá.

A: ¿Qué te dice tu mamá?

S: Me está besando en la frente —relató llorando.

A: Entonces, abraza a tu mamá.

S: Ella es maravillosa.

A: Pregúntale si sabe lo que acaba de suceder con ella, con su cuerpo.

S: Sí sabe.

A: Pregúntale si está lista para ir a la luz, que es donde pertenece.

S: Dice que sí. Pero, yo no quiero que se vaya. Quiero que se quede —dijo llorando desconsoladamente.

En ese momento, tuve que explicarle a Sophia que no dejarla ir era como ponerse triste porque la prisionera con la que había compartido su celda por años ya había cumplido su condena. Era tiempo de irse a casa. Debía sentirse contenta porque su compañera por fin era libre.

A: ¿Qué debemos hacer cuando queremos a alguien? —le pregunté.

S: Dejarla ir.

A: ¡Eso es! Muy bien. Pero, antes de que se vaya, dile todo lo que le has querido decir todo este tiempo.

S: Te amo, te amo, te amo —dijo entre lágrimas y moviendo la cabeza—. Perdón por haberte causado tanto dolor, por no haber sabido cómo comportarme. No sabía qué hacer.

A: ¿Por qué no le preguntas a tu mamá si deberías sentirte arrepentida por eso?

S: Ella dice que no, que yo era una niña.

A: ¿Me permites hablar con tu mamá por un momento? Voy a contar del tres al uno. Cuando llegue a uno, préstale tu mente y tus labios. Tres, dos, uno. Norma, buenos días. Gracias por la comunicación.

Norma: Hola —dijo con un tono de voz más suave.

A: Puedes ver que tu hija está triste porque tu cuerpo murió. Ella siente que se queda atrás y cierto remordimiento. ¿Qué le podemos decir para que se quede tranquila?

N: Que mi espíritu nunca la va a dejar. Siempre estoy aquí. Que la amo y que nunca hizo nada malo. Ella creció.

A: Entonces, ¿por qué se siente culpable?

N: No lo sé. Ella tiene un corazón de oro y trata de complacer a todos.

A: Ella tiene miedo de perder a las personas que están a su alrededor, y a no ser amada. ¿Sabes de dónde viene eso?

N: Otra gente. Ella nunca pensó que encajaba, que pertenecía.

A: Y, ¿por qué se sentía de esa manera?

N: Porque teníamos sobrepeso.

A: Preguntémosle a Sophia por qué eligió ese cuerpo antes de reencarnar ya que nosotros elegimos nuestro cuerpo.

N: Para protección.

A: Muy bien. ¿Protección de qué?

N: De ser lastimada.

A: ¿Cómo un cuerpo con sobrepeso la puede proteger de ser herida?

N: Es una especie de defensa.

A: ¿Defensa de qué?

N: No estoy segura.

A: Muy bien. Entonces, esto es algo que debo revisar con ella.

Esa información brindada por la madre de Sophia me había dado una pista acerca de una vida pasada donde el sentirse vulnerable se había originado.

A: ¿Qué más le quieres decir antes de partir?

N: No sientas culpa. Ponla a un lado. Yo te amo.

Así fue como un recuerdo triste en el que Sophia se sentía culpable por no haber llamado a su madre la noche que falleció, pudo transformarse en uno positivo. Luego de unos minutos de diálogo entre ambas, aquel cargo de conciencia por el sufrimiento que le produjo en vida se convirtió en amor.

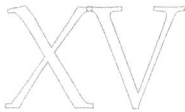

EL ESPACIO DEL 'NO TIEMPO' Y OTROS ESPÍRITUS

Donde más uso la comunicación en el espacio del 'no tiempo' es en los recuerdos de mis clientes con sus seres queridos. También la empleo cuando mencionaron sentir la presencia de un espíritu cerca.

Estas pueden haber ocurrido durante su infancia, al sentir que alguien se sentaba en su cama mientras dormían, que los tocaban o que escuchaban que alguien los llamaba por su nombre. Algunas personas me han contado haber visto sombras o sentir una presión sobre su cuerpo, como si alguien se posara sobre ellas.

Son casos en los que resulta esencial averiguar lo que realmente pasó y si, en caso se trató de la presencia de un espíritu, pues habrá que averiguar por qué estaba ahí y qué era lo que nos quería decir.

No es extraño descubrir que, en realidad, lo que la persona estaba percibiendo era un alma perdida en su casa, pudiendo inclusive ser alguien que había vivido y muerto ahí previamente.

La médium que no quería su don

Sandra puede ver espíritus desde que era una niña. Cuando llegó a mi puerta, ella sabía que poseía un don, pero prefería ignorarlo ya que este le causaba temor y nerviosismo, haciendo que se bloquee durante alguna experiencia sobrenatural.

No importó que varias veces le explicara cómo es que esta habilidad psíquica podía ayudar a los espíritus perdidos. Ella simplemente no quería saber nada de este tema.

Ya en trance, Sandra se dirigió a un recuerdo de cuando era pequeña y veía una figura envuelta en fuego sentarse en su cama. Luego de repasar este evento, viajó a otro que había tomado lugar unos cinco años antes de nuestra sesión, cuando aún no conocía a quien era su novio en la actualidad.

Antonio: Ahora, Sandra, quiero que te muevas en el tiempo y espacio en busca de otro suceso triste. Cinco, cuatro, tres, dos, uno. Ya estás ahí. Cuéntame lo que llega a tu mente.

Sandra: Nada —contestó con voz tajante.

A: Eso quiere decir que ya no hay más recuerdos tristes. ¡Qué bueno! Entonces, ahora voy a contar del cinco al uno y quiero que vayas a ese momento, durante tu infancia, en el que veías una figura de fuego sentada en tu habitación. Cinco, cuatro, tres, dos, uno. Ya estás ahí. En ese acontecimiento, ¿es de día o de noche?

S: De noche.

A: ¿Qué está sucediendo?

S: Estoy acostada en mi cuarto. Abro los ojos y hay una figura de fuego sentada a los pies de mi cama.

A: ¿Cómo te sientes ahí?

S: Asustada.

A: Y, ¿esa figura te ha hecho algo?

S: No, solo se queda ahí quieta.

A: Entonces, no hay motivos para estar asustados porque, si te hubiese querido hacer algo, ya te lo hubiera hecho. La mejor manera de averiguar qué hace ahí es preguntándoselo. Pregúntale a esa figura quién es y qué hace ahí, y se comunicará contigo mentalmente. Me cuentas qué te responde.

S: No dice nada. No tiene boca.

A: Ah, no. Es que no te va a hablar, se va a comunicar telepáticamente. Eso que tú ves es una energía. Dime lo que llega a tu mente.

S: Un demonio.

A: Muy bien, entonces pregúntale a ese demonio para qué está ahí. ¿Qué te dice?

S: Nada.

A: ¿Tú le quieres prestar tu mente y tus labios para que yo pueda hablar con él?

S: ¡No! —contestó rotundamente, moviendo la cabeza de lado a lado.

A: Entonces, ¿qué le quieres decir? Recuerda que, si fuese un demonio, ya te hubiera hecho algo. Además, los demonios no existen. Solo existen espíritus más avanzados que otros. Dile que no te asuste así, que no se aparezca en tu cama porque no entiendes qué desea.

S: Me dice que me cuide.

A: ¡Ves! ¿Te das cuenta? Si fuese un demonio, no te pediría que te cuides. Parece que se está despidiendo.

En ese instante, Sandra comenzó a respirar más rápido mientras varias lágrimas empezaban a brotar de sus ojos.

S: Me da miedo.

A: No te asustes. Yo te explico. Esas energías pueden ver tu aura. Es por eso que saben que los puedes ver. Y, como saben que los percibes, te buscan para comunicarse. ¿Alguno de ellos te ha hecho algo alguna vez?

S: No.

A: Claro. Ese espíritu te ha dicho algo bonito, que te cuides. Un espíritu malo no te diría algo así. Pregúntale quién es y qué mensaje te quiere transmitir.

S: Mi abuelo —dijo mientras más lágrimas comenzaban a caer por sus mejillas.

A: Muy bien, maravilloso. Ya que tu abuelo está ahí, pregúntale qué te quiere decir, pues la comunicación está abierta.

S: Me dice que me quería conocer.

A: Perfecto. Abuelo, gracias por la comunicación. Usted sabe cuál es el camino que su nieta empezará a recorrer y cuál es la habilidad que ella posee. ¿Qué consejo le quiere dar el día de hoy?

Abuelo: Que no confíe en todo, sino solo en su corazón; y que no tenga miedo a escuchar.

A: Abuelo, ¿usted le puede decir a su nieta por qué no debe tener miedo a escuchar?

Ab: Porque son buenas energías.

A: ¿Usted le puede decir qué es lo que tiene que hacer con su don de poder ver buenas energías?

Ab: Confiar.

A: Abuelo, ¿usted sabe por qué su nieta eligió tener esta habilidad psíquica en esta reencarnación?

Ab: Porque es fuerte.

A: ¿Debería ella comenzar a ayudar a otros de esa manera?

Ab: Sí.

A: Imagínese que estas energías perdidas ni siquiera se han dado cuenta que su cuerpo ha muerto. ¿No debería su nieta ayudarlas entonces?

Ab: Sí.

De esta forma, el abuelo de Sandra se había presentado ante ella, cuando era tan solo una niña, para darle este mensaje. Su temor inicial causó que tuviera una percepción errónea acerca de aquella presencia. Sus creencias habían hecho que creyera que se trataba de una energía negativa, como un demonio. Una vez que pudo sobreponerse al miedo, el abuelo pudo transmitir el mensaje y darle la calma que necesitaba.

Luego de esta experiencia, le pedí que fuera en busca de algún otro hecho pasado. Así, Sandra comenzó a describir una intensa luz amarilla que no le permitía abrir los ojos. La luz le decía que tenía que abrirse y relajarse, pues era Dios quien se presentaba ante ella.

A: Ya que tú eres espíritu, desde ahí, donde estás, quiero que imagines que sales de tu cuerpo. Que vayas flotando a una de las esquinas de la habitación y que, mientras flotas, veas todo lo que está pasando en tu habitación. ¿Qué está sucediendo? ¿Qué o quién se encuentra en tu habitación?

S: Hay mucha luz en todo el cuarto y veo algo tendido sobre mí, pero no encima. Hay espacio entre ambos. Es blanco.

A: La luz siempre es buena y, mientras más oscura sea es mejor pues quiere decir que es más avanzada. Pregúntale a esa luz quién es y por qué está ahí. Dime lo que te llegue a la mente.

S: Un niño.

A: Pregúntale a ese niño por qué te está buscando.

S: Está perdido.

A: Pregúntale a ese niño qué le pasó y cómo murió su cuerpo.

S: No me dice nada.

A: Entonces, pídele que no te diga, sino que te muestre. Puede poner una imagen en tu mente. Dile que te enseñe cómo falleció su cuerpo.

S: Dormido.

A: O sea, ¿no se dio cuenta cuando murió?

S: No se dio cuenta.

A: Pregúntale si sabe por qué murió el cuerpo.

S: Estaba enfermo —contestó respirando muy agitada.

A: Pregúntale cómo puedes ayudarlo.

Sandra estaba muy alterada. La comunicación con este espíritu le estaba generando todo tipo de emociones. A pesar de mis intentos por calmarla para que pudiese continuar con el diálogo, a ella le costaba mucho mantenerse tranquila. De pronto, comenzó a llorar aún más, pues, al parecer, ya se había dado cuenta de quién era ese espíritu.

S: Es el hermano de mi novio —me dijo.

A: Entonces, te está buscando por eso. Tranquila. Pregúntale qué es lo que quiere decirle a tu novio. Solo repíteme lo que te diga. Desconecta los sentimientos y emociones porque no son tuyos. ¿Cómo lo podemos ayudar? ¿Por qué te está buscando?

S: No entiendo —respondió moviendo la cabeza de lado a lado.

A: Tú solamente repite. No trates de entender. ¿Quieres que yo le haga las preguntas? ¿Cómo se llama él?

S: No sé.

A: Hermano, ya te puedes comunicar hoy —le indiqué tocando la frente de Sandra, como dando inicio a una conversación—. ¿Por qué estás buscando a Sandra?

S: Necesita que ayude a que su hermano (el novio de Sandra) cierre el capítulo de su muerte.

A: Entiendo. Entonces, tu hermano no ha cerrado el capítulo de tu deceso.

S: No.

A: ¿Cómo murió ese cuerpo?

S: De una enfermedad.

A: Entonces, para ayudar a tu hermano a cerrar el capítulo de tu muerte, ¿qué mensaje le quieres hacer llegar?

S: Que no se sienta culpable.

A: Y, ¿por qué se siente culpable?

S: Porque piensa que, al ser su hermano mayor, pudo haberlo ayudado.

A: Es decir que no acepta que los seres humanos nos vamos cuando nos toca irnos, cuando cumplimos nuestro ciclo.

S: No lo acepta.

A: Para que él pueda validar y creer en este mensaje, ¿puedes decirle algo que solo tú y él sabían? Quizás una palabra, un recuerdo o una anécdota.

S: Que soy libre como el colibrí.

A: ¿Él sabe qué significa eso?

S: Sí.

Lo que acababa de acontecer era increíble. Hace cinco años, el espíritu del hermano de quien hace poco tiempo era su novio se había manifestado ante Sandra para hacer llegar un mensaje. Pero, lo más increíble era el hecho de que aquel mensaje se iba a recuperar cinco años después para ser entregado a su hermano.

Un espíritu en casa

Cristina había tenido una infancia y adolescencia bastante complicadas. Su padre las abandonó a ella y a su mamá y, a su vez, esta no le prestaba atención. Por eso, creció con su abuela, pero, ya cuando era adolescente, tuvieron que internarla en una casa de reposo. A causa de todo esto, sentía mucha tristeza acumulada desde que era tan solo una niña.

Ya en trance, Cristina se dirigió a un recuerdo de su adolescencia, en el que se hallaba en casa haciendo sus quehaceres.

Antonio: Cinco, cuatro, tres, dos, uno. Ya estás ahí.

Cristina: Estoy en casa limpiando el piso. Se han ido a comprar.

A: Y, ¿qué sucede?

C: Una mano me ha tocado. ¡Grande! Me ha tocado el brazo izquierdo. Se siente muy frío.

A: Y, ¿cómo te sientes?

C: Muy asustada.

A: Tú eres espíritu y no hay límites de tiempo ni espacio. Puedes salir de tu cuerpo y mirar esa escena desde arriba. Mira la habitación desde lo alto. Estás tú limpiando el piso y, ¿quién más?

C: Un hombre grande. No tiene rostro.

A: ¿Es como una sombra?

C: Su mano es la que siento. Su mano está ahí.

A: Te agarra con la mano. ¿Está atrás tuyo?

C: Sí.

A: ¿Quieres ofrecerle tu mente y labios para que se comunique conmigo?

C: Está bien.

A: Muy bien, voy a contar del tres al uno. Cuando llegue a uno, vas a presarle tu mente y labios para que se comunique conmigo. Tres, dos, uno. Cambia. Hermano, buenas noches, ¿me puedes decir quién eres?

Espíritu Perdido: ¡Yo vivo aquí!

A: Y, dime. Cuando tenías cuerpo, ¿eras hombre o mujer?

EP: Hombre.

A: ¿Qué nombre tenías? ¿Cómo te llamaban?

EP: No me acuerdo.

A: Y, hermano, ¿cómo murió tu cuerpo?

EP: Enfermo.

A: ¿Qué es lo que te pasó? ¿Qué enfermedad tenías?

EP: Pulmones.

A: Y, cuéntame por qué estás molestando a Cristina.

EP: Está solita.

A: Sí, está solita, pero es solo una niña que está limpiando.

EP: Es una niña muy triste.

A: Sí, yo sé. ¿Tú puedes ver eso desde donde estás?

EP: Sí.

A: Entonces, ella está triste y tú la agarras del brazo y la asustas. ¿Qué te parece?

EP: Solo quería ayudar.

A: ¡Oh! Ya entiendo. Y, te hago una pregunta, ¿tú te le adheriste desde ese día o estás en tu casa? ¿Tú estás con ella?

EP: Estoy con ella —me dijo refiriéndose a que estaba pegado a su cuerpo energético.

A: Yo sé que la querías ayudar porque sentía mucha pena, pero, ¿por qué te le pegaste?

EP: Porque está sola, muy sola —contestó con lágrimas en los ojos.

A: ¿Hay algún síntoma que le hayas causado? Ella siente dolor en el brazo y la espalda. ¿Tú le has causado eso?

EP: Sí.

A: ¿Eso es lo que tú sentiste cuando moriste de los pulmones?

EP: Sí.

A: ¿Eres tú quien la bloquea?

EP: No.

A: Ella no recuerda cosas de su infancia. ¿Ese eres tú bloqueándola?

EP: No. Hay alguien más.

A: Gracias por avisarme. Otra pregunta, ¿tú tienes algo que ver con los ruidos que ella escucha en su casa?

EP: No, hay alguien más.

A: Muy bien, hermano. Yo sé que te le pegaste porque estaba triste y sola, pero ya es hora de que la dejemos porque tus buenas intenciones le están ocasionando malestares físicos. ¿Tú quisieras ir a la luz el día de hoy?

EP: Yo te estaba esperando.

Esta fue una de las primeras veces que un espíritu me contaba que estaba esperando hablar conmigo en una sesión.

A: ¿Me estabas esperando?

EP: Te estaba esperando.

A: ¿Tú sabes de mí?

EP: Sí.

A: ¿Qué sabes de mí?

EP: Eres un guía.

A: ¿Qué más me puedes decir? ¿Tú sabes cuál es mi misión?

EP: Ayudar. Te estaba esperando.

A: Muy bien, entonces, ¿quieres pedirle perdón a Cristina por esos síntomas que le provocaste involuntariamente? Porque yo sé que tu intención era buena.

EP: Sí.

A: Por favor, díselo. Ella te está escuchando.

EP: Perdóname. No quise asustarte. Estaba en la oscuridad, como tú.

A: Muy bien, vamos a hablar con Cristina ahora. Tres, dos, uno. Cambia. Cristina, ¿te has dado cuenta que tenemos un hermano espiritual, un hombre que murió en esa casa y que deseaba ayudarte?

C: Sí.

A: Sus buenas intenciones te provocaron esos síntomas, que fueron los que él sintió cuando su cuerpo murió. ¿Tú quieres perdonarlo el día de hoy?

C: Sí —respondió con lágrimas en sus mejillas.

Así fue como los espíritus de ambos elaboraron el perdón. Le pedí al hombre que abandonara el cuerpo de Cristina, para luego partir hacia la luz, llevándose los síntomas y su energía con él.

El otro espíritu al que se refirió el hombre era el de la abuela de Cristina. Este no se hallaba pegado a ella, sino que estaba ahí para darle un mensaje.

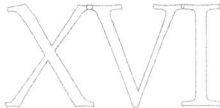

VIDAS PASADAS

Como expliqué páginas atrás, es fundamental entender que el pasado no existe y que todo sucede en el ahora. Referirnos a vidas pasadas, básicamente nos ayudará a entender cuál es la progresión lineal durante la navegación de los eventos en una sesión de hipnosis.

Comprender lo que es una vida pasada y considerar este concepto durante la sesión es parte elemental en el abordaje de la terapia. Y, no solo para nuestro cliente, sino también para el alma perdida que pueda estar adherida a él.

Todo terapeuta, le guste o no, se encontrará tarde o temprano navegando la vida pasada de algún cliente. Esto se dará como resultado de trabajar con los síntomas que la persona trae a la reunión. Es importante saber que estas manifestaciones físicas y/o psicológicas que no tienen explicación médica pudieron ser originadas en la vida intrauterina, la primera infancia o la adultez, pero también durante una vida pasada.

El trauma quiere decir que existe un asunto no resuelto, algo que nuestro espíritu no pudo procesar correctamente a nivel físico, emocional y mental, llevando al atrapamiento y la fragmentación del alma. No importa si el evento ocurrió hace 15 o 1.000 años atrás en otro cuerpo.

¿Cómo es esto posible? Es posible porque, para el alma, el tiempo no existe y porque parte de esta se quedó aprisionada en la vivencia traumática acontecida hace 1.000 años atrás, haciendo que esta sea revivida una y otra vez hasta la actualidad.

Entonces, ¿podríamos decir que los males inexplicables que padecemos hoy pueden venir de experiencias en otros cuerpos, generalmente relacionadas a la agonía del mismo? Sí, el trauma se genera, básicamente, cuando el espíritu no procesa la muerte correctamente.

¿Para qué sirve navegar por una vida pasada?

He podido apreciar a muchos hipnotistas, hipnoterapeutas y regresionistas perder el enfoque terapéutico y la línea de trabajo al tratar de obtener muchos detalles sobre esa vida pasada a la que su cliente o paciente llega. Muchos se obsesionan con minucias que, realmente, no poseen ningún valor terapéutico.

Por ejemplo, si esa vida pasada fue en el Imperio Inca, seguramente, algunos se enfocarán en hacer preguntas sobre las construcciones incaicas, la organización social del imperio, sus conocimientos astronómicos o en cómo enterraban a sus muertos. Desde un punto de vista terapéutico, ¿de qué le serviría esta información a mi cliente? En muy poco, por no decir nada.

Navegar por una vida pasada puede informarnos sobre la raíz de síntomas y traumas, además de ayudarnos a entender otras aristas de la reencarnación actual de la persona:

- Patrones de conducta traídos a la vida actual.
- Relaciones con otras personas y problemas con ellas.
- Origen de miedos y fobias.
- Entender por qué se enfrenta la misma lección en esta vida.
- Lecciones que se debían aprender, así como saber si se cumplieron los objetivos planeados para esa reencarnación.

Cada vida pasada tiene una historia que debe ser descubierta por el terapeuta. Esta le servirá a nuestro cliente para entender las situaciones que enfrenta en la actualidad. Es algo parecido a buscar las piezas faltantes de un rompecabezas, para el cual se necesita mucha paciencia y atención a los detalles.

Evaluación de la vida pasada

Una parte vital en la navegación de una vida pasada consiste en averiguar cómo murió ese cuerpo. Como he dicho anteriormente, muchos de los síntomas inexplicables que experimentamos ahora, pueden estar relacionados a la manera en cómo falleció nuestro cuerpo en otra vida.

También es importante descifrar qué más estaba aconteciendo durante los últimos minutos de esa reencarnación: los individuos presentes, lo que la persona estaba pensando, su estado anímico, si estaba consciente al momento de partir, si estaba lista o no para morir, entre otras cosas. Estar al tanto de esto nos ayudará a saber si hubo un atrapamiento o fragmentación del alma.

En el siguiente capítulo, comprenderemos más sobre este tema, pero, por ahora, es preciso entender que toda persona debe ser guiada a través del momento de la muerte del cuerpo, por más traumático que este haya sido. Esto es parte de nuestro trabajo y de lo que ayudará a acabar con el atrapamiento.

La navegación y comprensión de las vidas pasadas aplican tanto para nuestros clientes (espíritus reencarnados) como para las almas perdidas que puedan estar pegadas a ellos. Mi objetivo es que el alma de esa persona entienda por sí misma qué es lo que está sucediendo, mientras la desconecto de esa vida y ese cuerpo diciendo "con la muerte de ese cuerpo, esa vida acabó para siempre y nada de lo que experimentaste te afectará negativamente".

Al pronunciar estas palabras, mi intención es terminar con el atrapamiento del alma, si lo hubiese. Acto seguido, hago las siguientes preguntas a modo de autoevaluación:

1. ¿Qué piensas que tenías que aprender en esa vida?
2. ¿Consideras que pasaste esa lección?
3. Si la respuesta a la pregunta anterior es no, entonces pregunto: ¿qué te faltó aprender?
4. ¿Por qué crees que no pasaste esa lección?
5. Basado en la experiencia de esa vida y ya que sabes lo que está enfrentando ahora, ¿qué consejo le puedes dar a (nombre de mi cliente)?

6. ¿Sientes que estás repitiendo la misma lección en la vida de (nombre de mi cliente)?
7. ¿Cuántas vidas llevas aprendiendo esa lección?
8. ¿Cuántas más estás dispuesto a utilizar para aprenderla?

Referirme al personaje que fue en esa vida pasada y a quien es en la actual como si fuesen personas distintas hace que la comunicación fluya mejor y que mi cliente no se confunda. El espíritu es el mismo, pero parte de él se encuentra fuera del cuerpo que acaba de morir y la otra con mi cliente en mi oficina. Aquella que está fuera del cuerpo tiene un mejor entendimiento porque se halla en una dimensión sutil, donde puede obtener mayor y mejor información sobre el plan y objetivos que se había trazado, tanto en esa vida como en la actual.

Si nos ponemos a analizar este escenario, lo que en realidad está pasando es que el espíritu se está dando consejos a sí mismo basado en mis preguntas. Como dirían otros terapeutas, el cliente se está comunicando con su Yo Superior, el área de su alma conectada al mundo espiritual que cuenta con toda la información que necesita. Este conocimiento es el que lo ayudará a hacer los cambios que necesita hacer en la vida actual para superar sus lecciones.

Si la vida que acaba de culminar es la de un alma perdida pegada a nuestro cliente, el fin es el mismo. Le ayudaré a a averiguar lo que debía aprender y por qué se quedó atrapada o decidió no ir a la luz.

Habrá veces en las que averiguaremos que el espíritu no fue a la luz por deseo de venganza hacia quienes lo mataron o por una promesa que le hizo a un ser amado: "nunca te abandonaré" o "siempre estaré contigo".

Yo soy de los hipnoterapeutas que considera que no se deberían visitar vidas pasadas por curiosidad. Recorrer una reencarnación que ya pasó debe tener siempre un enfoque terapéutico, como ayudar a lograr un mayor entendimiento de quiénes somos y para qué estamos aquí.

¿POR QUÉ SE PEGA UN ALMA PERDIDA?

Son diversas las razones que pueden llevar a un alma perdida a pegarse a nuestro campo vibratorio, ya que cada una tiene su propia historia y motivo para haber decidido quedarse en este plano.

La lista que proporcionaré está basada únicamente en experiencias propias con mis clientes. Pueden existir varias más.

- **Asuntos inconclusos**

Una de las mayores dificultades que tiene el alma al salir del cuerpo que acaba de morir es el sentimiento de aún contar con tareas que completar. Por ejemplo, ocurre cuando el individuo fallece joven teniendo un futuro prometedor, al poco tiempo de haber iniciado una vida de pareja, al tener a sus hijos pequeños o al no haber podido conocer a sus nietos.

Más de una vez me ha tocado asistir a almas perdidas que se habían quedado en la casa en la que vivían. Ellas no deseaban partir porque no aceptaban que los nuevos inquilinos gozaran de lo que habían construido con tanto esfuerzo.

- **Conflicto con la víctima**

Recordemos que, para el espíritu, el tiempo no existe. Si este tuvo algún conflicto en una vida pasada o en la actual con alguien, es muy probable que se le haya adherido en busca de venganza tratando de causarle todo tipo de problemas. No importa que el espíritu, que es víctima de este apego espiritual, tenga un cuerpo distinto ahora. El espíritu sigue siendo el mismo y por su frecuencia vibratoria única lo encontrará.

Un caso que recuerdo fue el de un hombre cuya esposa le fue infiel con su mejor amigo y entre los dos lo habían asesinado para quedarse con sus bienes. Por rabia y en busca de venganza, esta alma no quería partir.

- **Enviados por alguien más**

Este es el caso de espíritus que se prestan para colaborar en trabajos de brujería. Los supuestos brujos les ofrecen algo a cambio de su participación, pero la realidad es que, al ellos prestarse a eso, se están convirtiendo en una víctima a su vez.

- **Oportunismo**

Habrá también espíritus que no tienen ningún asunto pendiente ni conflicto con su víctima, y que ni siquiera los conocieron cuando tenían cuerpo. Simplemente, vieron la oportunidad y se pegaron a ellos.

En los casos que me ha tocado presenciar, estos apegos tomaron lugar en velorios, cementerios, hospitales y escenas de accidentes.

- **Hábitos y adicciones de su víctima**

Se trata de aquella alma que quiere seguir experimentando sus hábitos y adicciones a través del cuerpo de su víctima.

Si la víctima es adicta a las drogas, entonces es muy probable que se haya pegado a ella para seguir experimentando los efectos que le producía la sustancia. Lo mismo aplica para cualquier otro tipo de adicción o hábito.

Recuerdo uno de los casos que le tocó a una colega mía, en el que el espíritu pegado a su clienta había sido una prostituta en su última vida y hacía que su víctima se comporte de esa manera cuando había algún hombre que le gustara.

Estas almas perdidas no solo juegan un rol pasivo, por ejemplo, esperando a que la persona consuma la droga, sino que la incitarán a hacerlo, haciéndoles sentir sus propias ganas y deseos.

- **Esperando a un ser querido**

Nunca faltará el caso de la esposa o esposo al que le tocó partir y que, no queriendo dejar a su pareja sola, decide quedarse y adherirse a ella esperando el momento que le toque partir también.

Como lo he mencionado anteriormente, a pesar de que la intención sea buena, cada vez que un alma perdida se pega al aura de su víctima, esta experimentará todo tipo de síntomas y emociones que la energía parásita le transmite.

En varias oportunidades, le he preguntado a un cliente lo que estaba sucediendo en su vida o alrededor de él cuando el síntoma que los aquejaba comenzó. Para sorpresa mía, su respuesta ha sido: "Al momento de la muerte su abuela, abuelo, padre, madre, un tío, una amiga, etc". Aquella manifestación física o psicológica que sentían era la misma que este ser amado sintió antes de morir. El alma del ser querido se había pegado a él tras su fallecimiento.

- **Esperando para dar un mensaje**

Esta situación pudimos apreciarla en la sesión de María —en *El mensaje de César*—, a quien César se había pegado para contactarse con su tía y poder pedirle perdón.

Los espíritus tratarán de comunicar a sus seres queridos lo que no pudieron decirles antes o mientras moría su cuerpo. Esto no solo aplica en aquellas almas perdidas pegadas, sino también en espíritus que desean dialogar antes de partir a la luz o que vienen de la luz a entregar un mensaje.

En estos casos, debemos proceder con cuidado, verificando que son quienes dicen ser.

- **Para pedir perdón**

Algo que aprendí del hipnoterapeuta José Luis Cabouli es el concepto de que toda víctima ha sido antes un victimario. Si lo vemos desde el punto de vista del karma, más adelante, nosotros experimentaremos aquello que hicimos sentir a otros en la misma o mayor intensidad.

Si lo vemos desde el punto de vista de la reencarnación, todos jugaremos distintos papeles. Unas veces seremos héroes, otras villanos y otras observadores. Es decir, tarde o temprano seremos víctimas y victimarios también.

Por otro lado, si lo vemos desde el punto de vista del atrapamiento del alma, un victimario puede darse cuenta o arrepentirse de lo que hizo mientras muere su cuerpo o una vez que sale de él y tiene entendimiento de la magnitud de lo que hizo, sintiéndose culpable y quizás diciendo "no merezco perdón de Dios" o "nunca me lo perdonaré".

En ese momento, el victimario se convertirá en víctima y puede que su alma se quede atrapada o que, si reencarna, empiece a sabotearse a sí mismo porque siente que no merece perdón. Recordemos que, para el espíritu, el tiempo no ha pasado y aún recuerda lo que hizo en su existencia como victimario.

La dueña del velorio

Volvemos a la sesión de María, mujer de Centroamérica que había pasado por muchas situaciones tristes y traumáticas a través de su madre. Recordemos que el primer espíritu que apareció aquel día fue el de César, quien tenía un mensaje para la tía. Antes de ir a la luz, le pedí ayuda al remover los síntomas que había provocado en ella.

Antonio: César, como puedes apreciar, María ya te perdonó. Ahora, ¿yo te puedo pedir un gran favor, hermano?

César: Sí, dígame.

A: ¿Tú puedes ayudarme a remover toda esa energía que le ha causado problemas a María con el lado derecho de la cara, el brazo derecho, el pie y el pecho? ¿Me ayudas?

C: No solo soy yo. Hay otra persona (espíritu) más también.

A: Muy bien, en un momento hablaremos con esa persona.

C: Yo la puedo ayudar con todo gusto.

A: Perfecto, entonces te pido que me esperes ahí un momento mientras hablamos con esa otra persona. ¿Dónde se encuentra ubicada la persona?

C: Siempre en el pie derecho —dijo levantando la mano y señalándolo con su dedo índice.

A: Muy bien, voy a tomar esa energía y la voy a llevar a tu mente para que se exprese. Hermano, ya te puedes comunicar —indiqué tocando la frente de María—. ¿Hace cuánto tiempo que estás con María?

Espíritu Perdido: Hace mucho, mucho tiempo.

A: Cuando tenías cuerpo, ¿eras hombre o mujer?

EP: Era una mujer.

A: Y, ¿cuál era tu nombre?

EP: No recuerdo.

A: ¿Te puedo poner un nombre por mientras?

EP: ¡No! —respondió enérgicamente.

A: Tú eres única, ¿verdad?

EP: ¡Sí!

A: No hay problema. ¿Por qué es que estás con María?

EP: Siempre he estado dentro de ella.

A: ¿Por qué? ¿Qué es lo que buscabas de ella?

EP: La poseí.

A: Bueno, nosotros sabemos que eso de la posesión no existe. Tú lo que has hecho es pegarte a la energía de ella.

EP: Sí —afirmó asintiendo con la cabeza.

A: Y de ahí estás viviendo.

EP: Sí, y quiero seguir viviendo aquí.

A: Qué bueno que tengamos ese concepto claro. En cuanto a seguir viviendo ahí, vamos a ver cómo te ayudo. ¿Dónde fue que conociste a María? ¿Cuándo te pegaste a su cuerpo?

EP: En un velorio.

A: ¿En el velorio de quién?

EP: El mío —contestó tocándose el pecho.

A: O sea que ella que va de buena gente a tu velorio a llorar tu partida y tú te aprovechas y te le pegas.

EP: Sí.

A: Entonces, la gente pensará que mejor es no ir a los velorios porque el muerto se les podría pegar. Eso no está bien, ¿no?

EP: No —dijo moviendo la cabeza de lado a lado—. Yo quiero seguir ahí.

A: Bueno, vamos a hablar sobre ese tema. Tú te has pegado a María, pero este no es tu cuerpo. Eso quiere decir que no estás en la luz y por eso te has aferrado a este plano físico. ¿Por qué no has podido ir a la luz? ¿Tenías algún asunto inconcluso?

EP: Sí, con mi mamá.

A: ¿Qué te hizo tu mamá?

EP: Es una mamá mala.

A: ¿Te acuerdas cómo se llamaba?

EP: Juana.

A: ¿Qué fue lo que te hizo tu mamá? A lo mejor ya pasó al otro plano también.

EP: Sí.

A: ¿Qué fue lo que te hizo tu mamá?

EP: Me vendió —respondió muy triste.

A: ¿Qué edad tenías cuando murió tu cuerpo?

EP: Dieciséis años.

A: ¿Fuiste infeliz desde que tu mamá te vendió?

EP: Sí.

A: Tú sabes que somos espíritus en evolución. Tu mamá puede haber adquirido una deuda por lo que hizo, que tendrá que saldar en otra vida. Todos estamos en proceso evolutivo. No hay nada bueno ni malo y, por eso, no debemos juzgar.

EP: ¡Quiero abrir los ojos y no puedo! —dijo interrumpiéndome y haciendo gestos con la mano—. ¡Quiero ver a mi mamá y no puedo!

A: No puedes porque, para comenzar, tu mamá ya no está en este plano y, para terminar, este no es tu cuerpo.

EP: Quiero decirle que la perdono.

A: ¡Eso sí! Ella es espíritu y, desde la luz, te va a oír. ¿Qué le quieres decir?

EP: Que la perdono.

A: Entonces, voy a poner mi mano en tu pecho y tú pondrás ahí todo ese rencor que ya no necesitas. Tú vas a perdonar a tu mamá. Déjame saber cuando hayas puesto todos esos sentimientos negativos innecesarios que no te permiten evolucionar. Me dices y me los llevo.

EP: Sí, yo quiero perdonar a mi mamá.

A: ¡Muy bien! Me los llevo, me los llevo. ¡Se fueron! ¿Qué quieres poner en el lugar donde estaban todos ellos?

EP: ¡Mucha paz!

A: Mucha paz, mucha luz y perdón. ¡Perfecto! Ahora, te pregunto, ¿qué le provocaste consciente o inconscientemente a María? ¿Algún síntoma?

EP: Sí, dolor de cabeza.

A: ¿El del lado de aquí? —pregunté señalando el lado derecho de su cabeza.

EP: Mucho dolor.

A: ¿Tú me puedes ayudar a removérselo? Ya no lo necesita.

EP: Yo quiero seguir aquí —expresó frunciendo el ceño.

A: Espérate, te explico algo. Tú estás en la sombra porque no has ido a la luz. Me has dicho que quieres salir y continuar tu evolución, que quieres que María te perdone. Hermana, tienes que salir de ahí, ir hacia la luz y regresar a este mundo en otro cuerpo. Seguro hay un asunto pendiente con tu mamá que tienen que arreglar, pero hasta que no vayas a la luz, no habrá evolución. ¿Nos vamos a la luz?

EP: Sí —contestó con gesto de resignación.

A: ¡Perfecto! Déjame hablar con María un momento. María, ¿has escuchado a la hermana espiritual que tienes ahí contigo? Estaba perdida, confundida. ¿La perdonamos por eso? Todo esto funciona a base del perdón.

María: Sí.

A: Hermana, ya te perdonó María. Antes de que partas a la luz ¿puedes ayudarme a remover todos esos problemas que le has causado?

Fue así como, habiendo elaborado el perdón, el espíritu de la joven partió a la luz, retirando todos los males provocados, que en realidad le pertenecían a ella.

El espíritu de un violador

Como han podido apreciar, la sesión de María fue intensa y compleja. Ya nos habíamos comunicado con César y el espíritu de la joven que se le pegó en su velorio, pudiendo ayudar a ambos, cuando apareció un tercer espíritu. Ahora, era el turno de Raúl, quien también se había manifestado al comienzo de la sesión.

Antonio: César, gracias por avisarme que la joven estaba ahí. Ahora, ¿nos puedes ayudar a quitarle los otros síntomas a María?

César: Yo ya me voy de aquí. Voy a dejar a tu sobrina en paz —le dijo a la tía de María.

A: Antes de que te vayas, ¿puedes ver si todo está bien con la hinchazón que siente en el pecho? ¿Era causada por ustedes?

C: Eso no tiene que ver nada con nosotros —contestó moviendo la cabeza de lado a lado.

A: Pero, ¿me puedes ayudar a quitárselo?

C: Eso es de la mamá. No, no, no, eso pertenece a su mamá. A mí déjenme en paz. Por favor, eso no es mío. Yo solo le quito el dolor que yo le he causado.

A: Muy bien, vamos saliendo por aquí —le indiqué tocándole la parte superior de la cabeza—. Te agradecemos por tu ayuda, que la paz del universo te acompañe. Recoge toda tu energía y sal.

Unos segundos después, volví a dialogar con María para descifrar el origen de la hinchazón en su pecho, que ella describía como un hueso que sobresalía.

A: María, ya salió César. Por favor, cubre todo tu cuerpo con luz. Tú eres espíritu y quiero que analices tu cuerpo desde donde estás. Mira tu cuerpo espiritualmente y dime qué es lo que ves acá —dije tocando su pecho.

María: Un hueso.

A: ¿Qué es lo que pasa con ese hueso?

M: Siento algo horrible, muy feo —respondió temblando.

A: Tranquila, vamos a tomar esa sensación y la voy a llevar a tu mente. Deja que se exprese. Hermano, ya te puedes comunicar. ¿Hace cuánto tiempo estás con María?

Espíritu Perdido: ¡Muchos años! —contestó con una voz muy grave—. ¡Y no la dejaré en paz!

A: Muy bien, no hay problema. No te estoy diciendo nada. Cuéntame, ¿en tu vida pasada eras hombre o mujer? Me has hablado con esa voz tan grave —imitándolo—. Parece que eras hombre, ¿cierto?

EP: No recuerdo.

A: Bueno, no importa. Ahora, eres espíritu. ¿Qué es lo que haces con ella?

EP: No dejarla en paz.

A: ¿Tú la conocías?

EP: No recuerdo.

A: ¿Le has producido algo voluntaria o involuntariamente?

EP: Sí.

A: ¿El dolor aquí? —le pregunté señalado su pecho.

EP: Sí

A: ¿Te arrepientes de haberle ocasionado eso?

EP: No.

A: Entonces, cuéntame por qué se lo provocaste.

EP: ¡Odio a su mamá!

A: Cuéntame quién eres. ¿Por qué la odias?

EP: Me hizo mucho daño.

A: Veamos, hay algo que quiero entender aquí porque parece que María también tuvo un problema con su mamá.

EP: Ella me conoció a mí, María. Ella sabe quién soy.

A: ¿Le puedo preguntar a ella?

EP: No, ella estaba muy niña.

A: Entonces, ¿tú eras pareja de la mamá?

EP: Sí.

A: Y, ¿qué te paso? ¿Cómo pasaste al plano espiritual?

EP: Su mamá me forzó. ¡Me obligó!

A: ¿Te obligó a qué?

EP: Yo no quería. Yo le dije que no —dijo con lágrimas en los ojos.

A: ¿Que no qué?

EP: Yo... yo le dije a su mama que no quería violarla.

A: Ah, tú fuiste el que la violó.

EP: Yo no quería. ¡Yo no quería! —vociferó mientras lloraba desesperadamente—. Era muy niña.

A: Hermano, ¿qué edad tenías cuando pasó eso?

EP: Veinticuatro años. Yo no quería. Ella me obligó.

A: ¿Qué poder tenía sobre ti?

EP: No sé. ¡Ella es mala! —dijo moviendo todo su cuerpo.

A: ¿Te arrepientes de eso? ¿Tú quieres que María te perdone?

EP: Sí, ella ha sufrido mucho por eso.

A: Déjame hablar con ella un momento, por favor. María —la llamé tocando su frente—. ¿Has visto que tenemos un hermano pagado ahí que es el que te hizo algo cuando eras niña?

M: Yo sé —respondió con voz suave y calmada.

A: ¿Te das cuenta que está arrepentido? ¿Tú lo perdonas por esa ignorancia? Porque no sabía lo que hacía.

M: No sé qué me pasa, pero no puedo. No puedo perdonarlo.

A: Nosotros evolucionamos en el mundo espiritual a través del perdón.

M: Hermano, no puedo —me dijo moviendo la cabeza.

Recordemos el concepto del que hablé páginas arriba, que toda víctima ha sido un victimario antes. Dado que María no podía perdonar, solo le quedaba que ella averiguara si ellos se habían conocido en una vida pasada, donde hubiese un karma pendiente, o si María había hecho lo mismo.

A: María, voy a contar hasta tres y quiero que vayas a una vida donde tú lo conocías a él. Vamos a ver si ustedes dos se conocían de antes. Tres, dos, uno. Ubícate en esa vida. Dime si lo conocías de antes.

M: Se llama Raúl —recordó admirada—. Sí, se llama Raúl

Este era el mismo nombre que había aparecido al inicio de la sesión.

A: ¿Lo conocías en esa vida?

M: Sí.

A: ¿Y tú le hiciste algo a él?

S: Sí.

A: ¿Qué le hiciste?

M: Lo engañé.

A: ¿Qué tipo de engaño?

M: Me fui con otro —contestó con risa burlona.

Habíamos hallado el asunto pendiente que había entre ambos. Lo que el alma perdida de Raúl necesitaba para ir a la luz era el perdón de María.

Al darse cuenta que en una vida pasada había sido la victimaria, María pudo perdonar a Raúl. Una vez que los dos se perdonaron mutuamente, Raúl partió hacia la luz llevándose los síntomas que le había causado a María.

Un depredador sexual vengativo

Al momento de explicar, durante el curso de Introspective Hypnosis, las técnicas que se utilizan en una sesión, cómo los síntomas psicosomáticos suelen manifestarse, y, mientras los participantes van practicando las técnicas en ellos mismos, es normal que ciertos síntomas se activen en ellos o que comiencen a entender de dónde provienen las molestias y tormentos que padecen. Obviamente, me estoy refiriendo a aquellos padecimientos que no tienen una explicación médica, ni lógica.

Ese fue el caso de Bianca, quien empezó a experimentar con más intensidad los síntomas que había venido teniendo desde pequeña y, para los cuales, los doctores no habían hallado un origen.

A sus 48 años, Bianca sufría de dolores de cabeza y de cuello. De vez en cuando, sentía ardor en los riñones y que sus manos ardían cuando despertaba en la mañana. También mencionó sentir una gran tristeza y que, a pesar de estar rodeada de gente, sentía una gran soledad.

Una vez iniciada la sesión, pude detectar que Bianca no era visual, es decir, que no podía ver imágenes de los eventos que visitaba estando en trance, pero podía sentir en su cuerpo todo lo que estaba ocurriendo en ese momento.

Antonio: Voy a contar del cinco al uno y, mientras cuento, quiero que busques un recuerdo triste, alguno que te haya frustrado o hecho sentir mal. Cinco, cuatro, tres, dos, uno. Ya estás ahí. Permítete recordar. ¿Es de día o de noche?

Bianca: No lo sé.

A: Muy bien, entonces siente. ¿Qué estás sintiendo ahí?

B: Puedo sentir mi corazón latiendo muy fuerte.

A: ¡Eso es! Siente eso, siéntelo más aún. ¿Qué más está sucediendo?

B: Nada, mi corazón acaba de detenerse —dijo poniendo su mano en el pecho, señal que me dio una pista de lo que vendría luego.

A: Ahora, quiero que sientas eso más intensamente. Eso que estás sintiendo en el corazón, ¿se siente como si le estuviese pasando qué al corazón?

B: Ahora no lo siento tan intenso, pero lo puedo sentir en mi garganta —explicó llevando su mano al cuello.

A: Y, si supieras, ¿qué le está pasando al corazón?

B: No puedo tomar suficiente aire.

A: Y, si supieras, ¿dónde estás mientras tu corazón late y no puedes tomar aire?

B: No lo sé. Me estoy sintiendo emotiva y no sé por qué.

A: Y, ¿dónde estás mientras sientes todo eso?

B: No lo sé, pero no puedo tomar suficiente aire —dijo tocándose la garganta y rompiendo en llanto—. Estoy triste. No sé qué está pasando. ¡Me siento tan triste!

Pasé unos minutos más tratando de definir si esto que estaba experimentando se trataba de una vida pasada o de un alma perdida pegada a ella. Bianca no entendía lo que estaba aconteciendo, pero, definitivamente, estaba sintiendo todo eso en el cuerpo: el dolor en el pecho, la falta de aire y una gran tristeza.

Traté de entablar comunicación con una posible alma perdida que esté causando estos síntomas, pero no obtuve respuesta alguna. Por este motivo, continué navegando esa experiencia, asumiendo de que se trataba de una vida pasada.

A: ¿Qué más está sucediendo?

B: Siento como si estuviese recostada con una roca sobre mi pecho.

A: ¡Eso es! Siente esa presión, que no puedes respirar.

B: Siento que estoy sola. No hay nadie ahí. No sé si es de día o de noche.

A: Voy a contar del tres al uno y quiero que vayas al momento en que esta experiencia comienza. Tres, dos, uno. Si supieras, ¿cómo dirías que comienza esta experiencia?

B: Siento una molestia en mi estómago, como si estuviese enferma, y sube hasta mi garganta.

A: ¿Qué es lo que le está pasando a tu estómago?

B: No puedo ver nada. Solo puedo sentir lo que está pasando.

A: No quiero que veas, quiero que sientas. Dime si eres hombre o mujer ahí.

B: Siento que soy mujer y lo siento en mi estómago —manifestó haciendo gestos de sentir molestia—. Estoy recostada en una cama y siento que tengo que vomitar. Tengo náuseas. Ahora me está doliendo la cabeza. Estoy sola, recostada ahí y enferma.

A: Hasta aquí, ¿cuál ha sido el momento más difícil de esta experiencia?

B: Sentirme triste.

A: ¿Cuáles son tus reacciones físicas?

B: Me siento muy mal —contestó rompiendo en llanto una vez más—. No sé por qué estoy triste. Creo que es porque estoy sola.

A: Y, mientras te sientes mal y sola, ¿cuáles son tus reacciones emocionales?

B: No tengo a nadie. Siento que estoy sola y enferma en una casa grande. No tengo a nadie.

A: ¿Cuáles son tus reacciones mentales mientras estás enferma y sola?

B: Que no quiero estar sola. ¿Dónde están todos?

A: Ahora, quiero que veas cómo todo esto está afectando tu vida como Bianca. ¿Qué pasa cuando te sientes mal y sola?

B: Lo siento en mi corazón.

A: ¿Eso qué te impide hacer?

B: Hacer contacto porque tengo miedo a ser rechazada.

A: Ahora, voy a contar del tres al uno y quiero que vayas al inicio de esta experiencia, al momento en que todo esto comienza, para ver por qué estás sola. Permítele a tu cuerpo que sienta todo lo que tiene que sentir. Tres, dos, uno. Ya estás ahí. ¿Qué está ocurriendo?

B: ¡Estoy muy triste!

A: Y, si supieras, ¿por qué dirías que estás triste?

B: Lo puedo sentir en mi corazón —respondió llevándose ambas manos al pecho y a la garganta.

A: ¿y qué está causando esa tristeza?

B: No puedo hablar —dijo agarrándose la garganta—. Mi pecho y garganta duelen. ¡Oh, Dios mío!

Pasé unos minutos más tratando de descifrar la historia detrás de esa supuesta vida pasada, aunque, por ratos, sentía que estábamos caminando en círculos alrededor de los mismos malestares.

A: Quiero que veas por qué estás sola. ¿Dónde están todos?

B: No lo sé. Todos están ocupados.

A: ¿Quiénes son ellos?

B: Mi mamá está ocupada.

A: ¿Y qué edad tienes ahí?

B: Siete.

A: ¿Cómo te llama la gente?

B: Bianca —contestó tocándose los párpados, mientras lloraba con una actitud más infantil.

A: Ahora, voy a contar del tres al uno y quiero que retrocedas al momento en que todo esto empezó, a cuando te sentiste triste y sola. Tres, dos, uno. Ya estás ahí. Si supieras, ¿dónde dirías que estás ahora?

B: Siento presión en el pecho. No sé dónde estoy. Siento energía en mis pies y presión en mi pecho.

A: Ahí, donde estás, ¿tienes el cuerpo de un hombre o de una mujer?

B: Creo que soy una mujer.

A: ¿Qué le está pasando a tu cuerpo?

B: Necesito aire. No puedo respirar. Estoy fuera, parece que estoy viendo el mar. Necesito aire y estoy muy triste. ¡Dios mío! Me siento tan triste, pero no sé por qué. Necesito aire... ¡mi pecho!

A: ¿Qué más está sucediendo?

B: Siento energía en mis pies, mis piernas... ¡necesito aire! —vociferó mientras lloraba desesperadamente—. No sé lo que me está pasando. La cabeza me duele por la falta de oxígeno.

A: ¿Qué más está pasando?

B: Mi pecho se siente como si estuviera a punto de explotar. Soy una mujer y ya no estoy de pie. Estoy recostada en el suelo.

Bianca había llegado al momento de la muerte de ese cuerpo. Ahora, tenía que averiguar qué era esa energía que había mencionado unas cuantas veces y la causa de su muerte. Para esto, necesitaba que retrocediera un poco en esa vida.

A: Necesito que vaya hacia atrás, antes de que todo esto iniciara. Tres, dos, uno. ¿Qué está sucediendo?

B: Siento algo en mi estómago. Parece que estoy en un salón de clase. Soy una maestra. Estoy sentada y siento algo en mi estómago. Tengo cabello negro. Eso es todo lo que veo.

A: Y, ¿qué es lo que estás sintiendo en tu estómago?

B: Siento como que algo está a punto de suceder, algo difícil.

A: Muévete al momento en que algo sucede. Tres, dos, uno. Ya estás ahí. ¿Qué está sucediendo ahora?

B: No tengo suficiente aire y siento presión en el pecho. Me siento ansiosa por algo que no puedo ver pero que sé que está ahí. ¡Es una energía! Tengo tanto miedo que no quiero voltear.

A: Continúa...

B: He volteado para enfrentar algo que no puedo ver —dijo respirando rápidamente y llorando—, pero está ahí. No sé lo que es. Siento que no puedo respirar. Tengo tensión en todo el cuerpo y mucho temor. ¡No sé lo que está ocurriendo!

A: Hasta aquí, ¿cuál ha sido el momento más difícil?

B: Lo que no puedo ver, pero sí sentir. Puedo sentirlo, pero no sé dónde está o qué es.

A: Y, ¿cuáles son tus reacciones físicas?

B: La parte posterior de mi cabeza duele.

A: Y, ¿cuáles son tus reacciones emocionales?

B: Quiero que se vaya.

A: Y, cuando te duele la cabeza y quieres que se vaya, ¿cuáles son tus reacciones mentales?

B: Tratar de hacer que se detenga.

A: Ahora, quiero que veas cómo todo esto afecta tu vida como Bianca. Cuando la parte posterior de tu cabeza duele, cuando quieres que se detenga, ¿qué te hace hacer?

B: Esconderme.

A: Y, esconderte ¿qué te impide hacer?

B: No quiero sentir nada, pero lo siento.

A: ¿Qué es lo siguiente que ocurre?

B: Lo siento en mis pies y espalda. Siento la energía subiendo a mis rodillas y piernas. Sigue subiendo. Siento mi corazón latiendo fuertemente.

A: Adelántate un poco y fíjate lo que sucede.

B: Lo siento en mi pecho. Es una presión que no se va, pero no hay nadie ahí.

Para ese momento, ya había podido descifrar que esta energía era la que la estaba atormentando y haciéndole padecer esos síntomas. Aunque Bianca no podía entender lo que estaba pasando, yo podía sentir qué era lo que iba a suceder a continuación. Es así que la moví al último momento de esa vida para entender cómo moría ese cuerpo.

A: Adelántate al último momento de esa vida.

B: Siento algo que está entrando por mi espalda. Ahora, está en mi cuerpo y lo siento en el estómago. Estoy recostada. Me hace respirar rápidamente y siento mis pies fríos. Siento un peso en mis hombros que me tira para abajo y me duele —relataba entre lágrimas—. Estoy muy triste. Siento... ¡oh, Dios mío! Mi cuello y mis piernas. No puedo respirar. Mi garganta. No tengo aire. Siento una presión en el pecho... ¡oh,

Dios! Siento una presión intensa en el pecho que se está llevando mi energía. Se está metiendo en mí. Es muy intenso.

Fue así como el cuerpo de esa mujer murió en esa vida, sintiendo todo lo provocado por esa energía: pánico, dolor, falta de aire, sumida en el llanto y el miedo.

No digo que un alma perdida tenga el poder de matar a alguien, pero, al parecer, lo que le hizo sentir le provocó tal pánico que le faltó el aire hasta sentir una presión en el pecho —posiblemente un infarto—, causándole la muerte.

A: Quiero que te traslades al momento en el que sales del cuerpo, tomando consciencia de que, con la muerte de ese cuerpo, esa experiencia acabó para siempre y ya nada de eso te pertenece. Ahora que estás fuera del cuerpo, puedes ver quién te hizo esto. ¿Qué se metió en tu espalda? Mira tu cuerpo ahí abajo. ¿Qué está pasando?

B: No lo puedo ver, pero lo puedo sentir. Puedo sentir su dolor. Ella sufrió mucho.

A: Siente esa energía. ¿Qué es esa energía que te hizo esto?

B: No lo sé.

A: Quiero hablar con esa energía que le hizo esto a esa mujer. Préstale tu mente y labios. Tres, dos, uno. Gracias por la comunicación. Por favor, ¿me puedes dejar saber quién eres?

Espíritu Perdido: No —respondió con tono cortante.

A: No hay problema. Dime por qué le hiciste eso a esa mujer. ¿Por qué estás tan molesto con ella?

EP: No la quiero —dijo cambiando la voz.

A: ¿Tienes algún asunto pendiente con ella? ¿La conoces?

EP: Pienso que sí.

A: ¿Qué te hizo ella que te haya molestado tanto?

EP: La odio.

A: ¿Por qué? ¿Qué te ha hecho? No estoy aquí para juzgarte, solo quiero ayudarte.

EP: Me duele el pecho.

A: ¿Ella te hizo algo en el pecho?

EP: Pienso que sí.

A: Cuando tenías cuerpo, ¿eras hombre o mujer?

EP: Era hombre.

A: Recordemos cómo murió tu cuerpo para tener un mejor entendimiento. Contaré del tres al uno e irás al último momento en que tuviste cuerpo. Uno, dos, tres. Ya estás ahí. ¿Qué está pasando? ¿Cómo muere tu cuerpo?

EP: Con un puñal. ¡Oh, me duele el pecho!

A: La persona que está sosteniendo el puñal, ¿es un hombre o una mujer?

EP: Una mujer.

A: ¿Por qué te está apuñalando?

EP: Porque la toqué indebidamente.

A: La tocaste indebidamente y ahora te va a matar.

EP: Creo que ya lo hizo.

A: Ahora, quiero que me esperes un momento ahí y que nos permitas a ella y a mí trabajar en esto. Quiero ver qué responsabilidad tiene ella en esto. ¿Te parece?

EP: Está bien.

A: Ahora, hablo con la mujer que murió por causa de esta alma perdida. Él dice que tú lo mataste porque te tocó indebidamente. ¿Recuerdas esa vida?

Bianca: No.

A: Contaré del tres al uno y quiero que busques la vida en la que se conocieron. Tres, dos, uno. Ya estás ahí. ¿Qué está ocurriendo?

B: Soy una niña. Visto una falda y estoy caminando por la calle. Soy hermosa y tengo una cartera. Todavía no es de noche. Hay un hombre en el callejón que me está llamando. Parece que quiere algo de mí. Se ve raro, pero quiere algo de mí. No lo conozco. Esto no luce bien. Quiere que me acerque y comienza a tocarme indebidamente. Tengo un pequeño puñal en mi bolso y trato de mantenerlo alejado con él, pero se ríe de mí. Me está jalando para que me acerque, pero no quiero, así que uso el puñal. Creo que lo he herido.

A: ¿Dónde?

B: En el brazo. No sé lo que pasó. Me está jalando la ropa y uso el cuchillo y le doy en el pecho. Me voy corriendo. Perfecto, déjame hablar con ese espíritu nuevamente.

A: Hermano, vamos comprendiendo lo acontecido. Entiendes lo que ha pasado, ¿correcto? Mi pregunta es quién comenzó esto.

EP: Ella comenzó.

A: ¿Qué quieres decir con que ella comenzó? Ella estaba caminando y tú la llamaste. Le pediste que se acerque y empezaste a tocarla indebidamente. ¿Quién comenzó todo esto?

EP: Ella con su falda —respondió haciendo referencia a la forma en la que estaba vestida.

A: Entonces, lo que tú dices es que todas las que usan falda merecen ser tocadas indebidamente, ¿cierto? La verdad es que tú decidiste hacerlo y no tenías ningún derecho. Hiciste algo malo y ella reaccionó y te mató. ¿Fue tu intención matarlo? —pregunté dirigiéndome a la mujer.

B: No.

A: ¿Ya ves? Ella solo se estaba defendiendo. ¿No harías lo mismo en su lugar? Entonces, ¿por qué le estás haciendo eso en la vida en la que fue maestra y en esta vida? ¿Cuándo va a terminar esto? Estás atrapado y no puedes ir a la luz. Le estás haciendo sentir cosas, le estás haciendo sentir incómoda, ¿cuándo va a terminar esto? ¿Por qué no acabamos con esto hoy?

EP: ¡No! —dijo con el rostro más serio.

A: ¿No? Te vamos a mostrar cómo funciona esto. Le hablo al alma de esa mujer, la maestra, quien también es el alma de Bianca. ¿Quisieras pedirle perdón a este hombre por matarlo, aunque no fue tu intención?

B: Sí. Ni siquiera sabía que lo había matado.

A: Entonces, discúlpate desde el fondo de tu corazón.

B: No fue mi intención matarte. No sabía que te había matado así que te pido perdón.

A: Ahora, dale su energía. La energía que se quedó cuando lo mataste.

B: Te devuelvo tu energía.

A: Ahora, ¿quieres pedirle perdón por tocarla indebidamente?

EP: Me gusta.

A: Y, ¿eso qué tiene que ver? Cuando voy al parque veo flores hermosas y eso no quiere decir que las puedo tocar o arrancar. Cuando ves algo hermoso, debes admirar esa belleza.

EP: Estoy asustado.

A: ¿Asustado de qué?

EP: Quiero quedarme con ella.

A: Y, ¿qué ganarías con eso? Nada, ¿cierto? Estás ahí, retrasando tu evolución, acumulando karma sin motivo porque la mataste en la vida de la maestra. Estás provocando incomodidad en su cuerpo actual y, ¿qué estás logrando? Nada. Ella ya se disculpó por haberte matado. ¿No quieres disculparte ahora?

EP: En realidad, me gusta mucho. Me gusta estar con ella.

A: ¿Quieres disculparte con ella?

EP: Está bien.

Fue así como ambos se perdonaron el uno al otro. El alma perdida del hombre accedió a salir del campo vibratorio de Bianca, llevándose con él todos los síntomas que le estaba ocasionando. Unos minutos más tarde, la sesión terminó satisfactoriamente. Al salir del trance, Bianca no podía creer lo que había experimentado. Nunca había llorado tanto, me dijo.

La navegación de esta sesión fue un poco confusa al inicio ya que Bianca comenzó experimentando los síntomas que le causaba el alma perdida del hombre tan pronto entró en trance. Al seguir esos malestares, llegó a un momento en esta vida cuando era niña y también los experimentaba. Luego, cuando le pedí que fuera al momento en que todo esto empezaba, llegó a la vida de la maestra, quien murió a causa de lo que el alma perdida le hizo sentir.

Entonces, ¿cómo todo esto pudo ser posible? Recordemos que el alma no entiende de tiempo, ni espacio. El alma de Bianca fue a todos los eventos donde había padecido esos síntomas, incluyendo aquellos experimentados en la vida de la maestra. Para el alma, todo pasa ahora y, desde ese estado expandido de consciencia, puede unir todos los puntos a la vez y saltar de reencarnación en reencarnación.

Algunos se preguntarán cómo es posible tener un alma perdida en una vida pasada y tenerla pegada a nosotros en esta también. La explicación es la misma. Para el alma, no existe ni el tiempo, ni la geografía. Ellas nos pueden encontrar a través de la frecuencia única que nuestra energía emite.

Esta no ha sido la primera, ni la última vez que me ha tocado ayudar a un alma perdida que ha seguido al alma de mi cliente de vida en vida, pegándosele a su campo vibratorio. Por eso, resulta esencial ayudar a las dos almas a saldar los asuntos que tienen pendiente, para que así puedan continuar con su evolución, guiándolas a trabajar en el perdón y a salir del rol de víctima en el que se encuentran porque lo único que esto genera es el atrapamiento de su alma.

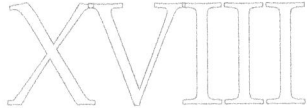

¿CÓMO HALLAR ESPÍRITUS PARÁSITOS?

Hemos visto cómo trabajar con los espíritus de los seres queridos de aquellos que vienen a una sesión de hipnosis. Estos espíritus que mencioné en la sección anterior no están pegados al campo energético de la persona. Simplemente, durante el trance, aprovecho la oportunidad de comunicarnos con ellos a través de un recuerdo al que fue mi cliente durante la regresión hipnótica.

Es posible que, a la hora de dialogar con esos espíritus, nos demos con la sorpresa de que en realidad no habían ido a la luz por diferentes motivos, incluso que no habían tomado consciencia de que su cuerpo ya estaba muerto. En este caso, tocaría entender por qué no vieron la luz, asistirlos para que trabajen en sus asuntos pendientes y ayudarlos en su proceso.

Pero, ¿cómo detectar a aquellos que sí están adheridos al aura de la persona? Pienso que sería imposible hacer un manual de cómo detectar este tipo de almas perdidas ya que estamos tratando con algo que no podemos ver —aunque podamos percibirlas— y que tiene conciencia e inteligencia propias.

Lo que puedo mencionar son algunas de las maneras más comunes en las que he podido detectarlas, aunque cada sesión es única, cada persona es única y, por ende, cada espíritu pegado es único.

Durante una sesión de hipnosis, es raro que un espíritu nos brinde la información que necesitamos por voluntad propia: "Un momento, ahora me toca hablar a mí. Mi nombre es Joe y estoy pegado al abdomen de tu cliente. Yo soy el que le causa los dolores en esa zona. A propósito, tuve una muerte traumática. Estoy perdido y necesito que me ayudes a ir a la luz". Qué fácil sería si sucediera de ese modo. Pero, generalmente:

- No quieren ser detectados.
- No siempre nos darán su nombre.
- Nosotros tendremos que deducir en qué zona están pegados, siguiendo los síntomas del cliente.
- Muchas veces no tienen idea de los síntomas que provocan.
- Pueden no saber que están perdidos.
- Pueden no haberse dado cuenta que su cuerpo ha muerto.
- Habrá ocasiones en que ni siquiera querrán hablar con nosotros.
- No todos están motivados a ir a la luz.

Si todo lo de arriba es cierto, entonces, ¿cómo se supone que los detectemos para trabajar con ellos? Mientras trabajemos con nuestros clientes, habrá ciertos episodios que nos harán sospechar que algo está pasando, que algo no tiene sentido. Es en ese momento en el que tiraremos una especie de caña de pescar para ver si el pez (espíritu parásito) pica, aunque pueda ser que no encontremos nada.

Es fundamental que estemos conectados y atentos a todo lo que dicen y hacen nuestros clientes durante el estado de trance, pues en una expresión, una marca que aparezca en la piel o una fecha fuera de rango nos estarán brindando la pista que necesitamos para detectarlos.

Debemos estar alertas ante las frases que la persona diga incluso desde el momento de la inducción hipnótica. Más de una vez me ha ocurrido que, mientras estoy iniciando el proceso de la inducción, mi cliente me ha dicho algo como "yo no quiero estar aquí", "me quiero ir" o "no sé qué hago aquí". Ante esas expresiones, me tocó preguntar quién estaba diciendo eso, dónde quisiera estar y en qué lugar es el que no quiere estar.

Lo que estaba pasando es que al alma perdida ya había comenzado a manifestarse y a hablar conmigo. Es por eso que nuestros cinco sentidos deben estar al 100% durante toda la sesión.

Desde que conocemos a nuestros clientes y tenemos la primera entrevista con ellos, debemos prestar atención a sus historias, sentimientos y requerimientos. Así, nos será más fácil captar aquellas frases que no tengan sentido y que sintamos que vienen de otra vida o que parecen ser dichas por una entidad. Incluso, estas pueden aparecer antes de que el cliente entre en trance. Detectarlas durante la entrevista, es una habilidad que toma tiempo desarrollar, pero es posible si ponemos todo nuestro cuidado y vigilancia desde el inicio. Poco a poco, nos iremos volviendo más intuitivos y sensibles a las energías presentes alrededor de nosotros.

Es importante tomar consciencia de que nuestro objetivo no debería ser deshacernos del alma perdida con tal de liberar a la víctima. De lo que se trata es de también ayudar a un hermano espiritual que se encuentra perdido o confundido. Por eso, hay que tratarlos con amor y paciencia, no prestando atención a los gestos o cambios de voz que puedan tener.

A continuación, compartiré algunas recomendaciones que pueden ayudarnos a encontrar —si es que lo hay— un espíritu parásito pegado a nuestro cliente. Más adelante, en el capítulo XXI, veremos cómo trabajar con ellos con el fin de ayudarlos a partir a la luz.

El escaneo espiritual

Supongamos que, durante el transcurso de la sesión, no nos hemos topado con ningún alma perdida. Entonces, sería recomendable, antes de sacar a la persona del trance hipnótico, pedirle que haga un escaneo espiritual. Se trata de un barrido, una especie de visualización de su campo vibratorio para detectar si hay algo que pueda estar fuera de lugar.

Esta es una de las formas más fáciles y efectivas de hacerlo. La he usado en innumerables ocasiones con excelentes resultados. Recordemos que una persona en estado de trance puede ver, sentir y percibir cosas que normalmente no podría en un estado normal de conciencia.

Pasos del escaneo espiritual:

1. Pedir que visualice el cuerpo energético o espiritual.
2. Preguntar si ve alguna sombra, mancha o algo que esté fuera de lugar o si siente algo distinto en alguna parte del cuerpo.
3. Una vez identificada el área, pedir que describa cómo se ve o siente.
4. Dejarle saber que llevaremos a su mente eso que ha encontrado para que pueda expresarse.

5. Tocar la parte del cuerpo donde se halla la sombra o sensación y arrastrar la mano por el cuerpo hasta llegar a la cabeza.
6. Tocando su frente, decir: "hermano, ya te puedes expresar".

Otras formas de manifestarse

Cuando facilitamos una sesión, tenemos que estar alertas, prestando atención a cualquier suceso que nos haga sospechar que algo no está bien o que no tiene sentido mientras trabajamos con nuestro cliente.

- **Dolor repentino en alguna parte del cuerpo**

En este caso, la clave está en la palabra 'repentino'. Esta es una sensación que no se presentó al comenzar la sesión y que tampoco fue mencionada durante la entrevista. Muchas veces, el malestar estará relacionado a la parte del cuerpo en donde esté pegado el o los espíritus, o a su muerte, es decir, a la agonía de su cuerpo.

Si recordamos la sesión de María, en *El mensaje de César*, que narré al iniciar la explicación de la técnica de asistencia espiritual, hallaremos que los espíritus de César y Raúl se manifestaron a través de un intenso dolor de pie que estaba relacionado a la forma en que el cuerpo de César había muerto.

- **Dolor de cabeza y presión en partes del cuerpo**

En múltiples ocasiones ha ocurrido que, durante los minutos iniciales de la inducción hipnótica, mi cliente comienza a sentir un intenso dolor o presión en la cabeza. También han sentido presión en el pecho, vientre o corazón.

¿Por qué justo en este momento experimentan este síntoma que no estaba presente antes? Puede que el espíritu pegado quiera evitar que se desarrolle la sesión, evitar que la persona entre en un estado expandido de conciencia, donde le será prácticamente imposible seguir ocultándose.

Puede ser, por el contrario, que el nivel de trance que la persona está logrando en la sesión, empiece a impedir que el espíritu siga pasando desapercibido, haciendo que este se manifieste.

Recuerdo una sesión con una joven que empezó a sentir un fuerte dolor de cabeza intenso tan pronto iniciamos la inducción. Yo sabía que ahí había algo más y decidí no prestarle atención hasta completar el proceso para así comenzar a visitar recuerdos tristes.

La joven no podía concentrarse. Me decía que su mente estaba en blanco, que ningún recuerdo le venía a la mente y que le dolía mucho la cabeza. En ese momento, le pedí que le prestara su mente y labios a ese dolor de cabeza para que pudiera expresarse. Después de hacerle un par de preguntas, un espíritu se comunicó mientras lloraba y me decía que había muerto muy joven cuando aún tenía muchas cosas que hacer en la vida.

- **La persona ve una luz o sombra**

No resulta extraño escuchar a una persona en trance decir que ve una sombra que se ha acercado a ella o que siente que una luz la está bloqueando. Algunas almas perdidas optan por presentarse de esta manera, como interponiéndose en lo que la persona tiene que ver o experimentar en la sesión.

- **Una supuesta vida pasada**

Como ya he mencionado antes, habrá ocasiones en que el espíritu no nos dejará saber que es él quien está tomando control de la conversación, haciendo que sea difícil saber que ya no estamos hablando con el cliente en trance.

Como existen espíritus que no se han dado cuenta de que su cuerpo ha muerto, cuando les estemos dando instrucciones o haciendo preguntas a nuestros clientes, quien estará contestando en realidad será el alma perdida.

Esto también aplica en la navegación de vidas pasadas. Habrá oportunidades en las que el cliente se dirija a una supuesta vida pasada suya, pero, para sorpresa de nosotros, cuando el espíritu haya salido de ese cuerpo que murió y le preguntemos si va hacia la luz, la respuesta será "no veo la luz". Si le preguntamos a dónde decide ir ahora que es espíritu y nos responde que quedarse flotando por ahí, al campo o quedarse en su casa, puede ser una clara indicación de que la vida pasada que pensamos que era de nuestro cliente es en realidad la de un alma perdida pegada a ellos que decidió tomar el control de la comunicación.

Lo lógico es que, para poder reencarnar, primero tengamos que ir a la luz, reunirnos con nuestro guía, evaluar la reencarnación que terminó recientemente y unirnos a nuestro grupo espiritual para así comenzar a planear la siguiente reencarnación.

Al descubrir que se trata de un espíritu parásito, entonces podemos solicitar una aclaración de lo que está sucediendo preguntando si, con quien estamos hablando, es nuestro cliente en una vida pasada o es alguien que está con él.

- **Respuestas fuera de contexto**

Otra señal que nos alerta de que podemos estar comunicándonos con un espíritu o este está interviniendo en nuestro diálogo con la persona en trance, son las respuestas fuera de contexto.

Habrá ocasiones en que las contestaciones no tendrán nada que ver con la pregunta que se formuló a la persona en trance. Esto pudo apreciarse claramente durante la sesión de María, en donde, tanto el alma pedida de César como de Raúl, empezaron a responder a mis preguntas de manera intercalada, haciendo que estas no tuvieran ningún sentido.

Por ejemplo, cuando le consulté a César si conocía a la tía de María, dijo que no, pero, cuando le pregunté por qué la quería conocer, su respuesta fue "siento como que ella fue mi esposa".

Esto no tenía ningún sentido. Lo que sucedió aquí es que mientras le hacía preguntas a César, quien había sido el esposo de la tía de María en una vida pasada y estaba ahí para darle un mensaje, Raúl intervenía también causando confusión. Este pasaje puedes encontrarlo en *El mensaje de César*.

Algo que debemos tener en cuenta es que habrá veces en que nos encontraremos con más de un alma perdida adherida a nuestro cliente y que ellas no tomarán turnos para dialogar con nosotros. Solo estando atentos a las respuestas que nos den, podremos detectarlas y entenderlas.

- **Fechas fuera de rango**

De la misma manera que debemos prestar atención a respuestas o palabras que no tengan sentido, también resulta importante prestar atención a las fechas que se mencionan en la entrevista, como fechas de nacimiento, y otras que se den durante la sesión.

Si a un cliente en trance que tiene 30 años le pido que vaya a un recuerdo triste, y cuando le pregunto la edad que tiene en ese recuerdo me dice que tiene 50 años, hay dos opciones: mi cliente se encuentra en una vida pasada o estoy hablando con un alma perdida pegada a él o ella.

Luego de esto, debemos hacer más preguntas para despejar dudas o continuar navegando por esa vida pasada y ver si, después de morir el cuerpo, el espíritu va a la luz o no.

- **Los obstáculos**

En varias oportunidades, las almas perdidas con las que me he comunicado durante una sesión de hipnosis me dejaron saber que me habían estado esperando. Algunas, incluso, me contaron que sabían quién era y que me estaban esperando para que las ayudara a ir a la luz.

Otras sabían que la sesión iba a tomar lugar y no estaban muy contentas al respecto. Lo que sucedió algunas de esas veces, antes de la sesión, fue que mis clientes experimentaron todo tipo de obstáculos y contratiempos para llegar a la cita. Esas almas sabían lo que iba a acontecer durante el trabajo conmigo y querían impedirlo a toda costa.

En estos casos, mi recomendación es pedirle a esos clientes que lleguen a la sesión sea como sea. No hay que dejar que nada ni nadie los detengan. Recuerda que debemos tener cuidado y no compartirles nuestras sospechas porque puede que el miedo les impida cooperar.

Un constructor en la Torre de Babel

Tal cual he mencionado líneas arriba, hay distintas maneras en las que un alma perdida se puede manifestar durante una sesión de hipnosis, y no necesariamente la persona a la que está pegada tiene que estar en trance para poder entablar una comunicación con ella. Hay ocasiones en las que la energía de esta alma perdida es tan penetrante en el campo vibratorio de la víctima que puede manifestarse a voluntad y sin necesidad de que su víctima se encuentre en un estado alterado de conciencia.

Este fue el caso de Shania, que me fue transferido por una de las personas que había tomado mi curso de Introspective Hypnosis. Shania había recurrido a ella en busca de ayuda porque sentía que una supuesta entidad demoníaca la había poseído. Ella le comentó que el acoso de esta entidad había comenzado hace años y que la situación estaba empeorando, a tal punto de no dejarla vivir en paz.

Mientras se encontraban en la entrevista inicial, Shania comenzó a gritar a todo pulmón y descontroladamente, tanto así que su hermana tuvo que intervenir para calmarla. Fue en ese momento en que la practicante que iba a facilitar la sesión, decidió que este era un caso complicado de manejar para ella, y le comentó a la hermana de Shania que yo era el indicado para guiar la sesión. Horas después, Shania estaba agendando una sesión conmigo.

Durante nuestra entrevista inicial, me dio los detalles de cuando había empezado a percibir los síntomas de la posesión. Me contó que había tenido pesadillas recurrentes y que había sentido a una energía que tomaba control de ella en cualquier momento. Shania sentía tanto miedo a lo que podía ocurrir en la sesión que no soltaba el control durante la inducción.

Sabiendo que el trance no es necesario en estos casos, le pedí a Shania que le permitiera al espíritu manifestarse a través de ella. Se negó rotundamente por el temor que sentía. Luego de unos minutos tratando de convencerla y haciéndole entender que, si no trabajábamos con ese espíritu, ella iba a seguir experimentando esos problemas, accedió y empezó a soltar el control poco a poco.

Cuando le dije al espíritu que ya se podía expresar, Shania comenzó a hacer ruidos extraños y a gritar en una especie de idioma que no entendía. Mientras le daba las gracias al espíritu por entablar la comunicación y trataba de hacerle unas cuantas preguntas, este empezó a vocalizar una especie de cánticos sin prestar atención a mis preguntas, como buscando intimidarme.

Traté por un par de minutos de que me contestara, pero el espíritu simplemente seguía con la misma actitud, imitando a un supuesto demonio. En este punto, le dije que si gritaba no podía entenderlo así que decidí quedarme en silencio hasta que se calmara, pero, tan pronto hacía alguna pregunta, este comenzaba de nuevo con los alaridos y cánticos.

Esta vez me puse más firme y le dije que, si seguía gritando no le iba a hablar, y que, si no se comunicaba en inglés, tampoco. Intentó una y otra vez intimidarme con sus alaridos, pero mi reacción solo fue decirle muy tranquilamente que no le entendía y que no le iba a hablar si seguía así.

Al ver que su comportamiento no causaba ningún efecto en mí y no me asustaba, empezó a llorar y pude comenzar a dialogar con él.

Antonio: Estoy aquí para ayudarte. ¿Quieres que te ayude o no?

Espíritu perdido: Sí, quiero que me ayudes.

A: Muy bien, entonces, para comenzar, necesito que dejes de gritar porque no entiendo nada de lo que me estás diciendo. También necesito que me hables en inglés para poder entender lo que me dices. ¿Eres hombre o mujer? —le pregunté refiriéndome a cuando tenía cuerpo.

EP: ¡Soy un hombre! —vociferó abriendo los ojos mientras me miraba y levantaba el torso de la cama.

A: ¿Qué pasó con tu cuerpo, hermano? ¿Cómo murió?

EP: Morí, pero no sé cómo —contestó haciendo gestos con las manos y abriendo los ojos.

A: ¿Recuerdas qué le pasó a tu cuerpo? Es importante conocer este dato.

En este momento, empezó nuevamente a vociferar en otro idioma.

A: Si no hablas en inglés, no puedo entender lo que me dices. Si sigues hablando así, estás perdiendo tu tiempo. Comunícate en inglés y te ayudo, ¿te parece? Estás atrapado ahí, ¿sí o no?

EP: Sí —contestó cerrando el puño e incorporando su torso, mientras lloraba y se lamentaba—. ¡Estoy atrapado!

A: Yo estoy aquí para ayudarte, pero necesito que te calmes. ¿Cómo murió tu cuerpo? ¿Lo recuerdas?

EP: Mi cuerpo nunca murió. Está en el infierno.

A: Shania es una mujer y tú eres un hombre. ¿Cómo es que estás en el cuerpo de una mujer si tu cuerpo nunca murió? Además, dices que tu cuerpo está en el infierno. Yo no creo que exista el infierno. Cuéntame por qué estás con Shania.

EP: Me enviaron para matarla.

A: ¿Estás diciendo que te enviaron para matarla?

EP: ¿Tú no crees en el infierno?

A: No, para nada. Eso está en tu mente. ¿Dices que te enviaron?

EP: Sí, para matarla.

A: Estoy tratando de entender. Tú eres espíritu y eres libre, entonces, ¿cómo alguien te puede mandar a hacer cosas?

Nuevamente, el espíritu comenzó con sus cánticos, tratando de mostrar que no estaba interesado en lo que le estaba preguntando.

A: Si continúas haciendo esos ruidos, no voy a hablar contigo. Déjame saber cuando estés listo para seguir conversando. Dijiste que te enviaron, ¿cierto?

EP: Sí —respondió llorando—. ¡Sí!

A: Esto es lo que quiero comprender. Alguien te usó y te envió donde Shania y ahora estás atrapado. ¿Crees que esa persona que te envió se preocupa por ti? ¿Te parece justo lo que hizo?

El espíritu empezó a gritar nuevamente y a no prestarme atención.

A: Si sigues gritando, no voy a hablar contigo. Me dejas saber cuando hayas terminado. Puedes quedarte años de años atrapado ahí. Ese será tu problema.

EP: Estábamos construyendo Babilonia.

A: Y, ¿qué te pasó mientras construían Babilonia?

EP: Me caí.

A: Y, cuando te caíste, ¿qué parte de tu cuerpo golpeó el piso primero? ¿Qué parte sufrió más?

EP: ¡No puedo respirar! —vociferó agitado.

Traté de averiguar qué parte del cuerpo era la que estaba sufriendo más, tratando de determinar qué síntoma le podía estar causando a Shania, pero el espíritu se limitaba a llorar y a lamentarse en otro idioma.

EP: ¡Por eso es que a ella le gustan los idiomas!

A: ¿A ella le gustan los idiomas por ti?

EP: ¡Voy a dejar a mi familia! ¡Me caí de la torre! —exclamó ignorando mi pregunta anterior.

Esto es lo que estaba reteniendo al espíritu en este plano: su familia y el no desear alejarse de ellos. No se había dado cuenta que esto había ocurrido hacía mucho tiempo atrás.

A: Cálmate y presta atención a lo que te digo. No vas a dejar a tu familia. Lo que murió fue tu cuerpo, pero tú eres espíritu y éste nunca muere. Esto quiere decir que no vas a dejar a tu familia porque tú puedes seguir estando con ellos en espíritu. Esto pasó en Babilonia, mucho tiempo atrás, si piensas en nuestro tiempo. Puede que tu familia esté en la luz y que te esté buscando y esperando. Tan solo estás perdiendo tu tiempo mientras continúas pegado a Shania.

La comunicación con este espíritu duró unos minutos más. Pudimos averiguar lo que sintió su cuerpo cuando murió y cuáles de estos síntomas estaban presentes en Shania. Al final, decidió ir a la luz y dejar el cuerpo de Shania, no sin antes trabajar en el perdón por los síntomas que le había ocasionado durante años.

Cuando el espíritu se retiró, Shania volvió en sí. La expresión en su rostro había cambiado drásticamente, mostrando una gran tranquilidad.

Probando a los espíritus

Como hemos visto anteriormente, durante el estado de trance hipnótico, las almas perdidas pueden manifestarse de distintas maneras. Cada una de ellas tiene una razón o motivación para haberse adherido a la persona que acudió a la sesión o para acercarse y expresarse al ver que hay un individuo en estado alterado de conciencia.

Algunas dirán que están ahí para ayudar, unas cuantas para guiar y otras varias asegurarán ser la madre o padre, la hermana o hermano de la persona, cuando en realidad no lo son. Habrá también almas perdidas que se harán pasar por espíritus guía o los seres de luz del cliente, y hasta se atreverán a dar mensajes y realizar predicciones.

Con las que debemos tener mayor cuidado, es con aquellas que apelan a nuestro ego para que las dejemos tranquilas. Recordemos que un espíritu puede tener mucha información sobre nosotros desde la dimensión en la que se encuentra. Puede decirnos el color de nuestra aura, nuestro nivel de evolución basándose en ese color y si tenemos o no miedo durante la comunicación.

Gracias a esa información, los espíritus pueden hacernos sentir especiales con frases como "el color de tu energía es avanzado", "tú eres un guía" o "veo que en una vida pasada fuiste tal o cual". No quiere decir que esto no sea cierto, pero debemos ser cautos en cómo reaccionamos ante esas palabras. Si mordemos el anzuelo y les seguimos el juego, terminaremos enfocándonos en una serie de preguntas en torno a nosotros, perdiendo completamente la línea terapéutica de nuestra labor con nuestros clientes. Nunca debemos olvidar que ellos tienen el papel principal, no nosotros.

Lamentablemente, he sido testigo de cómo hipnotistas y terapeutas utilizan a sus clientes o pacientes, cual enciclopedias, para obtener datos que solo eran útiles para ellos, manteniendo a la persona en trance por un tiempo prolongado sin necesidad.

Si entendemos nuestro trabajo desde la espiritualidad, sabremos que tenemos frente a nosotros a un espíritu reencarnado (nuestro cliente) en busca de ayuda, orientación y alivio. Por eso, nunca debemos abordar una sesión de este tipo desde nuestro ego o por nuestro propio interés. Esto es lo primero que enseño en mis cursos.

Entonces, basado en lo explicado líneas atrás, es fundamental tantear a los espíritus que aseguran estar ahí con algún fin positivo o favorable para nuestro cliente. Pero, ¿cómo comprobar lo que dice un espíritu que no podemos ver?

Pienso que este pasaje de la Biblia nos puede dar algunas pistas:

Mateo 7:15-20: *15 Guardaos de los falsos profetas, que vienen a vosotros con vestidos de ovejas, pero por dentro son lobos rapaces.*

16 Por sus frutos los conoceréis. ¿Acaso se recogen uvas de los espinos, o higos de los abrojos?

17 Así, todo buen árbol da buenos frutos, pero el árbol malo da frutos malos.

18 No puede el buen árbol dar malos frutos, ni el árbol malo dar frutos buenos.

19 Todo árbol que no da buen fruto, es cortado y echado en el fuego.

20 Así que, por sus frutos los conoceréis.

Pues, es exactamente así como podremos hacerlo, reconociéndolos a través de sus frutos.

- **Espíritus haciéndose pasar por guías**

Si bien este caso no es demasiado común, me ha ocurrido suficientes veces como para incluirlo en la lista.

Debemos tener en cuenta que la comunicación con un guía espiritual es de amor, esperanza y compasión. Sus mensajes siempre apuntan a la comprensión, a esclarecer dudas ante ciertas lecciones que estamos enfrentando y, sobre todo, a buscar nuestra evolución espiritual.

El diálogo con un guía es hermoso, sin predicciones ni juicios negativos hacia el otro. Él nunca dirá que debe estar pegado a nosotros para asegurarse de que hagamos bien las cosas, tampoco nos manifestará lo que tenemos que hacer, pues esto interferiría con nuestro libre albedrío, ni se interpondrá en nuestra evolución espiritual o en el trabajo terapéutico que realicemos con clientes.

Ha habido veces en las que, durante la comunicación con un verdadero ser de luz, el tono y la cadencia de la voz se transformaban por completo, al igual que la expresión en el rostro de la persona a través de la cual se manifestaba. Cuando un verdadero ser de luz se comunica con nosotros, se puede sentir el cambio de energía en el ambiente y la vibración del amor en sus palabras.

Para estar seguros de que estamos hablando con un guía espiritual, es aconsejable hacerle unas cuantas preguntas y así sentir las respuestas que nos brinda:

¿Me puedes dar la definición del amor?

¿Quién es Dios?

¿Quién es Jesús?

¿Qué es la evolución espiritual?

¿Cuál es el objetivo de la reencarnación?

¿Qué son los espíritus?

En fin, estos son solo unos cuantos ejemplos que nos permitirán determinar si las respuestas provienen del amor, compasión y evolución. Estas, básicamente, nos ayudarán a revelar si estamos tratando o no con un espíritu evolucionado.

- **Espíritus haciéndose pasar por seres queridos**

Algunos espíritus perdidos, pegados o no a la persona a tratar, pueden presentarse en la sesión pretendiendo ser un ser querido fallecido.

Sea la madre, padre, hermana o abuelo, debemos recordar que los espíritus tienen acceso a mucha información mientras están en esa dimensión así que no debe sorprendernos que, si se muestran con la misma forma física, puedan presentar incluso la herida que sufrieron en su cuerpo físico antes de partir. Yo mismo me he quedado asombrado ante este tipo de casos.

Lo que aconsejo hacer ante esta situación es que el cliente sienta —no solo vea— la energía de ese espíritu que se está manifestando. Los seres humanos podemos reconocer a nuestros seres amados por su energía o frecuencia. Por lo general, le pido a mis clientes que determinen si sienten a ese espíritu como alguien familiar o no.

El espíritu de un verdadero ser querido se manifestará con el mismo tipo de personalidad que tenía cuando habitaba la Tierra, es más, puede que dé detalles específicos de eventos que solo él y la otra persona sabían.

- **Espíritus que dicen venir a ayudar**

Puede ser cierto que, durante el trance, algunos espíritus se acerquen a ayudar a sus seres queridos o que se les hayan pegado con esa intención. Como veremos más adelante, las personas que han sido abusadas desde la su infancia, son las más propensas a tener espíritus adheridos a su aura. Sin saberlo, envían una señal de auxilio al universo atrayendo a espíritus que tienen la intención de ayudar, como en la sesión de Cristina, en *Un espíritu en casa*.

Cuando se presentan este tipo de escenarios, lo que hago es preguntarle a mi cliente si recuerda en algún momento haber pedido ayuda. Si su respuesta es no, entonces le digo al espíritu que su ayuda ya no es necesaria y trabajo con él para que pueda ir a la luz.

- **Espíritus que dicen ser Satanás o demonios**

Uno de los métodos que ciertas almas emplearán con nosotros es el de generar miedo, asegurándonos ser demonios, Satán, Lucifer o 'el maligno'.

Esto muchas veces va acompañado de gestos, cambios de voz y movimientos violentos. Su intención es asustarnos para que los dejemos en paz y paremos de interrogarlos. Muchas almas perdidas tienen miedo de lidiar con sus asuntos pendientes. Al aún mantener su ego, personalidad y creencias, es muy común que sientan terror de ser juzgados o enviados al infierno por lo que han hecho, dependiendo de sus creencias.

Es importante no tener miedo en estos casos, ni reaccionar negativamente a lo que manifiesten. En mi caso, algunos me han dicho "Yo sé lo que tú quieres hacer y no me vas a sacar de aquí". Mi respuesta siempre es que ese no es mi objetivo y que se pueden quedar el tiempo que sea necesario. Les respondo que solo quiero hablar con ellos para entender lo que les pasó y por qué decidieron quedarse aquí. Otros me han dicho "Ella es mía y no la voy a soltar", a lo que yo contesto que, si es suya, ¿por qué no se la ha llevado ya? Algunos han respondido que aún no es tiempo.

Mi intención con estas contestaciones no es faltarles el respeto, sino hacerles comprender que lo que dicen no tiene sentido y que, en realidad, son ellos los que están atrapados ahí y no mi cliente.

- **Espíritus usando nombres conocidos y reverenciados**

Habrá ocasiones en que espíritus se presentarán utilizando nombres de personajes conocidos, tales como Julio César o Napoleón, o incluso de arcángeles, de Jesús o la Virgen María.

Debemos tener cuidado con ellos pues lo que buscan es impresionarnos para que les hagamos otro tipo de preguntas, desviándonos del trabajo que debemos hacer con ellos. Más adelante, veremos cómo podemos probar a los espíritus para saber cómo proceder con ellos.

***

Cuando nos comunicamos con almas perdidas, debemos ser inteligentes y cuidadosos ante los detalles que se presenten. Hay que dejarles saber que son bienvenidos, que no estamos ahí para juzgarlos o expulsarlos y solo queremos hablar con ellos para entender lo que les ocurrió.

Al no sentirse amenazados por nuestra presencia, podrán bajar la guardia y entablar un diálogo con nosotros.

El espíritu suplantador

El padre de Steve había muerto en un accidente de auto cuando él era un niño. Ya estando en trance, en uno de los primeros recuerdos a los que regresó, vio un ataúd donde supuestamente estaba su progenitor, pero cuando trató de acercarse para verlo a detalle, este no se dejaba ver la cara. Esto me pareció extraño.

Steve suponía que su papá no quería que lo vea por la forma en que su rostro había quedado después del accidente. En realidad, esta explicación no tenía mucho sentido para mí. Este espíritu se presentaría nuevamente casi al finalizar la sesión.

Ese día también encontramos un alma perdida pegada a su pareja. Esta había muerto en un accidente automovilístico y no pudo ver la luz cuando salió del cuerpo. Cuando le pregunté en qué momento se había pegado al cuerpo de Lydia, la mujer de Steve, me respondió que no recordaba, que solo veía un cementerio con muchas lápidas.

Le pregunté si sabía de quién era la lápida y me dijo que no, que no se lograba ver porque esta estaba muy vieja, pero veía la fotografía de ella ahí. Incluso, dijo que se notaba que la foto había sido recortada y que parecía que en ella salía con alguien más que no la quería. Me estaba dando a entender que le habían hecho un trabajo de brujería.

Luego de esto, la ayudamos a ir a la luz, pero, antes de partir, nos informó que había algo oscuro sobre Steve y su esposa. Fue entonces que decidimos pedirle ayuda al espíritu de su abuelo, llamado Frank.

Steve: Ya lo estoy viendo.

Antonio: Voy a contar del tres al uno y cambias. Tres, dos, uno. Buenas tardes, don Frank. ¿Usted nos puede ayudar con algo que le voy a pedir?

Frank: Sí.

A: ¿Qué es lo que le impide a Lydia ser feliz? Parece que hay algo que la está bloqueando. El espíritu que estaba pegado a ella me dijo que había una sombra negra. ¿Usted me puede decir qué es lo que está pasando?

F: Algo negro.

A: Y, ¿dónde está localizado eso negro?

F: Ahí, cerca de ellos.

A: ¿Usted le puede pedir a eso negro que se identifique?

F: No —contestó moviendo la cabeza.

A: ¿Quién nos podría ayudar con eso? ¿Su hijo nos podrá ayudar?

F: Algo malo —dijo sin responder mi pregunta—. Es muy pesado. Su papá está aquí (el de Steve).

Después de dialogar un poco con el abuelo y de hacerle unas cuantas preguntas, nos despedimos. Estábamos listos para entablar una comunicación con el padre de Steve.

A: Uno, dos, tres. Buenas tardes, Richard.

Steve: No quiere conectarse.

A: Pregúntale a tu padre si hay algo en lo que podemos ayudarlo.

S: No me quiere hablar —respondió con lágrimas en los ojos.

A: Entonces, fíjate bien. Eso que me estás diciendo no tiene sentido.

S: No quiere —dijo interrumpiéndome.

A: Espera. Puede ser que no sea tu padre. Quiero que en este momento le pidas a aquel que aparenta ser tu padre que voltee y te mire a los ojos. Pídeselo con autoridad.

Steve comenzó a llorar y a respirar aceleradamente. Aparentemente, había visto algo que lo había asustado.

A: Relájate y cúbrete de luz. ¿Qué estás viendo?

S: ¡Feo! —vociferó.

A: Pregúntale quién es.

S: No se voltea.

A: Pregúntale si él es lo oscuro que está sobre Lydia.

S: ¡Está feo!

A: Claro, porque no es tu papá. Por eso es que no te quería mirar. Pídele que se identifique.

S: No, ya se fue. Tengo mucho miedo.

El espíritu que pretendía hacerse pasar por el padre de Steve, se marchó y no volvió a presentarse durante la sesión. ¿Cómo sabía que el padre de Steve había quedado desfigurado en el accidente? ¿Cómo era posible que tomase la forma de él hasta el punto de confundirlo? ¿Cómo sabía que, si lo miraba a los ojos, Steve se daría cuenta de que no era su padre?

Es difícil saber las respuestas a estas interrogantes, pero, como siempre le digo a mis clientes mientras están navegando una vida pasada, los ojos son las ventanas del alma. Basta con mirar a esa persona para saber si está o estará en tu vida actual. Al parecer, mirar a alguien a los ojos hace que se les pueda identificar sin importan que estén en otro cuerpo.

Me pregunto si están viendo los ojos, el alma o la energía.

Un mal perdedor

Vicky llegó a la sesión buscando remover bloqueos que estaba experimentando en su vida. Quería saber si, a nivel subconsciente, había algo que no la dejaba avanzar o hacía que se saboteara a sí misma.

Todo negocio que emprendía comenzaba bien, pero rápidamente se deterioraba. Lo mismo ocurría con su vida sentimental. No podía mantener una relación por mucho tiempo porque sus parejas terminaban la relación sin explicación alguna.

Trabajando en su sesión, Vicky empezó a experimentar un dolor en el corazón que no había estado presente antes de la sesión, ni fue mencionado durante la entrevista. La situación me hacía sospechar que había una energía, un alma perdida que quería manifestarse. Arrastrando con mi mano el dolor del corazón a su mente, le indiqué que ya podía expresarse.

Vicky: ¡Ay, mi corazón! ¡Dios mío, me duele!

Antonio: ¿Has estado con Vicky por mucho o poco tiempo?

Espíritu Perdido: ¡Oh, está todo verde! ¡Veo el espacio!

A: ¿Cuánto tiempo has estado con ella?

EP: Toda su vida —contestó moviendo la cabeza de lado a lado.

A: ¿Quién eres?

EP: Soy su otra mitad.

A: Entonces, si eres su otra mitad y están juntos, ¿por qué está sintiendo ese dolor?

EP: Dame un minuto. Esto es hermoso, hay cristales —dijo moviendo la cabeza en toda dirección, como si estuviese viendo algo.

A: ¿Dónde ves esos cristales?

EP: Dentro de ella.

Nuevamente, sus respuestas no tenían ningún sentido.

A: Mi pregunta es qué haces tú con ella. Ella se está sintiendo tensa y adolorida. ¿Qué estás haciendo con ella?

EP: Ella es dura. Está sanando.

A: Sanando de qué o a quién.

EP: A nosotros.

A: ¿A quién te refieres con nosotros?

EP: Nosotros somos uno: masculino y femenino. Ella nos mantiene juntos.

Sus explicaciones seguían sin tener sentido para mí.

A: O sea que ella los mantiene juntos y es así que están sanando. ¿Es correcto?

EP: Sí —respondió asintiendo con la cabeza—. Y, nosotros la estamos sanando también.

A: Entonces, déjame hacerte una pregunta. Si ustedes la están sanando, ¿por qué ella siente ese dolor?

EP: Porque es un proceso complicado.

En este punto, ya sabía que estaba comunicándome con un alma perdida que trataba de confundirme con sus respuestas para evitar que me diera cuenta de quién era en realidad. Decidí seguirle el juego para ver hacia dónde me quería llevar.

A: Entonces, ¿cuál es el plan?

EP: Sanar.

A: Tres, dos, uno. Vicky, ¿te has dado cuenta de que hay una energía ahí que dice que te está sanando? ¿Tú crees que ese sea el caso?

V: Hay algo ahí —contestó con voz suave y moviendo la cabeza de lado a lado.

A: ¿Se siente bien?

V: Se siente confortable, pero raro.

A: Todos tenemos libre albedrío. ¿Quieres decirle a esta energía que se vaya o que se quede ahí?

V: Tengo curiosidad. El dolor ya se fue.

A: Entonces, ¿lo quieres mantener ahí?

V: Sí, porque está tratando de sanarme.

A: Muy bien, hermano —dije refiriéndome al alma perdida—. Vicky te ha dado permiso para quedarte.

En ese momento, yo sabía que seguiría haciéndole preguntas para desenmascararlo.

EP: ¡Por supuesto!

A: Pero, tienes que quitarle esa incomodidad que siente.

EP: Solo tiene que relajarse. Ella está tensa.

A: ¿Le puedes dar algún consejo o mensaje?

EP: Que me tiene que sentir.

A: ¿Puedes ayudarla con su autoestima?

EP: Sí.

A: ¿Puedes ayudarla a sanar su espalda?

EP: La estoy sanando.

Esta energía quería hacerme creer que la estaba ayudando con todo, que la podía curar de sus males y que solo era cuestión de que se relajara. Por su voz y gestos, podía notar que mis preguntas lo estaban desesperando. Ese era mi objetivo.

A: ¿Cómo puede saber ella que la estás sanando? ¿Le puedes dar una señal?

EP: Sí, es un proceso por todo el cuerpo. Va a sentir un poco de incomodidad, pero está bien.

A: ¿Cómo puede darse cuenta de que la estás curando?

EP: El proceso es diferente cada vez.

A: Déjame hacerte una pregunta, ¿sabes algo de sus vidas pasadas?

Con esa pregunta, el alma perdida se quedó en silencio por unos segundos como pensando y dejó de mover la cabeza.

A: ¿O le debo pedir que vaya a una vida pasada para que busque información?

Con esta pregunta, comenzó a desesperarse más y su respiración se agitaba.

EP: Estoy tratando de que se relaje más. Se está poniendo tensa y está tratando de mantenerme fuera. Ella es dura.

A: Necesito hablar con ella nuevamente para seguir trabajando. Si trabajo con ella, tú también te beneficias, ¿cierto?

EP: Ella se ríe porque no tiene control —dijo sonriendo, suspirando y moviendo la cabeza—. Yo tengo el control.

Esa era la clave. Aquella energía había empezado a mostrarse tal cual era.

A: Oh no, no, no. No me ha gustado lo que acabas de decir. ¿Cómo puedes tú tener el control si este es su cuerpo? ¿Te das cuenta? Tú solo eres un invitado en ese cuerpo. Eso que acabas de decir me preocupa. ¿Cómo puede ser que controles a alguien que quieres ayudar?

EP: Es parte del proceso.

A: ¿Me puedes decir quién fue Jesús?

EP: Eso no. No.

A: ¿Me puedes dar la definición de Dios? ¿Te suena familiar?

EP: No.

A: Ahora entiendo quién eres en realidad, ¿te das cuenta? Te voy a pedir que la dejes tranquila. Le estás causando dolor y molestias. Estás ahí sin motivo, deberías continuar tu camino de evolución. Si te das cuenta, no estás haciendo nada con ella. Tan solo estás perdiendo tu tiempo. ¿Cuánto tiempo has estado ahí y tratando de hacer qué? ¿Considerarías ir a la luz el día de hoy?

EP: No —respondió fastidiado.

Así, continué la conversación con esta energía por unos minutos más. Mientras le hacía preguntas a él y a Vicky, pude averiguar que ambos habían sido pareja en una vida pasada, en la que ella lo dejó por otro hombre. Por eso, a modo de venganza, él decidió pegársele y causarle problemas. Esta energía era la que hacía que todos los negocios le salieran mal y la que ahuyentaba a todo pretendiente que se le acercaba.

Pasé mucho tiempo tratando de que perdonara lo que pasó en esa otra vida. El espíritu se resistía a ir a la luz, llegando al punto de sacudir el cuerpo de Vicky violentamente, cual escena de película de terror, pues buscaba que lo dejara en paz.

Después de dialogar por varios minutos más, ambos acordaron solucionar su problema en la luz y el espíritu accedió a despegarse de Vicky.

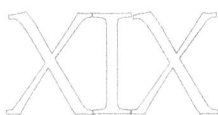

SÍNTOMAS QUE CAUSAN LOS ESPÍRITUS PARÁSITOS

Por más ofensivo que pueda parecer el término 'parásito', en parte, define muy bien su forma de actuar. Estas almas perdidas no solo causan males en la persona afectada, sino que también viven de su energía, provocándole un agotamiento crónico.

Es difícil establecer una norma o lista de padecimientos que un alma perdida puede ocasionar en su víctima. Para darnos una idea, pensemos en todas las manifestaciones físicas, psicológicas y emocionales que podemos tener nosotros mismos en nuestro cuerpo actual. De la misma manera que cada uno de nosotros cuenta con una historia detrás de cada síntoma, las almas perdidas cuentan con sus propias historias detrás de cada síntoma, con la diferencia de que ellas también tendrán, además, dolencias relacionadas a la agonía de su cuerpo antes de morir.

Por ejemplo, si el cuerpo del alma perdida falleció en la horca, esta no solo tendrá el dolor que la soga infligió en el cuello, sino también podría experimentar la falta de aire, el miedo, la rabia al ver que la están ahorcando ante un público y la preocupación de que deja una familia atrás.

Con esto quiero decir que, si se diera el caso de que una de esas almas perdidas se pegase al aura o campo vibratorio de una persona, es muy posible que esta experimente en su cuerpo esos mismos síntomas que el alma tuvo cuando aún tenía cuerpo.

¿Eso quiere decir, entonces, que la persona afectada por esa alma perdida sentirá esas dolencias desde el momento del apego? No necesariamente. Recordemos que un trauma despierta cuando enfrentamos una situación similar al evento que lo originó. Este trauma, que se encontraba almacenado en nuestro subconsciente, nos hará reaccionar de la misma manera en que lo hicimos la primera vez sin importar el tiempo que haya transcurrido.

También puede pasar que, en el momento que la persona fue afectada por el apego espiritual, haya estado enfrentando una situación similar a la que enfrentó el alma perdida cuando tenía un cuerpo. Al identificar este suceso como suyo, el alma perdida disparará todos los síntomas que padeció en ese entonces. Ambos espíritus experimentarán todo lo que al otro le perjudique e impacte.

Vayamos un paso más allá. Entender el origen de nuestros síntomas puede ser aún más complejo si pensamos en el atrapamiento del alma, donde parte de nuestra energía queda atrapada en experiencias vividas anteriormente, las cuales no fueron procesadas debidamente a niveles físico, emocional y mental.

Esa parte de nuestra energía atrapada, generalmente en eventos relacionados a la agonía del cuerpo, está reviviendo ese acontecimiento una y otra vez, haciendo que sintamos en nuestro cuerpo actual lo que sentimos en ese cuerpo pasado.

Entonces, los síntomas causados por las almas perdidas, junto con aquellos provocados por nuestro propio atrapamiento de alma, y, adicionando los que sí tienen una explicación médica y no están relacionados a los dos escenarios anteriores es lo que genera una mayor complejidad en la sesión de hipnosis regresiva. Más aún, si tenemos en cuenta que una persona puede tener más de un alma perdida pegada a la vez, como en el caso de María —en *El mensaje de César*—, quien tenía tres energías pegadas a ella causándole todo tipo de molestias.

(Síntoma del alma perdida × número de almas pegadas) + síntoma de nuestro propio atrapamiento + síntomas físicos = total de síntomas en la persona afectada.

Tomando en cuenta todo lo mencionado arriba, resulta fácil comprender por qué la medicina no puede encontrar una explicación lógica para todos los síntomas que presenta el ser humano, ya sea un sarpullido constante, claustrofobia o un fuerte pánico escénico. Estas manifestaciones pueden haber venido de una vida pasada, pero también pueden venir de un espíritu pegado a nosotros.

Lo complejo de este escenario es que un médico, al no conocer estos conceptos, pondrá una etiqueta a su paciente basándose en los padecimientos que está experimentando, sin siquiera poder explicar el verdadero origen de los mismos.

Por ejemplo, recuerdo el caso de una joven a la que atendí hace algunos años. Ella sufría de una severa alergia en la piel de las manos, que brotaba cada vez que se encontraba bajo mucho estrés. A pesar de haber visitado varios médicos de distintas especialidades, no había podido lograr alivio a través de los tratamientos que le habían establecido.

Estando en trance, le pedí que se dirija al momento en que ese problema cutáneo se originaba. Inmediatamente, comenzó a contarme que se encontraba en la plaza central de un pequeño pueblo, frente a una fogata. Alrededor, había muchos espectadores. Su padre, quien era una de las autoridades de esa localidad, quería dar el ejemplo a todos, quemándole las manos a su propia hija por haber robado.

Es así que, en esta vida, cada vez que se sentía emocionalmente de la misma manera en que se sintió en esa reencarnación, su alma lo recordaba y hacía que sus manos reaccionen como si se las estuvieran quemando de nuevo. Su alma se había quedado atrapada en esa experiencia y la revivía una y otra vez.

Por otro lado, si nos ponemos a pensar en otro posible escenario, un individuo podría ser clínicamente diagnosticado como bipolar o esquizofrénico cuando, en realidad, podría estar experimentando la influencia de un alma perdida adherida a su aura. Esta alma podría hacer que cambie de ánimo, escuche voces o se comporte como si hubieran dos personas totalmente distintas en un mismo cuerpo.

Y, si vemos este cuadro desde un punto de vista religioso, al no saber lo que es un alma perdida, es muy posible que el diagnóstico sea el de una posesión demoníaca y envíen a la persona afectada a que le hagan un exorcismo.

A continuación, mencionaré algunos de los síntomas que mis clientes padecían al tener pegada una o más almas perdidas:
- Dolor relacionado a la manera en que murió
- Pensamientos suicidas
- Cambios de temperamento
- Pesadillas recurrentes
- Sensación de que no son ellos mismos por momentos
- Depresión
- Emociones residuales
- Ser evitado por otros
- Escuchar voces
- Miedos
- Fobias
- Reacciones en la piel
- Fatiga
- Sensación de ser observado

El espíritu suicida

Cuando conocí a Mónica, ella tenía veintitrés años y había sido diagnosticada con esquizofrenia. Comenzó a escuchar voces cuando era niña, mientras se miraba en el espejo. Esta voz, la cual provenía de un alma perdida, le decía que no servía para nada y que sus padres no la querían.

A pesar de que esta alma no estaba pegada a su cuerpo energético, de alguna manera, le hacía experimentar lo que había sentido cuando tenía un cuerpo e influenciaba en su forma de pensar y comportarse.

Estando en trance hipnótico, ella regresó a uno de esos recuerdos en que el espejo le hablaba.

Mónica: Estoy en mi cuarto.

Antonio: Muy bien. Y, ¿qué está sucediendo?

M: Me estoy mirando al espejo y empiezo a escuchar una voz.

A: ¿Qué te dice esa voz?

M: Tú crees que ellos te aman, pero solo pretenden hacerlo. No vas a ser nadie en la vida.

A: Y, ¿de quién crees que sea esa voz?

M: No lo sé. Es la voz de un muchacho.

A: ¿Qué más te está diciendo?

M: Vas a ser una fracasada. No le vas a gustar a nadie y no sirves para nada.

A: ¿Crees en alguna de las estupideces que esa voz te ha dicho? Pongamos un ejemplo, si te digo que eres china, ¿eso te hace china?

M: No.

A: Si te digo que eres de color, ¿eso te hace de color?

M: No.

A: Entonces, ¿por qué crees en todas las estupideces que te está diciendo esa voz? ¿Tú crees que esta sea la voz de un espíritu?

M: Sí —me dijo con lágrimas en los ojos.

A: Quiero que, espiritualmente, visualices tu cuerpo y me digas si todo está blanco o si encuentras alguna sombra pegada a ti.

M: Todo está blanco.

Esto indicaba que, al menos en ese momento, el espíritu no se encontraba pegado a ella.

A: Si se trata de un espíritu, debería estar en la luz, ¿cierto?

M: Cierto.

A: Nosotros morimos, vamos a la luz, evolucionamos y luego regresamos con otro cuerpo para continuar en el camino de la evolución. Se trata de aprender lecciones, ¿cierto?

M: Cierto.

A: Pensemos un momento. Supongamos que mueres de anciana y, pudiendo ir a la luz para estar con Dios, desperdicias tu tiempo yendo al cuarto de una joven a esconderte detrás de un espejo para decirle estupideces. Aquí tienes a un espíritu diciéndote que eres un fracaso, cuando en realidad él no sabe nada. ¿Quién es el fracasado, entonces?

M: ¡Es él!

A: Y está escondido ahí porque tiene miedo de seguir su rumbo. ¿Tiene sentido?

M: Sí.

A: ¿Le vamos a creer a un espíritu de estos?

M: No.

A: ¿Qué le dirías a ese espíritu?

M: Que pare.

A: Si eres tan poderoso y tan sabio, evoluciona y ve a la luz. ¿Me vas a decir que soy una fracasada, cuando tú eres el fracasado? Ahora, voy a contar hasta tres y le vas a preguntar a ese espíritu si sigue aquí. Uno, dos, tres. Pregúntale.

M: No está aquí.

A: Entonces, eso significa que no es tan poderoso porque ni siquiera puede salir de tu habitación. Mira al espejo y pregúntale al espíritu quién es y cuál es su nombre.

M: Dice que no me va a decir.

A: Pregúntale cómo murió.

M: Dice que se suicidó.

Mónica también tenía pensamientos suicidas. Ahora, sabíamos que, en realidad, estos provenían del alma perdida del muchacho.

A: ¿Te das cuenta a quién le estás creyendo lo que dice? Él se suicidó, el falló, y, ¿ahora quiere que hagas lo mismo? Pregúntale por qué se suicidó.

M: Estaba solo —me dijo llorando, como si pudiese sentir la pena de él.

A: Pregúntale si puedo hablar con él. Estamos aquí para ayudarte a ti y a él.

M: Me dice que no quiere.

A: ¿Te das cuenta que todos esos sentimientos y palabras le pertenecen a él? Como está cerca de ti, te hace sentir lo mismo, pero no quiere decir que sean tuyos. Ahora, voy a contar del tres al uno y hablaré con él. Tres, dos, uno. Ya te puedes expresar —le indiqué tocándole la frente—. ¿Hace mucho o poco tiempo que estás con Mónica?

Espíritu Perdido: Hace mucho tiempo.

A: ¿Me puedes decir tu nombre?

EP: No.

A: ¿Quieres que te ponga un nombre por mientras?

EP: No.

A: Te tengo que llamar de alguna manera. ¿Cómo puedo llamarte?

EP: Nadie.

A: No te puedo llamar así. Por ahora, te llamaré hermano, ¿te parece?

EP: Está bien.

A: Muy bien, hermano, cuéntame tu historia. ¿Qué te pasó?

EP: Fui un fracaso en la vida.

A: ¿Por qué dices eso? ¿Qué te pasó?

EP: Se burlaban de mí.

A: ¿Quiénes se burlaban?

EP: Todos.

A: ¿Por qué se burlaban de ti?

EP: Porque no era bueno en nada.

A: ¿Por ejemplo?

EP: Llevándome bien con otra gente.

A: ¿Consideras que eras una mala persona? ¿Tenías malas intenciones para con la gente?

EP: Sí, los odiaba.

A: Pero uno no odia gratuitamente. Uno odia cuando nos hacen algo, ¿cierto?

EP: Ellos se burlaban de mí.

Hasta este momento, ya sabíamos que se trataba del alma perdida de un joven suicida que le transmitía ideas y emociones a Mónica. Mientras seguí indagando en su historia de vida, pude averiguar que él se sentía un fracaso no solo porque sus amigos se burlaban de él, sino también porque sus padres lo trataban mal.

A: Olvida lo que ellos te dijeron. Lo que quiero saber es si tú te considerabas una mala persona.

EP: No

A: Entonces, si consideras que no fuiste una mala persona, por qué te debería importar lo que pensaban los demás de ti. Te has dejado influenciar por esas personas que no sabían nada de ti y que fueron crueles contigo, ¿cierto?

EP: Sí.

A: Tú eres mejor que eso. Entiendo que estabas bajo presión y decidiste acabar con tu vida. No estoy diciendo que tomaste la salida más fácil porque sé que fue difícil y aún te sientes afectado por ello. ¿Crees que al suicidarte solucionaste algo?

EP: Ya no tenía que sufrir más.

A: Pero, mira dónde estás ahora. Estás detrás de un espejo, hablándole a una joven y pidiéndole que haga lo mismo. Estás generando un karma al dar malos consejos a una joven de buenos sentimientos. ¿Por qué querrías que otra persona pase por lo que tú pasaste?

EP: Para que sepan cómo me sentí.

A: No tienes que hacerlos sentir de esa manera para que comprendan. Yo nunca he experimentado algo así, pero entiendo cómo te sientes. Por eso estoy aquí, para ayudarte. ¿Me crees?

M: No.

A: Tú puedes sentir mi energía. Sabes que estoy aquí para ayudarlos a ambos.

M: No te creo.

A: Entonces, si no me crees, te voy a pedir que confíes en mí. ¿Cómo te puedo ayudar para que continúes con tu camino? Necesitas evolucionar e ir hacia la luz para luego regresar con otro cuerpo y seguir aprendiendo tus lecciones. ¿Tiene sentido?

EP: Sí.

A: Muy bien. Tú quieres enseñarle a los que se burlaron de ti que eres inteligente, ¿cierto?

EP: Cierto.

A: Pues bien, ¿qué es lo que hacen los espíritus inteligentes? ¡Ir a la luz! Yo sé que tú no quieres que Mónica pase por lo que tú pasaste y haga lo mismo que tú, ¿verdad?

EP: No.

A: ¿O sea que tú quieres que ella pase por esto?

EP: Sí.

A: ¿Y tú qué ganas con eso?

EP: Que entiendan cómo he sufrido.

A: ¿No crees que ella ya probó un poco de eso?

EP: No.

A: La has llevado a querer acabar con su vida.

EP: Casi lo logro.

A: En realidad, casi acumulas una gran deuda por influenciar a la gente de esa manera.

El espíritu no quería colaborar conmigo, pero aun así debía averiguar por qué había elegido a Mónica entre tantas otras almas. Por eso, le pedí a ella que buscara si se habían conocido en alguna vida pasada y, así fue.

En una vida que había tomado lugar hacía 85 años, en la misma que él se suicidó, habían sido buenos amigos. Ella había sido la única que le prestaba atención. Por eso, la había buscado a través del tiempo, a pesar de que ahora se encontraba en otro cuerpo.

Tras descubrir esto, le pregunté al espíritu cómo era posible que tratara así a la única persona que se había preocupado por él. Él me respondió que quería que también se suicidara para poder estar juntos. Después de que Mónica y yo dialogáramos con él, el espíritu se dio cuenta de su error. Le pidió disculpas por los problemas que le había causado y decidió continuar su camino en la luz.

Cada alma perdida tiene una razón para producir síntomas e influenciar en la vida de otra alma.

El soldado que no se enteró de su muerte

Jossie llegó a mi puerta buscando tener una sesión de Introspective Hypnosis por insistencia de su esposo. Él había seguido mi canal de YouTube por algún tiempo y estaba seguro de que este tipo de herramienta podría ayudar a su esposa.

Durante nuestra entrevista inicial, Jossie me contó todo lo acontecido en su infancia y lo que le había tocado vivir a través de su madre. Estas emociones se habían acumulado junto a otras recientes relacionadas a su matrimonio, provocándole una gran angustia y pena profunda. "Necesito sacar todo esto que tengo dentro", me dijo entre lágrimas mientras conversábamos.

Otros síntomas que mencionó fueron mareos y náuseas, que había venido experimentando desde hacía varios años. Los doctores no habían hallado una explicación lógica para esos malestares y los exámenes que se había realizado no arrojaban ningún resultado positivo. El mareo que sufría era tan severo que le hacía perder el equilibrio, privándola de llevar una vida normal.

Ya en trance, Jossie visitó diferentes eventos de su niñez. Al repasarlos, trabajamos el perdón a su madre, ayudándole a cambiar la percepción de lo que había sucedido y a entender el para qué de esa experiencia. El estado alterado de conciencia en el que se encontraba era tan profundo que sus párpados no paraban de moverse, tanto así que parecía que estaba con los ojos abiertos.

Logramos una comunicación con el Yo Superior de su madre, quien aún vivía. Así, ella pudo darnos su lado de la historia, así como también el motivo por el que actuaba así. La madre le pidió disculpas.

Después de remover la emoción negativa asociada con los eventos vividos, pudimos comenzar a trabajar el síntoma del mareo. Le pedí que regresara al último momento en el que había experimentado aquel síntoma.

Antonio: Jossie, quiero que vayas a un recuerdo en el que te hayas sentido mareada. Cinco, cuatro, tres, dos, uno. Ya estás ahí.

Lo que buscaba con esto era ayudarla a hacer consciente lo que, para ella en ese momento, era inconsciente. El síntoma siempre será el hilo conductor que nos llevará al origen del mismo.

Jossie: Voy bajando las escaleras, siento el mareo y me agarro del pasamanos.

A: Eso es. Ahora, quiero que sientas ese mareo más intensamente. Uno, más intenso. Dos, más intenso aún. Tres, más intenso. ¿Ese mareo se siente como qué?

J: Como un dolor de cabeza.

A: ¡Eso es! Y, ¿ese dolor de cabeza se siente similar a qué, como si qué le estuviese pasando a la cabeza?

J: Me da una presión.

A: Ahora, voy a contar del tres al uno y quiero que vayas hacia atrás, al momento en el que estás sintiendo esa presión en la cabeza. Tres, dos, uno. Como si supieras, aunque pienses que lo estás imaginando, ¿en qué lugar crees que estás mientras sientes que presionan tu cabeza?

J: No alcanzo a ver.

Esta respuesta me hizo sospechar que ese padecimiento no provenía de ella.

A: Entonces, siente y regresa hacia atrás y hacia más atrás, hasta la primera vez que sentiste el mareo. Uno, dos, tres. Ya estás ahí.

J: Estaba acostada y tuve un sueño. Era como que algo quería poseerme.

A: ¿Cómo se ve ese algo?

J: Es que no tiene figura, no tiene nada. Es simplemente como algo que quiere arrastrarme hacia él.

En este punto, estaba casi seguro de que no se trataba de un sueño, sino de un suceso que había experimentado mientras su cuerpo dormía, mientras se encontraba en el plano astral.

A: Entiendo, entonces voy a contar del tres al uno y quiero que le prestes tu mente y tus labios para hablar con él. Tres, dos, uno. Hermano, gracias por la comunicación del día de hoy. ¿Llevas mucho o poco tiempo ahí?

Espíritu perdido: ¡Mucho!

Antonio: Cuando tenías cuerpo, ¿eras hombre o mujer?

EP: Hombre —contestó con voz más grave.

A: Hermano, y, ¿qué paso? ¿Cómo murió tu cuerpo?

EP: No sé.

A: No hay problema. Déjame hacerte una pregunta. ¿Por qué estás con Jossie?

EP: Ella es muy débil.

A: Y, porque ella es muy débil, ¿tú te le vas a acercar y te le vas a pegar? ¿Hay algún síntoma que le hayas causado voluntaria o involuntariamente?

EP: Posiblemente.

A: Vamos a recordar cómo murió tu cuerpo. Voy a contar del tres al uno y vas a ir al último momento en que tuviste cuerpo. Tres, dos, uno. Ya estás ahí. Dime lo que llegue a tu mente. ¿Qué está pasando?

EP: Estoy en una guerra, pero me estoy ocultando. Cuando me asomo, me disparan en la cabeza.

Ahí estaba el origen del síntoma de Jossie, lo que el espíritu le estaba haciendo sentir.

A: Y, ¿qué sientes cuando la bala impacta en tu cabeza?

EP: Nada, simplemente caigo.

A: Te hago otra pregunta. ¿Te has dado cuenta que tu cuerpo murió?

EP: No —respondió muy seguro.

A: ¿Te has dado cuenta que te estás comunicando a través de un cuerpo que no es tuyo?

EP: Sí.

A: Eso quiere decir que no estás en tu cuerpo. Ese cuerpo murió. ¿Qué es lo que te impide ir a la luz el día de hoy, hermano?

EP: No sé.

Este tipo de amnesia es muy común en las almas perdidas.

A: Quiero que vayas nuevamente al momento del impacto. Tres, dos, uno. Recibes el balazo y tu cuerpo cae. Quiero que sientas cómo tu espíritu sale del cuerpo. Debes entender que, con la muerte de ese cuerpo, aquella experiencia terminó para siempre. Presta atención y dime qué es lo que ves mientras sales del cuerpo.

EP: Mi familia.

A: ¿Qué pasa con tu familia?

EP: No la quiero dejar.

Este era el motivo por el que no había podido ir hacia la luz luego de fallecer.

A: ¿A quiénes estás dejando atrás?

EP: A mis padres, a mis hijos y esposa.

A: Y, entonces, debido a que no quieres dejarlos atrás, ¿qué decides hacer?

EP: No puedo creer que ya no voy a estar con ellos. No quiero.

A: Pero, solo ha muerto el cuerpo. Tú eres espíritu y el espíritu no muere. Háblales, explícales lo que te ha pasado. Diles que ahora tienes que partir, pero que siempre vas a estar con ellos en espíritu, que no los estás abandonando.

EP: No quiero — me dijo suspirando.

A: Entonces, si no quieres, ¿qué vas a hacer? ¿Te vas a quedar ahí? Porque, si te quedas ahí, ¿qué ganas? Te has pegado a Jossie y le estás causando mareos y náuseas. ¿Qué has logrado con eso? ¿A caso estás con tu familia?

EP: No.

A: No has logrado nada. Más bien, la has perjudicado a ella sin querer. Ahora, que tu cuerpo ha muerto en esa guerra, quiero que viajes en espíritu a donde están ellos. Eres libre y puedes volar a donde quieras. Anda y háblales a tus hijos.

EP: Pero, ¿cómo, si no pueden verme?

A: Ah, es que no van a verte. Tú sientes amor por ellos. ¿Alguna vez has visto el amor?

EP: Sí.

A: ¿Cómo es el amor? ¿De qué color es? ¿Qué forma tiene? ¿A qué huele? No lo vemos, lo sentimos. Tú puedes comunicarte a través de la mente. Ellos son espíritu y tú también. ¿Qué quieres decirles?

EP: Que los amo mucho, que pienso en ellos y que siempre tendrán un lugar muy especial en mi corazón. Y, aunque ya no esté con ellos en cuerpo, siempre voy a estar a su lado.

A: En espíritu. ¡Eso es! Y, diles que te tienes que ir, pero que van a estar bien porque tú los vas a ver desde allá. Los vas a cuidar.

EP: Yo me tengo que ir. Ya no lloren por mí. Déjenme ir.

Esas últimas palabras fueron muy reveladoras, puesto que, muchas veces, nuestra tristeza es la que atrapa las almas de nuestros seres queridos y no los deja partir.

A: Y, ¿por qué les dices que te dejen? ¿El llanto de ellos te mantiene aquí?

EP: Ellos lloran mucho por mí.

A: ¿Cómo te llamas, hermano?

EP: José.

A: Y, ¿en qué guerra estabas peleando?

EP: No recuerdo, pero traía un uniforme azul.

A: ¿Qué te dicen tus niños, ahora que acabas de hablarles?

EP: Simplemente sonríen.

A: Muy bien. Ahora, antes de que partas hacia la luz, fíjate en qué momento fue que te le pegaste a Jossie. ¿Qué estaba pasando en su vida?

EP: Ella tenía muchos problemas, peleaba mucho con su esposo.

A: Muy bien. Entonces, ahora pídele perdón por haberte adherido a su cuerpo. Mira todo lo que le has ocasionado sin necesidad.

EP: Quiero pedirte perdón por este daño que te he provocado. No era mi intención. No quería aceptar que yo ya no estaba en este mundo.

A: Eso es. Jossie, ¿tú quieres perdonar a José?

J: Sí —respondió cambiando de voz.

A: José, ahí donde estás, ahora que has pedido perdón y que tus hijos están sonriendo, fíjate si alguien viene por ti o si ves una luz.

EP: Sí. La veo muy lejos.

A: Eso es. Acércate a ella. Vamos a pedirle a Dios, de acuerdo a la religión que tenías, que, con su infinita misericordia, envíe un rayo de luz para que regreses a casa.

EP: Me estoy acercando —dijo suspirando y con rostro de tranquilidad.

Así fue como el espíritu de José partió, no sin antes yo pedirle que se lleve todos sus síntomas para que Jossie volviera a tomar control completo de su cuerpo.

La sesión duró unos minutos más. Cuando Jossie salió del trance, no recordaba nada de lo que había acontecido, ni de la comunicación con el espíritu de José. Me dijo que se sentía muy relajada y su rostro lo reflejaba. Ahora, lucía radiante y sonriente.

¿QUIÉNES SON MÁS SUSCEPTIBLES A LOS ESPÍRITUS PARÁSITOS?

Resulta complicado tratar de explicar quiénes son más susceptibles a que almas perdidas se adhieran a su campo vibratorio, ya que es un fenómeno que no podemos ver, pero sí sentir y comprobar al observar sus consecuencias.

Nuestra tarea como hipnotistas o hipnoterapeutas no debe ser verificar conceptos o teorías, ni tampoco debe centrarse en realizar una investigación científica sobre lo que nuestros clientes experimentan antes, durante y después de las sesiones de hipnosis. Nuestra labor debe ser la de mantenernos siempre con la mente abierta sin dejarnos guiar por nuestro sistema de creencias, es decir, por nuestras limitaciones.

Si bien no podemos brindar una explicación científica acerca de los espíritus y sus formas de proceder, sí podemos proporcionar información estadística sobre la cual basamos nuestros conceptos. Por ejemplo, puedo decir —y, sin temor a equivocarme— que las personas que han sufrido maltratos y abusos sexuales durante su infancia son más propensas a tener un alma perdida pegada a ellas. Esto lo digo apoyándome en los casos que me han tocado.

Incluso, no soy el único hipnoterapeuta que asegura lo mismo. Si seguimos el trabajo de Aurelio Mejía o leemos los textos de José Luis Cabouli, encontraremos exactamente los mismos casos y justificaciones. Esas son nuestras evidencias.

¿Puede cualquier persona ser susceptible a que un alma perdida se pegue a su campo vibratorio? Como mencioné en los capítulos anteriores, para que un alma pueda adherirse a nuestra aura, debe existir un ambiente propicio. La cólera, la desesperación y el vicio son componentes perfectos para crearlo. Por ejemplo, he tenido clientes a los que se les pegaron almas perdidas mientras frecuentaban prostíbulos. En ese caso, el individuo atrajo almas que estaban vibrando al mismo nivel que él.

Entonces, respondiendo a la pregunta inicial, no todos atraemos o estamos expuestos a que almas perdidas o diferentes formas psíquicas se nos adhieran.

Enumeraré algunos escenarios en los que se podría ser más propenso, tomando en cuenta que solo son un punto de referencia para cuando conducimos la entrevista inicial con nuestro cliente antes de una sesión de hipnosis. Si este menciona alguna de estas condiciones, deberíamos, entonces, poner una mayor atención durante la sesión por si nos topamos con espíritus parásitos.

- **Personas que abusan de drogas o alcohol**

    Este tipo de sustancias nos pone en un estado alterado de conciencia en el que no tenemos control, ni poder de decisión sobre lo que se está experimentando. Ante sus efectos, solo queda esperar a que se acaben. Las personas que entran constantemente en este estado están totalmente expuestas e indefensas ante entidades.

    Por otro lado, también habrá almas perdidas que decidan pegarse al campo vibratorio de una persona al identificarse con sus vicios o hábitos. Es difícil explicar cómo estas almas, que no tienen cuerpo, pueden sentir los efectos de las drogas o el alcohol.

    Al preguntarle a aquellas que han aparecido en mis sesiones por qué decidieron adherirse a mis clientes, me han dado a entender que, de algún modo, pueden experimentar a nivel energético lo que siente el cuerpo de una persona que consume estas sustancias.

- **Ayahuasca, hongos y otras plantas sagradas**

Como expresé al comienzo de este libro, desde la antigüedad, el ser humano ha buscado diferentes maneras de entablar comunicación con los espíritus, sean estos seres queridos, ancestros o deidades. Los componentes químicos que poseen estas plantas y raíces hacen que la persona que las consuma ingrese a un estado expandido de conciencia sin ningún control.

En el caso de la ayahuasca, el efecto puede durar varias horas y, en ese tiempo, la persona que la ingirió, saldrá de su cuerpo. Y, si esto es así, ¿quién cuidará del cuerpo?

En una sesión de demostración facilitada por José Luis Cabouli, durante el curso de Terapia de Vidas Pasadas al que asistí, pude presenciar a una compañera regresar al evento donde estaba ingiriendo ayahuasca. Comenzó a revivir todos los síntomas, explicando que su espíritu había salido de su cuerpo sin control alguno. Es más, ella sentía que iba a morir en ese lugar y que nadie podría salvarla. Lo que describió a continuación fue una especie de parásito enorme que empezó a ingresar a su cuerpo mientras ella flotaba sobre él. Del mismo modo, hay gente que ha tenido experiencias hermosas.

Sin embargo, debido a que las sesiones espirituales con plantas sagradas han ganado popularidad en los últimos tiempos, han aparecido muchos individuos que se autodenominan chamanes preparados cuando, en realidad, solo buscan una ganancia económica.

- **Trasplante de órganos**

Se dice que todo órgano tiene conciencia. Por eso, en algunas de mis sesiones, me he atrevido a solicitar a mis clientes una conversación con su corazón o hígado, que estaban afectados en ese momento. Para mi sorpresa, estos empezaban a dialogar conmigo y a contarme lo que les estaba sucediendo.

¿Alucinación o sugestión? Nadie puede saberlo. William J. Baldwin, en su libro "Spirit releasement therapy" ("Terapia de la liberación de espíritus"), respalda también este concepto: *Los órganos y los fluidos corporales transportan la energía vital del cuerpo físico. También pueden llevar un fragmento de conciencia.*

Un caso cercano es el de mi colega Alba Weinman, quien atendió a un cliente que había tenido un trasplante de córnea fallido, ya que había sido rechazada por su cuerpo. Cuando ella comenzó a hablar con la córnea, en realidad, entabló un diálogo con el espíritu del donante, quien no aceptaba que hubiese muerto tan joven en un accidente de motocicleta.

No importa comprobar si estas comunicaciones son ciertas o no. Si el cliente siente que es verdad y forma parte de su realidad y creencias, pues entonces lo trataremos como una certeza. Lo que buscamos no es verificar científicamente lo que acontece, sino lograr el alivio del síntoma.

Si, durante la entrevista, nuestro cliente menciona que ha recibido un trasplante de órgano, sería bueno prestarle especial atención a esa zona del cuerpo durante la sesión o durante el escaneo de su campo vibratorio.

- **Transfusión de sangre**

Este es un tema polémico, pues algunas religiones, como los testigos de Jehová, están en contra de las transfusiones de sangre.

Una de las referencias en la Biblia se encuentra en Levítico 17:14:

Porque la vida de toda carne es su sangre; por tanto, he dicho a los hijos de Israel: No comeréis la sangre de ninguna carne, porque la vida de toda carne es su sangre; cualquiera que la comiere será cortado.

Si bien este pasaje habla sobre el sacrificio y la sangre de los animales, lo interesante es que aquí se menciona que "la vida de toda carne es su sangre". Partiendo del mismo principio sobre la conciencia de los órganos, la sangre lleva parte de la conciencia y energía vital de la persona.

Este tema también fue mencionado por William Baldwin, quien sostiene que, tanto los órganos como los fluidos del cuerpo, llevan energía vital y fragmentos de conciencia de la persona. Es por eso que, en una transfusión o trasplante de órganos, se puede transmitir parte de la conciencia del donante.

- **Los traumas y la fragmentación del alma**

Pienso que una de las etapas más vulnerables del ser humano es la de la infancia. Es en este período que, por ser pequeños, estamos a merced de otras personas y de lo que nos hagan sin comprender lo que está pasando.

Las secuelas de los maltratos y abusos sufridos durante la niñez suelen ser devastadoras en la mayoría de los casos, causando depresión, ansiedad, conductas autodestructivas, bipolaridad, baja autoestima, desorden de personalidades múltiples, entre otros trastornos psicológicos. Además, durante la infancia, la mente crítica, que es la zona que decide qué se guardará y qué no en nuestro subconsciente, aún no se encuentra desarrollada en su totalidad. Es por eso que todo lo que nos impresione y ocasione un impacto se almacenará ahí automáticamente.

De la misma manera, cualquier experiencia traumática por la que pasemos en nuestra vida, ya sea un accidente, una violación o la muerte de un ser querido, nos afectará tanto a nivel mental como a nivel de alma. Cuando nos enfrentamos a un evento traumático del cual no podemos escapar ocurre lo que se conoce como la fragmentación del alma.

¿Qué es la fragmentación del alma? Como lo expliqué varias páginas atrás, cuando vivimos un evento traumático, hay una parte de nuestra alma que, para no sentir, se fragmenta, que sale de nuestro cuerpo y simplemente se va a otro lado o inclusive puede regresar a la luz. Esto implica que no contemos con toda nuestra energía.

Ya desde la antigüedad, los chamanes creían en la fragmentación del alma y en la recuperación de la misma mediante un viaje chamánico, pero, con el tiempo, algunos hemos comenzado a hacerlo a través de otras técnicas, como la hipnosis. José Luis Cabouli, en su libro "Atrapamiento y recuperación del alma", provee información sobre este fenómeno y la labor de sanación durante el trabajo terapéutico.

¿Qué síntomas puede provocar la fragmentación del alma?
- Sensación de estar incompleto
- Sensación de vacío
- Lagunas en la memoria
- Desorientación
- Confusión
- Fatiga crónica
- Dificultad para sentirse presente

Cuando el alma se fragmenta, deja nuestro campo energético y aura incompletos. Estos funcionan como un campo de defensa, como escudos que nos protegen contra energías externas. Que esté incompleto, equivale a estar desprotegidos frente a aquellas almas perdidas que busquen pegarse a nosotros. Si el alma se fragmentó en múltiples ocasiones puede producir efectos de disociación en la persona.

Si el cliente me dice que fue víctima de abusos y maltratos desde pequeño o que no recuerda la mayor parte de su niñez, procuro prestar especial atención cuando visite ese tipo de recuerdos. Tal fue el caso de María —en *El mensaje de César*—, quien experimentó todo tipo de abusos de su madre y tenía tres espíritus pegados.

- **Atrapamiento del alma**

Cuando nuestra alma no pudo procesar un evento traumático a nivel físico, emocional o espiritual, parte de nuestra energía se queda atrapada en ese suceso. No importa si este tomó lugar durante nuestra infancia, nacimiento, en el vientre de nuestra madre, en una vida pasada o incluso después de la muerte del cuerpo en una vida pasada.

Este atrapamiento no solo producirá síntomas en nuestro cuerpo actual, sino que también hará que no tengamos acceso al cien por ciento de nuestra energía álmica. Entonces, siguiendo el principio de la multi-simultaneidad, que dice que todo sucede ahora y al mismo tiempo, el atrapamiento puede haberse dado numerosas veces y puede estar afectándonos en nuestro cuerpo actual.

Al no tener nuestro campo vibratorio al cien por ciento, esto causa el mismo impacto mencionado en el punto anterior: desprotección ante energías externas, entre ellas, las almas perdidas.

- **Abortos**

Habrá ocasiones en las que percibiremos que lo que está sintiendo la persona en trance no es un alma perdida adherida. Pero, debemos recordar que no se trata de lo que nosotros creamos y pensemos sobre las sensaciones de nuestro cliente, sino de ayudarlos respetando su mundo interno y sus creencias.

Si alguien asegura sentir un alma perdida pegada, no tenemos por qué discutírselo. El abordaje debería ser que, si eso es real para nuestro cliente, deberemos verlo así también. En otras palabras, si cree que tiene un alma perdida adherida, debe seguirse el proceso tal cual estuviésemos comunicándonos con una de ellas.

Se preguntarán por qué he iniciado así esta sección y es porque el tema de los abortos es un tanto controversial y existen diferentes puntos de vista sobre él.

Como he podido constatar, un espíritu planifica su siguiente reencarnación con su guía espiritual y sus compañeros de grupo. Establece objetivos y contratos con los que interactuará cuando reencarne. En resumidas cuentas, es una planeación detallada y bien pensada con el fin de que evolucionemos. Por eso, me cuesta creer que un espíritu, que a su vez elige el cuerpo y padres que va a tener, no sepa que ese cuerpo no va a nacer o que será abortado. Y, más aún, me cuesta creer que, porque no nació, haya decidido quedarse pegado a su madre por diferentes motivos.

También recordemos que, durante los primeros meses de la formación del feto, el espíritu aún no ha ocupado el cuerpo. El feto es simplemente un traje biológico que el espíritu habitará cuando esté listo.

Suele ser un tema polémico entre terapeutas de hipnosis regresiva, pues habrá quienes no concuerden con mi explicación, y sostengan que el espíritu estará en el feto desde el comienzo y que puede quedarse pegado a la madre después del aborto o la pérdida. Realmente, nadie es dueño de la verdad y cada uno de nosotros maneja este tema de acuerdo a nuestro sistema de creencias.

Entonces, ¿por qué afirmo que las personas que abortaron son propensas a tener almas perdidas pegadas? Lo he incluido en esta lista porque, sea real o imaginario, la madre siente como si el alma perdida de su hijo o hija estuviese ahí con ella.

He visto a muchas mujeres, que en el pasado tomaron esta decisión o fueron manipuladas para hacerlo, llegar a mi oficina con un gran sentimiento de culpa y remordimiento. Pienso que son estas emociones las que se manifiestan en la zona abdominal, haciéndose sentir como un alma perdida. Se da el mismo desenlace con los pensamientos recurrentes, que llegan a tomar forma energética como si se tratase de un alma perdida, originando síntomas en la persona afectada.

En estos casos, trato esa sensación adherida al vientre como si fuese un alma perdida. De igual manera, me comunicaré con ella, haré que converse con la madre, elaboraremos el perdón y le ayudaremos a ir a la luz. Como dije líneas arriba, aquí lo importante es lo que la persona en trance percibe y cree.

- **Personas vibrando en una baja frecuencia**

Partiendo del principio de que el espíritu es energía y de que nuestro cuerpo tiene un campo vibratorio al que llamamos aura, es fundamental entender que, cuando ese campo se encuentra debilitado, no nos protegerá de forma eficaz de energías del exterior.

A parte de la fragmentación del alma, existe otro factor que puede provocarnos el mismo daño: nuestro estado de ánimo. Si nos encontramos sumidos en depresión o con un bajo estado anímico, nuestra aura, rápidamente se verá perjudicado.

Pero, ¿cómo podemos ver el aura? A través de una cámara para fotografía Kirlian veremos el efecto corona que se genera en cualquier objeto animado o desanimado. Esta máquina fue inventada por los esposos Semyon Davidovich Kirlian y Valentina Krisona de Kirlian en el año 1939. Gracias a ella, se puede analizar el estado anímico y físico de una persona por medio del halo luminoso.

Debido a la manera en que nuestro estado anímico influye en nuestro campo vibratorio, no recomiendo facilitar sesiones de hipnosis cuando no nos sentimos física o anímicamente bien.

- **Personas cerca de escenas de accidentes trágicos**

Un accidente trágico, por lo general, significa que la muerte del individuo fue instantánea, causando la desorientación del alma al desencarnar repentinamente. Esto, a su vez, puede ocasionar que, al verse fuera del cuerpo y al no aceptar la muerte del mismo, esta se pegue a alguien que esté pasando por el lugar en ese momento.

Recordemos que un alma perdida puede tener diferentes motivos para desear quedarse en este plano, desde no querer dejar desprotegidos a sus seres queridos o no querer irse sin haber cumplido ciertas metas.

Este tipo de casos es mencionado también por José Luis Cabouli en sus libros y por William J. Baldwin en su libro "Spirit releasement therapy".

En este último texto, el autor tuvo la oportunidad de atender a veteranos de guerra, quienes mostraban todo tipo de síntomas provocados por las almas perdidas de sus compañeros o enemigos fallecidos en el campo de batalla.

- **Personas que trabajan en hospitales**

Los hospitales son los repositorios más grandes de almas perdidas, pues es en ellos donde muchas personas mueren en distintas condiciones, pudiendo causar confusión al alma que abandona el cuerpo. Por ejemplo, aquellos que fallecieron a causa de un infarto, en coma o anestesiados durante una operación, al despertar en la dimensión espiritual puede que no entiendan lo que está aconteciendo.

Al morir, de un momento a otro, la gente ya no puede verlos o escucharlos. Solo basta con recordar mi conversación con el espíritu del vaquero americano, en *Un fantasma en casa*, quien penaba en su propio hogar durante la sesión de mi amigo Christian. ¿Recuerdan la desesperación que sintió al darse cuenta que su esposa e hijos ya no podían verlo ni oírlo?

- **El tablero de la ouija**

Si nos detenemos a pensar en lo que experimenta una persona con el don de médium antes de aprender a usarlo, nos daremos cuenta de que el problema más frecuente que vive es el de recibir espíritus que quieren comunicarse con ella en su habitación, causándole un gran temor al no entender lo que está pasando.

También mencioné que una persona en trance es un médium en potencia. Esto quiere decir que no solo puede tener la capacidad de ver espíritus, sino que estos también podrían comunicarse a través de ella y sin previo aviso, tal cual pasó en *El bombero con amnesia,* quien no se había dado cuenta que su cuerpo había muerto.

Entonces, ¿qué es lo que motiva a los espíritus a presentarse ante los médiums y ante los que se encuentran en un trance profundo? Al parecer, el saber que a través de ellos se pueden manifestar, ya sea para transmitir un mensaje o pedir ayuda.

Lo mismo pasa con el tablero de la ouija, el cual, pienso yo, puede funcionar como un imán que atrae a aquellos espíritus desesperados por entablar una comunicación. El problema radica en que, con esta herramienta, se está conscientemente invitando a los espíritus a compartir nuestro espacio físico y vibratorio sin tomar en cuenta su nivel evolutivo o intenciones.

Es por eso que las personas vulnerables por cualquiera de los motivos mencionados anteriormente, estarán expuestas a ellos.

- **Pacto con lo oculto**

Se trata de personas que realizan pactos con fuerzas ocultas o espíritus que vibran en una baja frecuencia. Hoy, esto podría parecernos algo poco común, pero la verdad es que se da con mucha frecuencia.

Existen diferentes motivos que las llevan a ello. Algunas pueden pertenecer a sectas donde invocan a estas entidades, otras prometen cosas a cambio de favores, como recuperar al ser amado o conseguir un buen trabajo.

Cuántas veces hemos escuchado de gente que busca practicantes de magia negra con la finalidad de vengarse de un enemigo o de la actual pareja de quien los abandonó. Todo pacto tiene un costo espiritual, ya que no solo se está adquiriendo una deuda kármica, sino que se está aceptando una especie de acuerdo con el espíritu que hará el trabajo por ellos, a quien le tendrán que dar algo a cambio a nivel espiritual.

Lo cierto es que, como veremos más adelante en *El pacto de la joven*, al tratarse de un compromiso a nivel espiritual, no está limitado a una vida específica. Es decir, podrá continuar de vida en vida, de cuerpo en cuerpo, porque, para el alma, el tiempo no existe y el trato no está limitado por él.

En estos casos, es fundamental saber lo que se dijo a la hora del acuerdo para así ayudar a romperlo y dejarlo sin efecto, liberando a la persona afectada.

La madre agradecida

Rose llegó a mí con el objetivo de tratar distintos síntomas que estaba experimentando. Desde su infancia, había enfrentado una serie de retos a causa de su padre, y ese mismo patrón se estaba repitiendo con su pareja, quien luego se convertiría en su esposo y padre de sus hijos.

Además de la gran tristeza y posible depresión al vibrar en una frecuencia baja, ella también sentía dolor de espalda y abdominal, afecciones a las que los doctores no hallaban explicación alguna.

Uno de los recuerdos a los que volvió durante la sesión fue al momento en que se enteró sobre la muerte de su madre. Rose no solo estaba triste por su deceso, sino porque no había podido estar con ella durante sus últimos días, a pesar de que siempre se había encargado de ella.

Rose: He recibido una llamada de mi tía diciendo que mi madre ha fallecido.

Antonio: Y, ¿qué más sucede?

R: Estoy en otro país y esta llamada es un shock para mí.

A: ¿Cómo te sientes?

R: Es doloroso, muy doloroso. Estoy muy triste.

A: ¿En qué parte de tu cuerpo sientes ese dolor?

R: En mi pecho, y va hacia abajo.

A: Algunas personas sienten dolor porque no pudieron despedirse.

R: Sí, ella murió sola en su casa y no estuve ahí.

A: Eso es lo que tú piensas desde un punto de vista humano, pero tu madre es espíritu. Cuando el cuerpo está muriendo, otros vienen a asistirla en el proceso.

R: Sí.

A: Donde estás ahora, no existen el tiempo ni el espacio. Quiero que imagines que tu espíritu sale de tu cuerpo y vuelas a donde tu mamá, al momento en el que su cuerpo está muriendo. Cuando llegues podrás verla desde arriba. ¿Qué está pasando ahí?

R: Está en su cama. Está usando su pijama, encogida en posición fetal.

La posición en la que se encontraba su madre al momento de fallecer me estaba dando una clave sobre los síntomas de Rose.

A: Acércate a ella, pues tú eres espíritu. Ahora, puedes hablarle y explicarle qué está pasando. Ella necesita saber lo que está sucediendo.

R: Mamá, disculpa por no estar a tu lado.

A: No. Tú estás ahí ahora mismo. ¿Por qué te lamentas? Tú la estás ayudando.

R: Ella no me siente.

A: Entonces, tócala. Déjale sentir tu espíritu. No te sientas culpable, ni triste por ella. Ella necesita saber que su cuerpo está muriendo. Explícaselo.

R: Sí, mamá. Sí —dijo conversando con ella—. Vas a estar bien, sí.

A: ¿Qué está sucediendo?

R: Ella solo me está mirando.

A: Muy bien. Si gustas, sostén su mano. Explícale que lo que está muriendo es el cuerpo, que ella es espíritu. Y, mira si en el cuarto hay otros espíritus ayudándola.

R: Sí. Mamá, siempre estarás conmigo, a mi alrededor. Te veo dentro de mí.

Esta última frase me brindó una señal más clara para comprender lo que Rose estaba sintiendo físicamente.

A: Dile todo lo que habías querido decirle.

R: Siempre te he amado. Yo te cuidé. Te amo. Ya no quiero que sientas dolor. Quiero que te sientas bien y feliz.

A: Ahora, ayúdala a salir de su cuerpo.

R: Sí.

A: ¿Ya salió? Pregúntale si tiene un mensaje para ti antes de que parta a casa, a la luz. ¿Qué te quiere decir?

R: Me dice que me cuide mucho y que sea feliz. Sí, sí —dijo continuando la conversación con su madre.

A: ¿Te importa si hablo con tu mamá por un momento?

R: No.

A: Muy bien, voy a contar del tres al uno y le prestarás tu mente y labios. Tres, dos, uno. Jane, gracias por la comunicación. ¿Entiendes lo que le acaba de pasar a tu cuerpo?

Jane: Sí.

A: Ahora, no tienes dolor y eres libre. Es tiempo de ir casa. ¿Me podrías dar una mano para ayudar a tu hija antes de que partas?

J: Sí.

A: Tu hija tuvo cáncer al colon, ¿Qué lo provocó?

J: Ella tenía muchas responsabilidades. Tenía que cuidarme a mí y a sus hijos —respondió la madre de Rose llorando—. Es una joven muy responsable y nunca se quejó.

A: Y, ¿piensas que esto se manifestó como un cáncer?

J: Es posible, sí.

A: ¿Tú crees que ella debe hacerse responsable de sí misma ahora?

J: Sí.

A: Es tiempo de que se cuide a ella misma, ¿verdad?

J: Sí.

A: Entonces, llevémosle luz al área del colon. Explícale que ya no tiene que cargar más con esa responsabilidad, con esas emociones, que ya no tiene que estar triste. Libérala y deja que su cuerpo se recupere.

J: Sí, Rose, ahora eres libre. Cuida de ti misma, sánate. Yo estoy muy bien ahora. Hiciste todo lo que pudiste por todos y ya es hora de que te cuides a ti misma.

A: ¿Estás orgullosa de ella?

J: Sí, mucho.

A: Gracias por tu ayuda, Jane. Una pregunta más. ¿Ves luz desde donde estás?

J: Sí, veo luz por todos lados.

A: Es hora de decir adiós y de que sigas esa luz. Gracias por tu ayuda. Tres, dos, uno. Rose, ahora entiendes de dónde vino ese cáncer al colon.

R: Sí.

A: Ya no lo necesitas.

R: No lo necesito.

A: Muy bien, dale un fuerte abrazo a tu madre y y despídete. Ella siempre va a estar contigo, pero es tiempo de que parta y de que tú seas libre de esas responsabilidades.

Fue así que la madre de Rose partió hacia la luz. Ambas tuvieron la oportunidad de decirse todo lo que no pudieron decirse en su momento.

Es importante resaltar dos puntos claves durante la sesión, que se vinculan con los síntomas con los que había llegado Rose. Primero, ella sentía dolor abdominal, como el que la madre sintió al momento de fallecer. Esto quedó en evidencia cuando mencionó que su progenitora estaba encogida en posición fetal, casualmente por esa molestia. Segundo, Rose le dijo a su madre que la veía dentro de ella. ¿Qué significaba eso?

Si ponemos ambos puntos uno al lado del otro, podríamos deducir que Rose sentía dolor abdominal y de espalda porque su madre estaba pegada a ella.

Durante la sesión, sentí que no era necesario preguntárselo para confirmarlo porque la comunicación estaba fluyendo muy bien. En realidad, lo que me interesaba era ayudarlas a despedirse y permitir que Jane vaya a la luz.

El hombre mutilado

Lisa agendó una sesión de Introspective Hypnosis conmigo para atender distintos síntomas emocionales y físicos. Su hija le había regalado la sesión, pues sentía que podría hallar alivio en ella.

Lisa trabajaba como enfermera en un hospital en el área de rehabilitación, pero también lo había hecho atendiendo a pacientes terminales. Este dato hizo que yo prestara mayor atención a las molestias que ella mencionó durante la entrevista y la sesión.

Ya casi al terminar nuestra reunión, le pregunté a su espíritu si pensaba que la labor estaba completa o si quedaba algo pendiente aún. Inmediatamente, me dijo que sentía algo en la pierna, como si se la estuviesen doblando.

Antonio: Voy a contar del tres al uno e irás a esa experiencia en la que sientes eso con tus rodillas. Tres, dos, uno. Ya estás ahí. ¿Qué está sucediendo?

Lisa: Siento dolor desde arriba de mi rodilla.

Algo me hizo percibir que aquel síntoma provenía de un alma perdida pegada a ella.

A: Voy a llevar ese dolor a tu mente y vas a dejar que se exprese. Uno, dos, tres. Hermano, ya puedes comunicarte. ¿Llevas mucho o poco tiempo ahí?

Espíritu perdido: No mucho.

A: Cuando tenías cuerpo, ¿eras hombre o mujer?

EP: Hombre.

A: ¿Qué te pasó? ¿Cómo murió tu cuerpo?

EP: Me amputaron el pie.

A: ¿Te cortaron el pie o te pasó algo?

EP: La pierna. Me la cortaron —respondió con voz de tristeza.

A: ¿Tu cuerpo murió debido a la amputación de tu pierna?

EP: El cuerpo... —dijo sin poder terminar la oración.

A: ¿Quieres que te ayude a recordar cómo murió tu cuerpo?

EP: Sí.

A: Listo, contaré del tres al uno e irás al último momento en el que tuviste cuerpo. Tres, dos, uno. Ya estás ahí. ¿Qué está ocurriendo?

EP: Estoy muriendo. Estoy en una cama.

A: Y, ¿qué está sintiendo tu cuerpo?

EP: Sudo frío. Tengo frío, mucho frío. Creo que tengo septicemia.

A: Y, ¿tu pierna?

EP: Ya no está.

A: ¿Por qué te la cortaron? ¿Sabes qué paso?

EP: Se enfermó —contestó respirando profundamente.

A: Muévete al momento en que tu cuerpo muere y sales de él. ¿Qué es lo que te impide ir a la luz?

EP: No sé, no la veo.

A: Te pregunto, entonces, ¿hay algo que necesitas perdonar o que te perdonen?

EP: Fui alcohólico.

A: ¿Tú sabes cómo está considerado eso en el mundo espiritual?

EP: No.

A: Atentar contra tu cuerpo es considerado como un suicidio. ¿Me entiendes? Por eso es que no ves la luz. ¿Tú estás arrepentido por haber abusado así de tu cuerpo?

EP: Sí.

A: Entonces, desde el fondo de tu corazón, pídele ayuda a los seres de luz que auxilian a los hermanos perdidos. Diles que estás arrepentido.

Pide perdón y misericordia. Le puedes pedir a la luz, a Dios y a los ángeles que te ayuden a acabar con tu sufrimiento. Diles que ya estás listo, que te has dado cuenta.

EP: Ayúdenme —dijo con voz de súplica.

De pronto, con voz de alivio, manifestó ver la luz.

A: Antes de que te vayas a la luz, ¿en qué momento te adheriste a Lisa?

EP: Ahora, Lisa se ríe —dijo sonriendo también—. En el hospital.

A: Y, ¿qué síntomas le has causado?

EP: En su pierna. A veces siente que se le va a salir.

A: Una pregunta. ¿Lisa te ayudó a ti en algún momento?

EP: Sí —respondió con una sonrisa.

A: ¿Ella se acuerda quién eres?

EP: Sí, la tengo en mi cabeza. Estoy bien aquí —me dijo refiriéndose a estar en el cuerpo de Lisa.

A: ¿Tú quieres pedirle perdón por habértele pegado?

EP: Yo no sabía que estaba muerto.

A: ¿No te diste cuenta que tu cuerpo había muerto?

EP: Lisa tampoco sabe.

A: Entonces, ahora que comprendes que tu cuerpo murió y que ya es hora de ir a la luz, vamos a pedirle perdón a Lisa. Te le pegaste cuando no debías. Ayúdame a quitarle todos esos síntomas que son tuyos.

EP: Lo siento, ya me los llevo.

A: ¿Sabes si hay alguien más ahí con ella?

EP: Parece, no sé. Alguien la sigue sosteniendo de las manos.

A: No hay problema. En un rato, trabajaré en eso.

Esa parte de la sesión, en la que profundizo en ese otro espíritu que le provocaba pesadillas horrendas, está en *El pacto de la joven*, el relato siguiente.

A: Entonces, pídele disculpas a Lisa por haberle ocasionado esos malestares.

EP: Lo siento, Lisa.

A: Lisa, ¿lo perdonamos?

L: Sí, claro que sí.

A: Listo, hermano, continúa tu camino hacia la luz y llévate todos tus síntomas y energía. Sigue esa luz que vino por ti. Lisa, ayúdalo a salir envolviéndolo en una nube de luz. ¿Ya se fue?

L: Sí

Ese día el alma del hombre mutilado partió hacia la luz, despegándose del campo vibratorio de Lisa. Esta es una de las muchas sesiones en las que hallé almas perdidas pegadas a personas que trabajaban en hospitales.

Lisa era quien lo había atendido y, al parecer, el espíritu se sentía tan bien bajo sus cuidados que había decidido pegarse a ella, aunque no estuviese consciente de la muerte de su cuerpo físico.

El pacto de la joven

Este es otro segmento de la sesión de Lisa. Líneas arriba, conté que el alma perdida del hombre mutilado, me dejó saber que había algo o alguien que la agarraba de las manos.

Lo interesante de esto es que, durante nuestra entrevista inicial, Lisa me contó que doblaba las muñecas cuando dormía y que, constantemente, tenía pesadillas en las que sentía que varias manos la jalaban y la paralizaban mientras estaba en su cama.

Cuando el alma del hombre mutilado partió, le pedí a Lisa que visualice su cuerpo para ver si había algo más pegado a ella.

Antonio: Quiero que mires tu cuerpo desde arriba. Imagínate que tú eres luz blanca. Dime qué ves en tus manos. ¿Hay alguien que te sujete de ahí?

Lisa: Siento la mano derecha sujetada. La izquierda como que ya me la soltaron, pero la derecha sí está muy sostenida.

A: ¿Qué sientes que tienes en esa mano? ¿Cómo es que se siente?

L: Estoy atada a algo.

A: ¿Piensas que ese algo tiene consciencia?

L: Pareciera que no.

A: Fíjate a qué estas atada.

L: Estoy atada a una cama. Hay algo que me sujeta.

A: Eso es. Entonces, voy a contar del tres al uno y vas a ir a esa cama. Tres, dos, uno. Ya estás ahí. ¿Qué está sucediendo?

L: Estoy amarrada.

A: ¿Eres hombre o mujer?

L: Mujer.

A: ¿Mayor o joven?

L: Mediana edad. Mi corazón late muy fuerte. Se me acelera —dijo respirando rápidamente.

A: Y, ¿por qué estás amarrada?

L: Creo que no me controlo.

A: ¿Quién te amarró?

L: Creo que mi papá —respondió muy agitada y moviendo la cabeza de lado a lado—. También tengo amarrados los pies. Estoy atada —agregó con evidente desesperación, torciéndose como tratando de desatarse.

A: Y, ¿cómo te sientes mientras estás atada?

L: No puedo mover ni siquiera los pies.

A: ¿Hay alguien más contigo en esa habitación?

L: Papá. Creo que es papá.

A: Pregúntale a tu papá por qué te ha amarrado.

L: ¿Por qué me amarras, papa? ¿Por qué me amarras? ¡Anda, dime! ¿Yo soy mala? —le reprochó a su padre en susurros—. Yo soy mala.

A: ¿Eso te dice?

L: Eso siento. Sé que yo soy mala —contestó afligida.

A: ¿Por qué piensas o sientes que eres mala?

L: Él dice que yo soy mala. Dice que soy mala.

A: Y, ¿tú que sientes?

L: ¡Que él me tiene atada! —dijo con una actitud y voz distintas, más agresivas—. Estoy atada. Estoy enojada.

A: Retrocedamos un poquito a ver si has hecho alguna maldad. A ver si es cierto. Retrocede a cuando todavía no estabas amarrada. Tres, dos, uno. ¿Qué estás haciendo?

L: Estoy en el cuarto. Estoy sentada sobre una cobija y tengo un libro en las manos.

A: Adelántate un poco más. ¿Qué más sucede?

L: Estoy leyendo.

A: ¿Qué dice ese libro?

L: Estoy tratando de mirar —me contestó susurrando.

A: Mira la cubierta del libro. ¿Qué dice?

L: Creo que hay una cruz, pero no es la Biblia.

A: Entonces, ¿qué crees que sea?

L: Cosas que me quieren enseñar.

A: ¿Quién te quiere enseñar?

L: Quieren que lea ese libro. Creo que es papá.

A: Y, ¿qué pasa cuando lees el libro?

A: Empiezo a descontrolarme y me pongo fea. Me vuelvo mala. Es como que si algo me poseyera —me explicó mientras hiperventilaba—, como si algo entrara en mí.

A: Adelántate. ¿Qué más sucede?

L: Mato a un pequeño, pero no soy yo.

A: ¿Quién fue?

L: Algo está en mi cuerpo y me hace hacer cosas. Es algo fuerte. Puedo sentirlo. Se me comienzan a adormecer las manos —me dice desesperada—, entonces me tiene y yo me pongo mala. ¡Mala!

A: Adelántate un poco más. Regresa a la cama. Estás amarrada. ¿Cuánto tiempo te tienen atada?

L: Creo que mucho tiempo.

A: Ve al momento en que muere ese cuerpo. Tres, dos, uno.

L: Siento que mi pecho se quema —expresa llorando.

A: ¿Te estás quemando en sentido figurado o te están quemando de verdad?

L: Siento que me quemo por dentro.

A: Y, ¿por fuera ves fuego?

L: No. Estoy atada.

A: Adelántate. ¿Qué más pasa?

L: Ya no siento mis manos.

A: Ve al momento que sales del cuerpo.

L: Salgo y mi cuerpo se adormece.

A: Ahora, te pregunto. ¿Tú eres Lisa en una vida pasada o tú estás con Lisa?

L: Yo soy Lisa.

A: ¿Qué haces una vez que estás fuera del cuerpo?

L: Sigo sintiendo las ataduras en mis manos.

A: ¿Crees que en algún momento hiciste un pacto con la oscuridad? ¿Con eso que leías en el libro?

L: Yo creo que sí porque sigo atada.

A: Voy a contar del tres al uno y quiero que vayas al momento en que haces ese pacto o acuerdo con eso que estás leyendo. Tres, dos, uno. Regresa ahí. ¿Qué estás diciendo?

L: Yo soy tú.

A: ¿Eso es lo que le estás diciendo?

L: Sí.

A: Y, ¿eso qué quiere decir?

L: Dejo que tome mi cuerpo.

A: ¿A quién dejas?

L: A algo feo y oscuro.

A: Y, ¿a cambio de qué? ¿Qué es lo que ganas tú dejando que eso oscuro tome tu cuerpo?

L: No sé. Trato de pelear. No lo sé —dice retorciéndose.

A: Vuelve al momento previo de que digas eso y dile que, a partir de ahora, eso que le dijiste queda sin efecto. Eso aplicó para ese cuerpo y ese cuerpo ya murió y no existe. Quiero que le digas a eso oscuro que ahora eres tú y ya nadie puede controlarte, ni agarrar de las manos. Tú eres luz y tienes libre albedrío.

L: Ya se fue. Déjame ir. ¡Suéltame!

A: Dile que ese cuerpo es tuyo y que ahí no puede entrar.

L: Este es mi cuerpo. ¡Basta ya!

A: Dile: rompo todo pacto, todo acuerdo y toda promesa.

L: Ya no hay más acuerdos, ni promesas. Este es mi cuerpo.

A: Repite: a partir de hoy soy libre. ¡Suéltame! Y, ahora, quiero que prendas tu luz interior. Ahora eres libre. Ya eso se acabó. Ve al momento en que estás flotando fuera de tu cuerpo y ve a la luz. Dime si ya estás yendo a la luz.

L: Me siento arriba.

A: Eso es. ¡Muy bien! Con la muerte de ese cuerpo, esa experiencia terminó para siempre y nada de eso te volverá a afectar. Entendemos que, con el rompimiento de ese pacto, eso queda atrás y ya no te va a afectar. Hoy eres libre. Hoy eres dueña de ti nuevamente. Tienes el completo control de tu cuerpo y alma.

Después de navegar por aquella vida pasada, la sesión de Lisa había culminado.

Este era un claro ejemplo de cómo los pactos que hacemos con fuerzas oscuras o con espíritus de baja vibración pueden perjudicarnos de cuerpo en cuerpo, siguiéndonos a otras vidas. ¿Cómo es eso posible? Como expliqué páginas arriba, el tiempo no existe. Es decir, que cualquier promesa, voto o pacto que hagamos, lo estamos haciendo a nivel espiritual y lo llevará nuestro espíritu de cuerpo en cuerpo, de vida en vida, causándonos problemas.

A pesar de que el contexto en el que Lisa se encontraba en su vida actual, ayudando a rehabilitar y a morir a pacientes con enfermedades terminales, era otro, las sombras con las que había hecho un acuerdo en una vida pasada, aún la tenían atada provocándole todo tipo de problemas. Este era el origen de las pesadillas en las que sentía que manos la jalaban y la paralizaban en la cama.

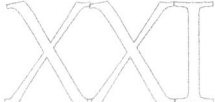

¿CÓMO AYUDAR A UN ALMA PERDIDA A PARTIR A LA LUZ?

Sería arrogante e incorrecto decir que mi método es el único efectivo para ayudar a los espíritus. Al inicio de este libro, hemos visto cómo distintas culturas mantienen diferentes creencias y rituales para acompañar al alma que acaba de salir del cuerpo a recorrer su camino en la otra dimensión hacia la luz.

Desde mi primer encuentro con un alma perdida en una sesión de hipnosis, estoy convencido de que vine a esta vida con el único fin de ayudar a mis hermanos espirituales perdidos. Ellos sufren sin poder comprender lo que les está ocurriendo e incluso ignoran que su cuerpo haya muerto.

Las almas extraviadas, como hemos visto a través de los casos que he compartido, no pueden ver la luz por distintos motivos: por el rencor que sienten; por no querer perdonar; porque buscan perdón; porque no se dieron cuenta de que su cuerpo murió; o porque, en el momento de su fallecimiento, estuvieron prestando más atención a la tristeza de dejar a sus seres queridos, que a los seres de luz que venían a ayudarlas.

Al darles una mano desde esta densa tercera dimensión, les permitimos que vean esa luz para que nuestros hermanos espirituales las tomen de la mano y guíen en adelante.

Acerca de este tema, Allan Kardec recibió varias respuestas de los espíritus en su libro "El libro de los espíritus" (1857):

¿Qué se ha de entender por un alma en pena?

- Un alma errante y sufriente, incierta acerca de su porvenir y a la cual podéis procurar un alivio que a menudo pide al acudir a comunicarse con vosotros.

¿Es útil orar por los difuntos y por los Espíritus sufrientes? Y, en caso afirmativo, ¿cómo pueden nuestras preces llevarles alivio y abreviar sus padecimientos? ¿Tienen ellas el poder de hacer que ceda o se apiade la justicia de Dios?

- La oración no puede tener por efecto el cambiar los designios de Dios, pero el alma por la cual se está orando experimenta alivio con ello, porque es un testimonio de interés que se le ofrece, y a causa de que el desdichado se alivia siempre que encuentra almas caritativas que se compadecen de sus dolores. Por otra parte, mediante la plegaria se le induce al arrepentimiento y al deseo de hacer lo necesario para ser dichoso. En este sentido se puede abreviar su pena, si por su lado ayuda con su buena voluntad. Ese deseo de mejorar, intensificado por la oración, atrae junto al Espíritu sufriente a otros Espíritus más evolucionados que acuden a instruirlo, confortarlo e infundirle esperanzas. Jesús oraba por las ovejas descarriadas. Con esto os mostró que seríais culpables si no lo hicierais vosotros por aquellos que más lo necesitan.

Estos párrafos describen exactamente la intención que nos debe motivar a ayudar a las almas perdidas. Un alma en pena o alma perdida es errante y sufre, y buscará comunicarse con nosotros en busca de alivio.

Las personas en trance son médiums en potencia y es por eso que los espíritus podrán comunicarse con ellas y con los hipnoterapeutas en busca de claridad y alivio.

Nuestras ganas desinteresadas de ayudar a estas almas perdidas junto a su deseo de mejorar, atraerán a espíritus más evolucionados para instruirlas y confortarlas. Ni por un momento debemos pensar que estamos solos en esta misión, pues solo somos un eslabón en una larga y poderosa cadena.

Al inicio del libro "Obreros de la vida eterna", dictado por el espíritu de André Luiz a Chico Xavier, relata el comienzo de una expedición socorrista conformada por el asistente Jerónimo, el padre Hipólito y la enfermera Luciana.

Antes de iniciar los trabajos de nuestra expedición socorrista, el asistente Jerónimo nos condujo al Templo de la Paz, en la zona consagrada al servicio de auxilio, donde un esclarecido instructor comentaría las necesidades de cooperación junto a las entidades infelices, en los círculos más bajos de la vida espiritual que rodean la Corteza de la Tierra (...)

Tuve la impresión que la asamblea en su aspecto casi integral estaba constituida por legítimos interesados en los trabajos espontáneos de ayuda al prójimo. Por los saludos y frases que emitían, percibí que se encontraban en el recinto grandes y pequeños conjuntos de servidores, en diversas misiones, con objetivos múltiples. Algunos se dedicaban al amparo de criminales desencarnados, otros al socorro de madres afligidas, alcanzadas inesperadamente por las renovaciones de la muerte, otros se interesaban por los ateos, por las conciencias encarceladas en el remordimiento, por los enfermos en la carne, por los agonizantes en la Tierra, por los dementes sin cuerpo físico, por los niños en dificultades en el plano invisible a los hombres, por las almas desanimadas y tristes, por los desequilibrados de todos los matices, por los misioneros perdidos o desviados, por las entidades unidas a las vísceras cadavéricas, por los trabajadores de la naturaleza, necesitados de inspiración y cariño.

Entonces, ¿no deberíamos también considerarnos parte de este conjunto de servidores mencionado por el espíritu de André Luiz?

En varias de mis sesiones, mis clientes en trance me informaron de la presencia de otras energías en el ambiente en el que nos encontrábamos. Podría haberse tratado de almas perdidas curiosas o a la espera de poder comunicarse, pero estoy seguro de que también hemos sido asistidos en todo momento por otros hermanos espirituales más evolucionados.

Michael Newton, hipnoterapeuta estadounidense, asegura en su libro "Vida entre vidas" que el mejor terapeuta para un cliente no es el terapeuta, sino su espíritu guía. Además, considera que debemos canalizar la orientación e información de los guías para dejar que trabajen a través de nosotros.

Al momento de asistir a las almas perdidas, resulta crucial que entendamos que no existe una fórmula para esta labor. Debemos recordar que toda alma perdida tiene su propia consciencia, ego y personalidad. Por eso, no podemos esperar que todas reaccionen de la misma manera.

Aun así, he designado ocho pasos para hacer este trabajo más sencillo de llevar a cabo.

1. Determinar la ubicación

En una sesión de hipnosis, nos encontraremos con almas perdidas en distintas situaciones y condiciones. Habrá algunas que estarán pegadas al aura de la persona; otras vendrán a comunicarse con ella sin, necesariamente, estar adheridas; y, otras serán los seres queridos con los que podremos dialogar utilizando el concepto del 'no tiempo'.

¿Por qué nos interesa saber si están pegadas o no? La diferencia radica en el tipo de problemas y síntomas que puedan causar desde el lugar en el que están. Si encontramos a un alma pegada a la altura del estómago, lo más seguro es que la persona afectada tenga síntomas en esa zona del cuerpo. Y, lo que he notado en varias ocasiones es que, cuando el cuerpo de esa alma perdida murió, coincidentemente el dolor de su agonía estaba relacionada a esa misma área.

Si recordamos la sesión de María, en *El mensaje de César*, César estaba adherido a su pie derecho. Cuando le pregunté en qué zona del cuerpo lo habían herido al momento de fallecer, el pie había sido una de las partes afectadas.

Lo que debemos tener presente es que, si se pegó al campo vibratorio, lo más seguro es que está transmitiendo síntomas, emociones y pensamientos al individuo a tratar. Es aquí donde nuestro trabajo de investigación comienza, tratando de averiguar la manera y hasta qué punto el individuo ha venido siendo dañado por esta alma perdida.

En el el capítulo XVIII, presenté las diferentes maneras de detectar a un alma perdida en el campo vibratorio: a través del escaneo espiritual, prestando atención a fechas fuera de rango o respuestas sin sentido, movimientos involuntarios, dolores repentinos en partes del cuerpo o averiguando si fueron a la luz después de la muerte del cuerpo en una vida pasada. De lo que se trata es de estar completamente conectados a la sesión y a todo lo que nuestro cliente diga y haga.

Es muy importante ser pacientes en el proceso de comunicación con un alma perdida. No debemos nunca faltarles el respeto, tratándolas de seres negativos o demonios, y, sobre todo, debemos siempre ayudarlas desde la frecuencia del amor.

Una vez detectada, deberemos revisar nuestros apuntes de la entrevista para ver si el cliente mencionó algún dolor o afección en esa zona. Pero, la historia completa siempre será obtenida en el diálogo con el alma perdida.

Algo que sucede con frecuencia, tal como ocurrió en la sesión de María, es que tendremos que trabajar con más de un espíritu a la vez. Por esa razón, lo que yo hago es dibujar un gráfico del cuerpo humano en mi cuaderno de notas, donde señalo la ubicación del dolor, el sexo y nombre del espíritu si es posible.

Esto me permite mantener una especie de inventario de las almas con las que estoy trabajando para no olvidarme de ninguna de ellas. Una vez que alguna parte hacia la luz, pongo una flecha arriba indicando que mi labor con ella ha culminado.

2. Averiguar su historia

Cada alma perdida tiene una historia y un motivo por el cual se extravió o se pegó a un individuo. Para poder conocer más acerca de ella, realizo algunas preguntas:

- ¿Cuánto tiempo has estado con (nombre de la persona)?
- Cuando tenías cuerpo, ¿eras hombre o mujer?
- ¿Pudiste desprenderte fácilmente de él?
- ¿Dejaste a alguien atrás?
- ¿A qué te dedicabas?
- ¿Eso sucedió hace poco o mucho tiempo?

Las respuestas a estas interrogantes podrán brindarnos una idea del tiempo que el cliente ha venido siendo perjudicado por su energía.

Por otro lado, entender cómo murió su cuerpo, puede darnos una idea del tipo de síntomas que la víctima está experimentando, en el caso que esté pegada a ella. Aunque, tenemos que tener presente que las almas sufren una especie de amnesia que no les permite recordar todos los detalles, incluyendo la manera en la que murió su cuerpo.

No pretendamos que el diálogo inicial sea fluido, pues el alma puede resistirse a otorgarnos esa información. Muchas dirán que no quieren hablar con nosotros, algunas asegurarán que no se van a ir y otras, inclusive, exigirán que las dejemos en paz.

3. Recordar cómo murió el cuerpo

Si recordamos los tipos de almas perdidas que he retratado en este libro, hay unas cuantas que decidieron voluntariamente no ir a la luz y pegarse a la persona. Pero, también hay otras que se encuentran verdaderamente perdidas y no entienden lo que está pasando. En este caso, se trataría de un atrapamiento del alma. Esto quiere decir que, en el proceso de la muerte de su cuerpo, algo no se procesó correctamente.

Por este motivo, considero fundamental ayudarlas a recordar cómo murió su cuerpo y a revivir la agonía experimentada para así darles la oportunidad de acabar con ese atrapamiento. Esto solo será posible cuando procesen, a nivel físico, emocional y mental, ese momento.

Saber cómo murió su cuerpo, nos dará una mejor idea de por qué no pudo ir a la luz: acaso no perdonó a alguien o no se perdonó a sí mismo, quizás está dejando a alguien atrás o no se dio cuenta de su deceso.

A pesar de que nuestro objetivo es ayudar al cliente a aliviarse de la influencia del alma perdida, también tendría que ser nuestra meta ayudar a ese otro espíritu. Se podría decir que, de alguna manera, le estamos haciendo terapia a ese espíritu perdido utilizando el cuerpo de la persona a quien se pegó.

4. Averiguar qué es lo que les impide ir a la luz

Este paso aplica tanto para las almas perdidas pegadas como para aquellas que deciden manifestarse en la sesión sin tener relación alguna con nuestro cliente.

Por ejemplo, en *El bombero con amnesia*, el bombero no se había dado cuenta de su fallecimiento hasta que conversó conmigo. Habrá algunas almas que recordarán todo lo que les sucedió al morir y habrá otras que solo podrán recordarlo con nuestra ayuda. Tengan siempre presente que lo que debemos averiguar es lo que pasó mientras salían de su cuerpo y cuando terminaron de salir de él.

Una pregunta que formulo mientras su cuerpo está muriendo y está listo para empezar a salir de él es: ¿cuál fue el último pensamiento que tuviste con ese cerebro?

Esta herramienta la aprendí de José Luis Cabouli y me parece muy útil, pues la respuesta que nos dé puede ser la clave para entender la razón del atrapamiento del alma. Por ejemplo, si la respuesta es "no merezco perdón de Dios por todo lo que he hecho", lo más seguro es que no quiera ir a la luz pensando erróneamente que ahí se le juzgará. Por el contrario, si la respuesta fuese "no voy a descansar hasta vengarme", suponiendo que la hayan matado por algún motivo, su intención sería pegarse a sus enemigos por rencor.

Conforme vayamos haciendo más y más preguntas, iremos comprendiendo mejor la causa del atrapamiento *post mortem*, pero, algo que nunca deberemos hacer es suponer las razones por las que estas almas están atrapadas o perdidas. No limitemos ni contaminemos la experiencia con nuestras creencias y suposiciones.

Finalmente, podremos hacer la pregunta directamente: ¿qué es lo que te impide ir a la luz? La respuesta nos aclarará la situación.

Es en este paso donde debemos tratar de darles luz, hacerles entender por qué continuar con su camino espiritual es la mejor opción o por qué no deberían seguir adheridos al afectado.

Recordemos que el alma, cuando sale del cuerpo y no va a luz, mantiene su ego, personalidad y creencias. Es básicamente la persona sin su cuerpo. Entonces, si pensó que no merecía perdón de Dios y tiene miedo de ser juzgada es porque quizás su creencia sea católica o cristiana. Es aquí donde podríamos explicarle que en la luz no se juzga, que no existen los espíritus buenos ni malos, sino unos más avanzados que otros o que el infierno no existe.

Cuando hay mucho resentimiento por parte del alma perdida hacia otra, aplico la terapia del perdón una vez que hayan entendido que, con ese sentimiento y hambre de venganza, no logran nada, sino más bien es lo que la mantiene atrapada en ese estado y dimensión. Si el rencor está dirigido a la persona víctima del apego, entonces deberemos mediar entre ambas para solucionar el conflicto.

Recordemos que esta alma está comunicándose por medio de la persona en trance, quien, a su vez, está procesando todo lo que el alma está expresando, a través de su mente.

Otro motivo común por el que las almas deciden permanecer en este plano es por el apego a sus bienes materiales. Es el caso de los que se quedan penando en la casa que en algún momento les perteneció, acosando y asustando a los nuevos inquilinos por considerarlos intrusos, cuando en realidad no lo son.

Aquí, la idea es explicarles que, desde el mundo espiritual, no pueden hacer nada con los bienes que tenían. Pueden, incluso, pedirles que se adelanten en el tiempo para que vean qué ocurre con la vivienda y conozcan a los otros inquilinos que la van a habitar. Con esto se darán cuenta que no hay nada que puedan hacer al respecto y que simplemente están perdiendo el tiempo en un inmueble que ya no les pertenece.

5. Determinar los síntomas que ocasionaron

Si bien este paso aplica mejor a las almas que están adheridas a su víctima, habrá ocasiones en que puedan no estarlo pero que, igualmente, pueden causar otro tipo de contrariedades.

Una vez determinado el lugar en el que se encuentra el alma, la forma en la que murió su cuerpo y lo que le impide ir a la luz, recomiendo preguntarle: ¿podrías decirme si le has producido síntomas voluntaria o involuntariamente a esta persona? Mientras esperamos su respuesta, debemos estar atentos a nuestros apuntes iniciales para determinar los malestares que el cliente mencionó.

Algunas almas contestan inmediatamente con la dolencia o incomodidad que están ocasionando, pero otras no tienen esta información muy en claro, por lo que aconsejo empezar a enumerar los síntomas que el cliente mencionó en la entrevista: ¿por casualidad tienes algo que ver con sus dolores de cabeza?, por ejemplo.

Yo diría que, en la mayoría de los casos, aunque puede parecer complicado, acabar con los síntomas causados puede ser relativamente sencillo si contamos con la ayuda del alma que los origina. Sin embargo, hay ocasiones en que el daño producido a la víctima es devastador y hasta irreversible.

Al preguntarle a los espíritus sobre la posesión en el "El libro de los espíritus", de Allan Kardec, se explica lo siguiente:

Si no hay posesión propiamente dicha, vale decir, cohabitación de dos Espíritus en un mismo cuerpo, ¿puede el alma estar bajo la dependen-

cia de otro Espíritu, de manera de ser subyugada u obsedida por él, hasta el punto de que su voluntad se vea en cierto modo paralizada?

- Sí, y son los verdaderos poseídos, pero has de saber que este dominio no se ejerce nunca sin participación de quien lo sufre, ya sea por su debilidad, o bien por su deseo. Con frecuencia se ha tomado por poseídos a epilépticos o dementes que tenían mayor necesidad de un médico que de exorcismos.

En la sección donde hablamos sobre el aura, mencionamos las diferentes capas que esta tiene, como también la función de cada una de ellas. Para entender mejor esta idea, podemos visualizar el cuerpo humano como una cebolla, siendo el alma el centro y las capas del aura las capas de la cebolla. Entonces, habrá almas perdidas que se pegarán a la cubierta externa; algunas que, con el tiempo, irán penetrando un poco más; y, otras con energía más fuerte y dominante que podrían llegar más cerca del centro.

El nivel de influencia del alma perdida sobre la víctima depende de la profundidad a la que haya llegado. A veces, la penetración es tan poderosa que la persona víctima confunde su voluntad con la voluntad de esta. Puede, inclusive, sentirse como dos personas distintas por momentos y tener lagunas de los momentos en que la voluntad del alma extraviada se manifestó con mayor influencia.

6. Determinar la vulnerabilidad

Averiguar el momento exacto en el que se pegó un alma perdida y cómo ocurrió es clave para nuestra labor, pues nos permitirá conocer la vulnerabilidad de la persona afectada para que así esta pueda evitar ese escenario a futuro. Es tarea nuestra también elevar el nivel de consciencia espiritual del cliente, ayudándolo a darse cuenta de los cambios que debe hacer en su vida porque, de no hacerlos, se mantendrá expuesto a este tipo de influencias.

Supongamos que un alma perdida se adhirió a nuestro cliente mientras este visitaba un prostíbulo. ¿De qué serviría ayudar al alma a ir a la luz si no le damos una mano al individuo a tomar consciencia de las consecuencias de sus actos y bajas pasiones? Son ellos mismos los que deberán romper las cadenas que los ata a ese tipo de almas.

Si el afectado decide no trabajar sobre su vulnerabilidad, los mismos interesados podrían forzar el regreso de otras almas inferiores que vibran al mismo nivel de ellos.

Si recordamos la sesión *La dueña del velorio*, María, a quien el alma perdida de una mujer se le pegó durante su propio funeral, nos daremos cuenta que la vulnerabilidad no fue el velorio. Esta solo fue la oportunidad que el alma encontró para pegarse a María. Su verdadera vulnerabilidad fueron los maltratos repetidos que sufrió durante su infancia y la posible fragmentación de su alma, la cual dejó su escudo energético debilitado.

Al hallar un alma perdida y asistir al cliente en la remoción de los síntomas, estamos solucionando solo una parte del problema. Debemos, además, ayudar a evitar que otra alma perdida se aproveche de sus debilidades.

Es por eso que este paso es fundamental en el trabajo terapéutico, ya que nos llevará a entender en qué es lo que debemos trabajar con nuestro cliente una vez que el alma o las almas perdidas hayan emprendido su camino a la luz.

7. Finalizar la asistencia (el perdón)

Una vez que hayamos examinado la historia del alma perdida con la que estamos trabajando, incluyendo los motivos del atrapamiento, los síntomas, debilidad y ubicación, es hora de guiarla a que retome su camino.

Primero, debe disculparse con la persona a la que le provocó diversos problemas con su adhesión y por los males que causó voluntaria o involuntariamente. Acto seguido, recomiendo preguntarle al afectado si perdona al alma que tiene con ella por los problemas causados.

Si la persona perjudicada se niega a hacerlo, deberemos recordar que toda víctima ha sido victimario antes. Si recapitulamos la sesión de María, en *El espíritu de un violador*, en la que no podía perdonar a Raúl por haberla violado de niña, solo necesitó ir a una vida pasada donde habían sido pareja y ella lo había dejado por otro para disculparlo. Una vez que se dio cuenta que también había sido victimaria en una vida pasada, estuvo dispuesta a perdonar.

Habrá veces en las que será necesario sugerirle a la persona en trance que busque una vida pasada donde haya hecho algo similar. Más que seguro la encontrará y esto hará que su proceso de perdón sea más fácil.

Podemos hacerle entender a esta persona que el perdón no quiere decir olvidar, ni estar de acuerdo con ello, ni hacer las paces. Perdonar es parecido a dejar de tomar veneno pensando que el que se está muriendo es nuestro enemigo, cuando en realidad nosotros somos los únicos perjudicados.

Una vez completado lo anterior, le pido al espíritu que comience a despegarse del campo vibratorio de mi cliente, llevándose consigo todos los síntomas y energía que le pertenecen. Mientras esto va sucediendo, le pido al cliente que visualice y sienta cómo esta energía se va despegando para que me diga cuando sienta que ya se ha ido.

8. La protección

A pesar de saber que ya se ayudó a corregir la vulnerabilidad del individuo que permitió el apego, debemos trabajar, de igual manera, en su protección. ¿Cómo se hace esto? Hay gente que podría tomarlo como una sugestión, pero aquellos que están familiarizados con el trabajo con energía le encuentran total sentido.

Ya para finalizar la sesión, le pido a mi cliente que elija un color. Una vez elegido el color, le pido que visualice cómo su cuerpo se va cubriendo con esa luz, con esa frecuencia de color, empezando por la cabeza y terminando en los pies.

Si nuestro cliente está familiarizado con el significado de los chakras, podemos indicarle que, conforme se vaya cubriendo de luz, vaya armonizando estos seis centros de energía, uno por uno, conforme la luz va bajando por su cuerpo.

Recordemos no utilizar un vocabulario con el que la persona no esté familiarizada, ya que esto puede traerle confusión. De la misma manera, es importante no usar elementos que no forman parte de sus creencias, especialmente las religiosas. Es decir que, si mi cliente es musulmán, no le hablaré de ángeles protectores o de la virgen María. De igual forma, si tengo un cliente cristiano, no le pediré que le pida protección a Alá.

Mientras guiamos esta limpieza energética, es bueno reiterarles que, a partir de ese momento, están libres de toda influencia y que volverán a ser ellas misma nuevamente.

***

Durante mis sesiones de hipnosis, dejo que mis clientes visiten aquellos eventos en donde hay asuntos pendientes en los que trabajar. Algunas técnicas se enfocan en la mente, en el subconsciente, pero, en mi caso, prefiero centrarme en el espíritu, ya que este nunca muere y posee la información de todo lo vivido en todas sus reencarnaciones.

A pesar de que la técnica Introspective Hypnosis comienza por navegar recuerdos tristes o traumáticos de esta vida, muchas veces las personas empiezan a describirme una pasada. ¿Cómo sé esto? Porque la edad, el contexto, sexo o nombres de las personas presentes en la escena no concuerdan con los de esta reencarnación.

Cuando alguien se traslada a una vida pasada, debemos navegarla y hacer las preguntas necesarias para averiguar la historia detrás de ella. Si el espíritu fue a esa vida, es porque sabe que hay algún hecho pendiente a tratar o porque esa vida se relaciona de alguna manera con la actual. Quizás se trate de las mismas lecciones o errores que podamos estar cometiendo en esta.

Navegar una vida pasada hasta el momento de la muerte del cuerpo ayudará al espíritu a entender por qué enfrenta tal o cual situación en esta vida o por qué tiene ciertos síntomas.

Como he mencionado anteriormente, habrá veces en las que pensaremos que estamos navegando la vida pasada de nuestro cliente, cuando en realidad estamos en la del alma perdida que tiene adherida. Esto ocurre porque el alma siente que el cuerpo les pertenece y, al parecer, que las preguntas que formulo van dirigidas a ella. Por eso, toman acción y siguen mis instrucciones mientras ponen a la persona que está en trance en una especie de espera.

La niña en la fiesta

Este fue el caso de Valentina, quien llegó a mí en busca de respuestas a sus inexplicables ataques de pánico y a la inmensa tristeza en la que estaba sumergida.

Ya en trance, le pedí que fuera en busca de un recuerdo triste.

Antonio: Valentina, viaja en el tiempo y el espacio. Cinco, cuatro, tres, dos, uno. Ya estás ahí. En esa escena que estás recordando, ¿es de día o de noche?

Valentina: No estoy segura —contestó con voz muy suave.

A: ¿Qué es lo que percibes, sientes o llega a tu mente?

V: No se ve muy claro.

A: Bueno, pero puedes usar tus otros sentidos, el oído, olfato o tacto.

V: No sé dónde estoy —dijo con gesto de confusión.

A: Ahí donde estás, mírate los pies y dime lo que estás usando.

V: Zapatillas.

A: ¿El cuerpo se siente joven o adulto?

V: Joven.

A: ¿El cuerpo se siente de hombre o de mujer?

V: De mujer.

A: ¿Qué ropa llevas puesta?

V: Un vestido.

A: ¿Cómo te sientes en el lugar que estás?

V: Triste.

Hasta aquí, estaba tratando de descifrar si se trataba de un recuerdo de esta vida o de una pasada. Por las descripciones que me daba, pude darme cuenta que se trataba de una reencarnación pasada.

A: Comienza a caminar y dime lo que ves ahí.

V: Da miedo —manifestó respirando de forma agitada.

A: ¿Cómo se ve este lugar?

V: Hay muchos árboles.

A: ¿Qué más ves?

V: A mucha gente gritando.

A: ¿Esa gente está cerca o lejos de ti?

V: Van corriendo y gritando. No sé lo que está pasando.

A: ¿Cómo te llama la gente ahí?

V: Rosa.

Esta era la confirmación de que no se trataba de esta vida.

A: ¿Cómo está vestida esa gente?

V: Como de fiesta. Está oscuro y la gente va corriendo. No sé qué está ocurriendo.

A: ¿Qué más se escucha?

V: Gente con niños abrazados. No se ve qué está pasando. Todos corren.

A: Y, ¿a este lugar fuiste sola o acompañada?

V: Sola.

A: ¿Qué edad tienes más o menos?

V: Trece.

A: Averigüemos lo que está aconteciendo. Adelántate un poco.

V: Están disparando y yo corro. Tengo miedo —me dice con una voz muy suave—. Están matando gente.

A: ¿Tú ves quién está matando a las personas?

V: No se le ve la cara. Yo voy corriendo y no puedo ver. No sé qué hacer.

A: ¿Qué más está pasando?

V: Llega la policía, pero siguen disparando.

A: ¿En qué se transporta la gente que fue a la fiesta?

V: Estamos corriendo todos. No tienen carro. No se ve nada. Es como un rancho.

A: Y, en ese lugar, ¿hablas el mismo idioma que estamos hablando en este momento?

V: No.

A: ¿Sabes el nombre de la ciudad?

V: No.

A: ¿Qué más sucede?

V: La policía está con ellos. Están disparándole a la gente.

A: ¿La policía también dispara?

V: Sí, también están disparándole a la gente. No hay donde esconderse, no hay nada —describe nerviosa la desoladora escena.

A: ¿Qué está ocurriendo ahora?

V: Me están alcanzando y ya no puedo correr más. Me golpean con palos y me patean. Me dejan tirada ahí para seguir matando gente.

A: Muévete hasta el momento en que ves qué sucede contigo. ¿Te recuperas o ahí acaba esa vida?

V: Ahí acaba.

A: Adelántate hasta el momento en que sales del cuerpo. Y, ahora que estás afuera, mira hacia abajo y dime lo que ves.

V: Mi cuerpo tirado, ensangrentado.

A: Fíjate en qué parte han herido ese cuerpo.

V: En el estómago y espalda.

A: Ahora, que eres espíritu, ¿sabes por qué mataron a la gente?

V: Por drogas.

A: Si haces un balance en la vida de esa niña de trece años, ¿qué piensas que tenías que aprender?

V: A no estar sola e ir acompañada.

Hasta aquí navegamos la vida pasada, pero había algo que me llamaba la atención: el dolor de estómago y el miedo, que fueron los mismos síntomas que experimentó Rosa mientras escapaba.

A: Te hago una pregunta, ¿tú eres Valentina en una vida pasada o tú estás con Valentina?

V: Yo estoy con Valentina.

A: Entiendo, es lo que pensaba. ¿En qué parte te le pegaste?

Espíritu Perdido: En el estómago.

A: Y, ¿por qué te le pegaste a Valentina, Rosa?

EP: Porque no es tímida y porque, cuando se enoja, dice lo que siente.

A: Y, cuéntame, esos ataques de ansiedad que siente Valentina, ¿son de ella o son tuyos?

EP: Míos.

A: ¿Es el recuerdo de cómo acabó tu vida siendo niña y escapando?

EP: Sí.

A: ¿Por eso es que ella a veces siente que le falta el aire, porque tú moriste corriendo y te faltaba el aire?

EP: Sí.

A: ¿Los dolores de cabeza son tuyos?

EP: No

A: ¿Sabes si hay alguien más en el cuerpo de ella contigo?

EP: No lo sé.

A: ¿Tú me puedes ayudar a revisar su cuerpo?

EP: Sí.

A: Por favor, revisa desde la cabeza hasta los pies.

EP: Ella tiene muchas tristezas.

A: ¿Sabes de dónde vienen esas tristezas?

EP: De no ver a sus padres.

A: Oh, pero ya le hemos explicado que lo que murió fueron los cuerpos de los padres, pero el espíritu no muere y tú eres la prueba de ello. Aquí estás pegada a ella. Aparte de esa pena, ¿ves otra energía como tú en el cuerpo?

EP: No.

A: Muy bien, entonces, Rosita, ¿por qué no fuiste a la luz? ¿Has perdonado a aquellos que te mataron?

EP: Todavía no.

A: Pero, al no perdonar, solo nos hacemos daño a nosotros mismos pensando que estamos lastimando al otro. Además, te hago una pregunta, antes de reencarnar como Rosa, ¿tú sabías cómo iba a acabar tu vida?

EP: Sí

A: Entonces, es algo que tenía que pasar. ¿Te has dado cuenta que tienes que trabajar en el perdón? Además, al estar pegada al cuerpo de Valentina le estás causando síntomas que no le hacen bien, aunque sé que son sin mala intención. ¿Quieres perdonar hoy a aquellos que mataron tu cuerpo?

EP: Sí.

Fue así como Rosa perdonó a aquellos que habían matado su cuerpo y le pidió disculpas a Valentina por los síntomas que le había provocado. Al partir, le dijo que se cuidara y que gozara de su vida y su familia.

Cuando Valentina salió del trance hipnótico, casi no recordaba lo que había acontecido en la sesión.

La hermana sin ojos

Cindy llegó a mi oficina con el fin de encontrar el origen de su cansancio crónico y de su miedo al agua turbia.

Ya estando en trance, viajó a un evento de su niñez, en el que despertaba y se llevaba un gran susto al ver a su hermana.

Antonio: Vamos en busca de un recuerdo triste. Cinco, cuatro, tres, dos, uno. Ya estás ahí. ¿Qué está sucediendo?

Cindy: Desperté, pero no quiero ver a mi hermana.

A: ¿Por qué?

C: Porque no tiene ojos.

A: ¿Tu hermana no tiene ojos?

C: No la quiero ver —respondió asustada.

A: ¿Qué edad tienes ahí?

C: No sé.

A: ¿Sientes que eres joven o mayor?

C: Soy niña.

A: Y ¿sabes cómo te llamas ahí?

C: Cindy.

A: ¿Es de día o de noche?

C: De día.

A: ¿Le pasó algo a tu hermana? ¿Por qué no tiene ojos?

C: Yo solo me tapo la cara para no verla y me voy con mi mamá. Mi mamá me dice que sí tiene ojos, pero yo no quiero verla porque me da miedo.

Definitivamente, había algo muy extraño en esta escena. ¿Por qué estaba viendo a su hermana sin ojos cuando sí los tenía?

A: Retrocede al momento en que te despiertas, abres los ojos y ves a tu hermana. Haz una pausa ahí. ¿Qué es lo que ves?

C: No la veo.

A: ¿Por qué no la ves?

C: Porque ahora está de espaldas.

A: Ahí, donde estás, pregúntale mentalmente a esa persona, que parece ser tu hermana, quién es. Pregúntale quién es y qué hace ahí.

C: No me dice.

A: ¿Quieres prestarle tu mente y labios para que se comunique conmigo y yo le hago la pregunta?

C: Sí.

A: Tres, dos, uno —dije mientras le tocaba la frente—. Hermana, ya te puedes expresar, ¿tú podrías decirme quién eres? ¿Me puedes decir cuánto tiempo llevas con ella? ¿Eres la hermana de Cindy?

Espíritu Perdido: No.

A: ¿Puedes decir quién eres? Porque Cindy piensa que eres su hermana que no tiene ojos, pero su hermana sí tiene ojos. Entonces, ¿quién eres? Tú sabes que yo estoy aquí para ayudarte.

EP: Estoy con ella hace mucho tiempo.

A: Y, ¿qué fue lo que te atrajo de Cindy? ¿Por qué estás con ella?

EP: No sé.

A: ¿Hay algún síntoma que le hayas producido a Cindy consciente o inconscientemente?

EP: No sé.

A: Te hago unas preguntas. ¿Tú tienes que ver algo con su problema de incontinencia?

EP: No

A: ¿Con sus dolores de cabeza?

EP: Sí.

A: ¿Algo que ver con su dolor de espalda?

EP: No.

A: ¿Tienes algo que ver con su cansancio?

EP: Sí.

A: Y, ¿con su depresión?

EP: Sí.

A: Y, ¿con el que ella tenga que dormir mucho?

EP: Sí.

A: ¿Su carácter fuerte?

EP: Sí.

Hasta aquí sabía que se trataba de un alma perdida cerca o pegada al campo vibratorio de Cindy. Al decirme los síntomas que le estaba provocando, lo más seguro era que estaba adherida a ella.

A: Cuando tenías cuerpo, ¿eras hombre o mujer?

EP: Hombre.

A: ¿Cuál es tu nombre?

EP: Jorge —contestó con voz suave.

A: ¿Cómo murió tu cuerpo, Jorge? Recuerda cómo fue. ¿Fue por muerte natural?

Jorge: No

A: ¿Te mataron?

J: Sí.

A: ¿Quién te mató?

J: Fueron varios.

A: ¿Eso fue hace mucho o poco tiempo?

J: Mucho tiempo.

A: ¿Por qué te mataron?

J: No sé.

A: ¿Cómo te mataron?

J: A palazos.

A: ¿Habías hecho algo para que te mataran?

J: No.

A: ¿Cuándo te pegaste a Cindy? —le pregunté tratando de averiguar la vulnerabilidad de Cindy.

J: No sé.

A: ¿Tienes algo que ver con la hija menor de Cindy? Ella dice que su hija puede verte y oírte.

J: Sí.

A: Porque Cindy dice que la niña se despierta en las noches y se sienta en la cama con la mirada perdida. ¿Es a ti quien está viendo?

J: Sí.

A: Entonces, ¿ella tiene la habilidad de verte?

J: Sí.

A: Jorge, ¿te has dado cuenta que estás adherido a un cuerpo que no te pertenece? Entiendo que, al haber sufrido esa muerte traumática, tener un asunto inconcluso y estar perdido, te hayas pegado a Cindy para tomar su energía. Pero, eso la está dejando cansada. Tiene que dormir mucho, padece dolores de cabeza y de espalda y le estás transmitiendo tu depresión. ¿Eres consciente de eso?

J: Sí.

A: ¿Quieres pedirle perdón a Cindy por haberle causado eso inconscientemente?

J: Sí.

A: Muy bien, déjame hablar con Cindy. Tres, dos, uno. Cindy, ¿te has dado cuenta que tenemos a un hermano espiritual perdido y adherido a ti? ¿Tú lo perdonas por haberte provocado esos síntomas sin querer?

C: Sí.

A: Perfecto, regreso con él. Tres, dos, uno. —dije tocando su frente—. Jorge, Cindy ya te ha perdonado. ¿Hay algún mensaje que quisieras darle?

J: No.

A: ¿Quisieras ir a la luz el día de hoy y continuar con tu evolución? Pero, antes de eso, ¿tú perdonas a aquellos que te mataron?

J: Sí.

Fue así que, solicitando asistencia a los seres de luz, le pedí a Jorge que se despegara del campo vibratorio de Cindy y a ella que cubriera todo su cuerpo con luz.

Como hemos podido apreciar con este caso, la comunicación con el alma perdida de Jorge no fue muy fluida porque Cindy había ido muy profundo en el trance. Cuando salió de él, casi no recordaba lo que había ocurrido en la sesión y, menos aun haberse comunicado con Jorge.

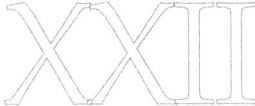

EL MIEDO Y LA PROTECCIÓN

Asistir a almas perdidas tiene sus retos. Habrá ciertos momentos en los que nos sentiremos poco capaces de tratar con ellas y dudemos de las habilidades y técnicas que estamos empleando.

Algunas de ellas nos harán sentir como si estuviéramos dialogando con una pared, la cual es muy difícil penetrar para obtener la información que necesitamos. Esto nos impedirá avanzar al ritmo que deseamos, cuando, en realidad, esto no se trata de nosotros, sino de ellas. Por eso, deberemos ser pacientes e ir a su ritmo, respetando sus procesos.

De la misma manera en que, en el día a día, nos toca interactuar con personas de diferentes culturas, niveles de educación y sistema de creencias, ocurre al querer comunicarnos con los espíritus. Habrá algunos más evolucionados, otros que vivieron en diferentes partes del mundo y poseen convicciones distintas a las nuestras. Lo interesante de la Hipnosis Introspectiva es que ingresaremos junto a ellos a una especie de máquina del tiempo para visitar sus vidas anteriores y así conocer sus historias.

En lo personal, asistir a un alma perdida es algo muy gratificante. Puede que no tenga mucho sentido para muchos, pero, de la misma manera en la que me gusta interactuar con otras personas para intercambiar experiencias y conocimientos, disfruto de interactuar con espíritus desencarnados para hacer exactamente lo mismo, mientras los ayudo a tener un mejor entendimiento de su situación y del mundo espiritual.

La regla de oro para nuestra misión con ellas es hacer todo con amor. Esto es algo que, desde el inicio de mi práctica, seres de luz me comunicaban a través de mis clientes en trance: "Debes hacer esto más por amor".

Poco a poco, conforme iba adquiriendo experiencia e iba entendiendo por qué estaban extraviados, comprendí que los seres de luz tenían razón. Y, rápidamente, el amor se convirtió en el motivo principal para ayudar a mis hermanos espirituales.

Autoprotección

Cada practicante de hipnosis regresiva o espiritual tiene sus propias creencias e intenciones antes de iniciar una sesión. De la misma manera, cada practicante tiene sus propios rituales y procedimientos para protegerse antes, durante y después de la misma.

Por mi parte, al menos al inicio de mi travesía por la hipnosis, siempre que he aprendido algo de aquellos con más experiencia, he tratado de imitarlo. Por eso, al ver que muchos oraban, ponían flores, usaban cristales, quemaban incienso, salvia o palo santo, opté por probar un poco de lo mismo. Al comienzo, quemaba salvia, pero el olor me resultaba muy fuerte. Luego, probé con el palo santo porque me gustaba su olor, pero este era muy fuerte para algunos. También, meditaba una media hora antes de cada sesión para poner mi intención y pedir asistencia.

Sin embargo, luego me puse a pensar que, si siento que necesito protección, es porque pienso que algo malo me puede pasar. También me pregunté lo que sentiría una persona al entrar a mi oficina y percibir este tipo de aromas. Algunos, quizás, sentirían que están entrando a la oficina de un curandero y otros que están visitando a un espiritista.

En otras palabras, ¿estaría relajado y cómodo el cliente al iniciar una sesión pensando que tiene que estar protegido en todo momento? Pienso que no y que estaríamos enviando un mensaje equivocado sobre lo que hacemos. De la misma manera, ¿cuál sería la reacción de un espíritu al decirle que vengo a ayudarlo con amor, pero, al mismo tiempo, percibe que llevo un escudo y una espada para defenderme por si quiere hacerme daño? ¿Tendría sentido esto? ¿Qué mensaje le estaría dando en realidad?

Entonces, ¿cuál es la protección que a mí me funciona? Casualmente, lo que los seres de luz me han venido transmitiendo desde hace mucho tiempo: el amor.

Es el amor con el que ayudo a mi prójimo, reencarnado o no, el que me protege en todo momento. Es mi intención de ayudarlos y, en el caso de las almas perdidas, de que no estoy ahí para botarlas o para faltarles el respeto. Cuando me dicen "no me vas a sacar de aquí", mi respuesta inmediata es: "hermano(a), yo no estoy aquí para sacarte. Tú te puedes quedar ahí el tiempo que quieras. Quiero que sepas que eres bienvenido(a) y que solo estoy aquí para conversar contigo y ayudarte".

Lo que esto provoca inmediatamente es un cambio en la energía de la comunicación y que bajen la guardia para empezar a trabajar juntos. Nunca debemos abordar una sesión con miedo y mucho menos una donde sospechemos que hay un alma perdida pegada. El miedo trabajará en contra nuestra y hará que ella reaccione de otra manera, poniéndose a la defensiva.

Es más, si ella detecta nuestro miedo, puede que nos haga pasar un mal rato, haciéndonos creer que son algo que en realidad no son, como un demonio o Satanás.

Algo que tampoco debemos hacer es abordar la sesión desde el ego, es decir, creyéndonos expertos en la materia o superiores a los demás, pensando que somos una especie de 'cazadores' de espíritus.

Dejar que nuestro ego nos controle durante una sesión, puede ser contraproducente. Si la sesión no va de acuerdo a lo que nuestro ego quiere, este podría sentirse herido. Por ejemplo, cuando un espíritu decide no dejar a su víctima, nuestro ego podría sentir que hemos fallado en nuestra labor.

Por otro lado, debemos recordar que los espíritus tienen acceso a mucha de nuestra información a través de nuestro campo vibratorio, así que tratarán de apelar a nuestro ego, adulándolo para que perdamos la línea de trabajo. Nos pueden decir que somos espíritus avanzados, que hemos tenido tal o cual vida pasada o que el color de nuestra energía es especial. Tengamos mucho cuidado con eso, pues no todo lo que brilla es oro. Solo basta con recordar lo dicho en el subtítulo Probando a los espíritus, que se encuentra páginas atrás.

Técnicas de intimidación de las almas perdidas

Es indispensable no caer en el juego que las almas perdidas prepararán para nosotros. Algunas de ellas tratarán de usar lo que yo llamo 'efectos especiales' con la intención de asustarnos y amedrentarnos.

No debemos sentir temor, ni seguirles la cuerda, pues esto hará que perdamos nuestra concentración y nuestra intención de asistirlas.

Entre las tácticas que pueden usar tenemos: insultarnos con el objetivo de lastimarnos o atacar nuestros puntos más débiles; hacer ruidos o gruñidos para darnos la impresión de estar hablando con entidades demoniacas, cuando no es cierto; cambiar sus voces a más gruesas y terroríficas con el fin de hacernos creer que son entidades oscuras; mover el cuerpo del afectado violentamente para hacernos pensar que se trata de una posesión demoníaca; mostrarse reacias a ser ayudadas; decirnos que nos estaban esperando, que nos conocen y/o que saben todo de nosotros con la intención de asustarnos; y, realizar gestos y señales desagradables con la cara y manos como si estuviesen realizando algún tipo de ritual.

Con el pasar de los años, me ha tocado experimentar todo lo mencionado arriba. Acepto que, en más de una ocasión, esto me tomó por sorpresa, pero, cuando sucedió, recordé las enseñanzas de Aurelio Mejía, lo que me ayudó a mantenerme enfocado en mi asistencia a esa alma perdida.

No prestar atención a estas tácticas, puede resultar un poco difícil, especialmente cuando uno recién está comenzando en este campo y está ganando experiencia.

Por ejemplo, a pesar de haber repetido una y mil veces en el curso que dicto, que ni los demonios, ni Satanás, ni el infierno existen, he escuchado comentarios de algunos alumnos de que, en algún momento, se han topado con un espíritu demoníaco en la sesión y no supieron cómo lidiar con él. Cuando les pregunté por qué pensaron que se trataba de un demonio, su respuesta hizo referencia a las tácticas mencionadas líneas arriba.

Si nos ponemos a pensar, el alma perdida logró su cometido al intimidar al practicante, quien, invadido por el miedo e inseguridad, decidió que no podía seguir trabajando con ella.

Un espíritu terco y mentiroso

Virginia llegó a su sesión buscando entender por qué paraba triste y deprimida constantemente. También tenía un dolor inexplicable en el pie y problemas para respirar.

Ya en estado de trance hipnótico, comenzó a navegar lo que se suponía era una vida pasada de ella. Haciendo las preguntas correspondientes, algo me indicó que esa vida la pertenecía a alguien más. Su caso es un buen ejemplo de cómo asistir a un espíritu que se resiste, que nos quiere intimidar y que nos dice que no se quiere ir.

Antonio: Tres, dos, uno. Ya estás ahí. En ese recuerdo, ¿es de día o de noche?

Virginia: Noche.

A: ¿Qué está sucediendo?

V: Está oscuro.

A: ¿En qué lugar estás?

V: No veo.

A: Pero, puedes sentir y escuchar.

V: Está frío.

A: Quiero que toques tu cuerpo. ¿El cuerpo se siente de hombre o de mujer?

V: No sé —respondió lamentándose—. Creo que es hombre. Tengo frío en las manos.

A: Siente ese frío más intensamente. ¿Qué más está ocurriendo?

V: No quiere hablar.

Esta respuesta no tenía sentido y me puso en alerta.

A: ¿Quién no quiere hablar?

V: No —dijo moviendo la cabeza.

A: Y, ¿quién es el que dice que no quiere hablar?

V: Ay...

A: ¿Llevas ahí mucho o poco tiempo?

V: Mucho —contestó con voz temblorosa, como si tuviese frío, para luego empezar a reír.

A: ¿Tú eres Virginia en una vida pasada o estás con Virginia?

V: No sé.

A: Vamos a ver, ¿llevas ahí mucho tiempo?

V: Sí —dijo entre risas y llantos.

A: Y, ¿qué estás sintiendo ahí?

V: No sé.

A: Llora, llora. ¿Esas lágrimas son de tristeza?

V: De tristeza, sí.

A: En ese lugar donde estás, ¿tú puedes moverte?

V: No, no puedo moverme —respondió con voz de desesperación.

A: ¿A qué se debe que no puedas moverte?

V: Es algo en las manos.

A: Siente tus manos. ¿Cómo las percibes?

V: Se sienten frías. Un poco en los pies, pero más en las manos.

A: Y, ¿quién te puso ahí?

Espíritu perdido: ¡No sé! ¿Cómo quieres que sepa? —vociferó cambiando de voz y alterándose.

Es en ese momento que el espíritu perdido comenzó a manifestarse como era en realidad.

A: Podemos averiguar. Voy a contar del tres al uno...

EP: ¡No!

A: ¿No?

EP: No, no vas a poder.

A: Yo te puedo ayudar...

EP: ¡No! —exclamó interrumpiéndome nuevamente y riendo—. No puedes.

A: Ah, pero claro. Tienes razón. Yo soy el que no puede y el que puede eres tú. Ya entendí por dónde viene la cosa. ¿Quién es el que está amarrado ahí sin poder salir? ¿tú o yo?

EP: Yo —contestó asintiendo con la cabeza.

A: Entonces, ¿quién es el que se está perjudicando? ¿tú o yo?

EP: No me tientes.

A: Yo no te estoy tentando. Solo te estoy haciendo una pregunta simple y sencilla.

EP: A ver, ¿por qué tengo las manos frías? Tú dime.

A: Pues, fíjate que yo no estoy aquí para adivinar, porque si estuviese adivinando no estuviese haciendo mi trabajo. Yo puedo sospechar por qué tienes las manos frías. Me dices que estás en un lugar oscuro.

EP: Tengo frío. Sí, mira, me tiemblan un poquito.

A: Tú tienes algo que te está sujetando los pies.

EP: Sí.

A: Yo puedo suponer, pero lo que yo suponga, no vale nada. Aquí, lo importante es lo que tú sientas. Hermano, tenemos dos opciones: o te quedas donde estás sin poder moverte o te ayudo a averiguar qué fue lo que pasó. ¿Qué quieres hacer hoy?

EP: No veo nada. Solo tengo frío.

A: ¿Prefieres que te ayude o que no te ayude?

EP: Sí —respondió rompiendo en llanto.

A: Voy a contar del tres al uno y quiero que vayas al momento previo de entrar. Tres, dos, uno. Ya estás ahí. ¿Qué está sucediendo?

EP: Aire.

A: ¿Qué está sucediendo?

EP: Está oscuro.

A: ¿Este es el momento antes de entrar ahí?

EP: Sí. Me llega al cuello —dijo retorciéndose y tratando de respirar.

A: ¿Qué es lo que te llega al cuello?

EP: Yo creo que es agua.

A: Y, mientras el agua te llega al cuello, ¿qué sientes en las piernas?

EP: Frío.

A: ¿Qué sientes en el abdomen?

EP: Frío

A: ¿Qué sienten los pulmones?

EP: Aire, no puedo... —contestó con dificultad para respirar.

A: ¿Qué siente la garganta?

EP: No entiendo qué hay.

A: Quiero que retrocedas aún más, al momento antes de que comenzara eso. Tres, dos uno. ¿Dónde estás ahora?

EP: Estoy relajado.

A: ¿Qué está sucediendo?

EP: Voy caminando. Hay una cerca que está cerca del agua. ¡Quiero llorar!

A: Llora. Yo quiero entender. ¿Dónde estás caminando?

EP: Es una piedra larga, como cemento. No sé. Hay agua. Soy delgado y algo.

A: ¿Y para qué estás caminando por ahí?

EP: No sé. Estoy mirando el agua con la sensación de tirarme y me tiemblan los pies.

A: Y, ¿qué quieres hacer?

EP: Tirarme al agua. Tengo frío y nervios. Sospecho que en el agua hay vida. Me aviento, pero está fría.

A: ¿Qué es lo que te lleva a aventarte?

EP: No quiero vivir.

A: Y, ¿a qué se debe que no quieras vivir?

EP: Estoy solo.

A: ¿Qué es lo que primero que impacta en el agua cuando te avientas?

EP: Mis pies están doblados. Me estoy hundiendo.

A: Déjame saber si ese cuerpo muere ahí.

EP: Sí.

A: ¿Qué estás viendo mientras ese cuerpo muere?

EP: Me elevo y veo mi cuerpo en el agua, pero no puedo irme del todo.

A: ¿Qué es lo que te impide ir a la luz?

EP: Comprensión. No entiendo por qué lo hice. Veo a una mujer de blanco. Espera, yo agarré una mujer vestida de blanco.

A: Cuando saliste del cuerpo.

EP: Sí, la cargué.

A: Y, ¿esa mujer quién es?

EP: Anahí.

A: ¿Quién es Anahí?

EP: Mi esposa —me contestó rompiendo en llanto.

A: ¿Qué le ocurrió?

EP: Se ahogó. Trae zapatos y vestido blancos. Su cuerpo no tiene vida. ¡No puedo comprender!

Hasta aquí había podido descifrar que el hombre se había tirado al agua, aparentemente, para salvar a su esposa, quien se había ahogado también.

Le pedí que retrocediera para averiguar cómo empezaba todo y me dijo que iban caminando de la mano y que ella se aventó de pronto. Él no entendía por qué. Al ver esto, él también se lanzó para rescatarla, pero ella ya se había ahogado. Él veía que la sacaba cargada, pero lo que estaba viendo, en realidad, era su espíritu sacando el de ella del agua.

A: ¿Ya entendiste lo que te paso?

EP: Sí, se aventó y yo me aventé por ella.

A: ¿Ya sabes lo que te paso a ti?

EP: Me ahogué también.

Cuando le pedí que le preguntara a Anahí por qué se había aventado, ella le respondió que lo hizo para estar en paz. Le dijo que el niño de pantalón azul no le permitía estar en paz. Ese niño del que hablaba era el hijo de Anahí, quien también había fallecido.

Le pedí que la ayudara a ir a la luz. Me dijo que se estaba elevando, pero que el niño no quería irse.

A: Ahora, lleva tu espíritu a la luz.

EP: No puedo.

A: ¿A qué se debe que no puedas?

EP: No quiero irme. Estoy bien aquí.

A: Pero estabas con las manos amarradas...

EP: No, no, no —contestó interrumpiéndome—. Aquí estoy bien. Ya dije, estoy bien. Mírame, no tengo que irme a ningún lado. ¿Qué quieres que haga allá? Yo conozco este lugar y sé que estoy bien. Allá no sé si estaré bien y no quiero saber nada de ese lugar.

A: Ya entendí. Entonces ¿ya te diste cuenta de lo que está pasando o no? Tú me dijiste que tenías que aprender a comprender. ¿Has comprendido qué está pasando contigo?

EP: Ya entendí, pero no he comprendido.

A: Cuéntame qué has entendido.

EP: Que estoy en paz aquí.

A: Fíjate dónde estás.

EP: Estoy en el mismo lugar de donde me tiré.

A: No, señor.

EP: Sí, sí, sí, sí.

A: Ahí está tu cuerpo, pero tu alma no está ahí porque estás hablando conmigo y ¿a través de quién?

EP: Virginia.

A: Tú no has ido a la luz, lo que quiere decir que tú no puedes ser Virginia en una vida pasada.

EP: Pues no porque yo estoy hablando.

A: Correcto. Eso quiere decir que tú estás pegado a Virginia.

EP: Así es —dijo asintiendo con la cabeza—. ¡Y no me voy a ir!

A: Y, ¿quién quiere que te vayas?

EP: No me voy a ir porque yo estoy cómodo aquí con ella.

A: Tú puedes quedarte ahí el tiempo que desees. Ese no es problema. Yo no te quiero botar, ni estoy aquí para juzgarte. Tú dijiste que querías que te ayude.

EP: Y, ahora voy a manipularla a ella —me dijo interrumpiéndome—. Yo puedo manipularla. No me voy a ir a ningún lado.

A: Yo no quiero que te vayas. Mira, aquí el que pierde eres tú. Ahí no estás en paz.

EP: Yo estoy en paz porque yo se la robé.

A: Y, si estás en paz, ¿por qué estabas llorando hace un momento?

EP: Pues se me mete algo, no sé.

A: Eso no es paz. El que está en paz no llora.

EP: Pero, yo estoy fresco como una lechuga, mírame. ¡No me molestes ya! Yo estoy bien y ella va a estar bien. No le estoy haciendo ningún daño, o ¿ella te ha dicho que le he hecho daño?

A: No, ella no me ha dicho eso.

EP: No puede decirte nada porque yo la cuido. Ella ya es mía —expresó señalándose a sí mismo con el dedo.

A: Ah, muy bien. Y, ¿por qué no te la llevas?

EP: No es su momento.

A: ¡Ah! Eso dicen todos.

EP: Sí, sí, sí, pero yo no soy todos. Aunque ella quiera, yo no me voy a ir. Ella quiere que me vaya, pero yo no me voy a ir.

A: Pero, yo no quiero que te vayas. Yo solo quiero conversar contigo. Mira, se lo preguntaré a Virginia. Tres, dos, uno. Cambia. Virginia, ¿tú quieres que él se vaya sin ayudarlo a obtener una comprensión?

V: No. Hay que ayudarlo a que comprenda.

A: Ya ves, hermano, aquí te queremos ayudar. Nadie te va a sacar.

EP: Ya la oíste —dijo riendo burlonamente—. Ella te dijo que no.

A: Así como tú necesitas comprensión, ella también necesita comprensión.

EP: Nosotros vamos a sonreír juntos.

A: ¿Así como sonreías hace un momento? Porque yo veía que estabas llorando. Me dices que caíste y se doblaron tus pies. ¿Sentiste dolor?

EP: No, solo frío.

A: Me parece interesante porque Virginia tiene problemas en los pies también.

EP: Ese soy yo —contestó riéndose.

A: Entonces, eso es lo que no entiendo. Tú me dices que le quieres dar paz, sin embargo, le estás haciendo sentir algo que no es de ella.

EP: Es que yo no soy malo. Por eso tiene problemas para respirar también, porque yo no podía respirar en el agua.

A: Y, ¿los moretones que ella tiene?

EP: De cuando me caí al agua.

A: ¡Exactamente! Mira cuántas cosas le causas a una persona que cuidas y dices que vas a hacer feliz.

EP: Pero está viva. No pasa nada. Yo no me la voy a llevar.

A: Virginia dice que tiene tristeza y coraje. ¿De quién es eso?

EP: Mío porque la vida fue mala.

A: Mira tú, pobre Virginia, todo lo que le haces sentir. Esto tengo que arreglarlo.

EP: No vas a poder. No vas a poder —me dijo con tono de burla.

A: Voy a llamar a Anahí en este momento para que me ayude. Tres, dos, uno…

EP: ¡No! ¡No! —exclamó interrumpiéndome.

A: Anahí, gracias por la comunicación. ¿Te has dado cuenta que tú saltaste al agua porque estabas triste por el niño?

Anahí: Sí.

A: Entonces, ¿cómo se llama el hombre que estaba contigo?

An: José.

A: ¿Por qué saltó José?

An: Se resbaló.

A: Él dice que no se resbaló, sino que saltó atrás tuyo.

An: Mentira. Él se resbaló. No iba por mí, sino que se resbaló.

A: José, ¿tú me puedes decir si te resbalaste o te tiraste?

José: Me resbalé.

A: Anahí, entonces, José decidió quedarse ahí y no ir a la luz.

J: Porque no era mi culpa. Yo no me voy a ir.

A: José, estoy hablando con Anahí. Vamos por partes. Anahí, entonces José no se quiere ir, se le ha pegado a Virginia y le está provocando tristezas, coraje, dolor y hasta moretones. ¿Por qué tiene coraje él?

An: Porque quiso salvarse y no pudo. Quiso agarrarse de algo y no pudo.

A: Al quedarse pegado a Virginia, ¿de qué se está perdiendo?

An: De la belleza de la vida.

A: ¿Por qué no pedimos ayuda...?

J: ¡Que no va a poder, ya te dije!

A: ¿Quién dice eso?

J: ¡Pues yo! El que le genera todo a Virginia.

A: José, ¿tú querías ayudar a Anahí?

J: Pues, sí, pero después ya no quise y me caí por tonto.

A: Pero, fíjate que mientras tú estás ahí resentido, ella está perdida y hay un niño que no sabe qué está pasando. ¿Qué piensas tú que deberías hacer? ¿No debería ser tu rol ayudarlos?

J: Es la compasión que tengo que aprender.

A: ¿Anahí era tu pareja o no?

J: Sí.

A: Y, ¿qué deberías hacer por amor a ella? ¿Esconderte y no lidiar con lo que tienes que lidiar? ¿Dejar que ese niño siga perdido y que ella siga confundida? ¿Qué clase de hombre eras?

J: Trabajador.

A: Y, entonces, ¿por qué no te pones a trabajar en ayudar a esa mujer y niño que están extraviados? Mira todos los problemas que estás ocasionando a tres espíritus.

J: ¡Ya no me regañes! —vociferó interrumpiéndome—. Yo soy hombre de palabra.

A: Y, ¿qué palabra le diste a Anahí? Te amaré por el resto de mis días...

J: Pues sí.

A: Cuidaré de ese niño, ¿no?

J: Sí.

A: Y, ¿por qué no cumples tus promesas si dices ser un hombre de palabra? ¿Por qué no los llevas de la mano y van todos juntos a la luz? Y, de paso, dejas tranquila a Virginia.

J: Es buena idea.

Luego de un largo diálogo con José, pudo entender su error y obtener la comprensión que necesitaba. Elaboró el perdón con Virginia, recogió su energía y síntomas y partió a la luz con Anahí y su hijo.

Esta interacción con el alma perdida de José es un claro ejemplo de lo complicado que puede ser a veces ayudar a que encuentren la luz. Hay espíritus que al inicio se resisten a ser ayudados, que nos retan, nos dicen que no se irán, que los dejemos en paz y que hasta se burlan de nosotros mientras tratamos de averiguar el motivo de su atrapamiento.

La clave está en no perder la paciencia, ni la línea del trabajo terapéutico. Debemos mantenernos serenos y hacer todas las preguntas necesarias para averiguar su historia. Esto solo se logra dejando nuestro ego de lado y haciéndolo desde la frecuencia del amor a nuestro prójimo.

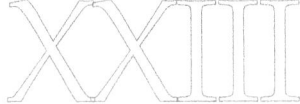

¿QUÉ SUCEDE DESPUÉS DE LIBERAR A UN ALMA PERDIDA?

Los síntomas causados por las almas perdidas pueden desaparecer inmediatamente después de que esta se despegue del campo vibratorio de la persona afectada, pero hay casos en que las dolencias y padecimientos demoran semanas o meses en eliminarse por completo.

Dependiendo del nivel de influencia que el alma ejerció sobre su víctima y de cuánto penetró dentro de su campo vibratorio, el daño ocasionado puede, en ciertos casos, ser irreversible.

Algunos de mis clientes han reportado cambios al instante de finalizar la sesión de hipnosis, luego de que el alma perdida partiera a la luz; varios han asegurado sentir como si les hubiesen quitado un peso de encima, algo que los oprimía y no los dejaba avanzar en la vida; otros dicen haber recibido comentarios de sus conocidos acerca del cambio en su expresión facial y lo diferente que se siente su energía después de la sesión; muchos me han contado sentir un gran cansancio físico al día siguiente, el cual no es de extrañar debido al trabajo energético realizado o también porque el alma perdida trabajó sus emociones a través del cuerpo del cliente; y, unos cuantos manifiestan sentir una gran tristeza o melancolía, como si hubieran perdido a alguien cercano.

Al ya no estar adherida el alma perdida en su campo vibratorio, la persona que estaba siendo afectada notará un cambio en su manera de pensar y comportarse. Sentirá que es nuevamente dueña de su voluntad, ya que esta no seguirá siendo influenciada por esa energía externa.

Resulta difícil determinar una norma en cuanto a lo que puede experimentar un individuo al liberarse de un alma perdida. Lo más importante es que sienta la reintegración de su propia alma y el total control de su voluntad, sintiéndose libre de actuar y pensar por sí mismo.

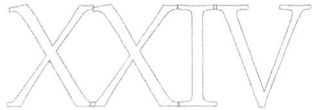

¿CÓMO AYUDARNOS Y AYUDAR A LOS DEMÁS?

Reconstruyendo nuestro campo vibratorio

Si sé que he sufrido un gran trauma en mi vida, ¿cómo puedo reconstruir o reforzar mi aura para no dejar que ningún espíritu se me pegue?

Lo primero que deberíamos determinar es cuáles son los síntomas que tengo que me puedan llevar a sospechar que mi alma está fragmentada. Como mencionamos páginas arriba, algunos de los síntomas son: sentirse incompleto, desorientación, confusión, cansancio crónico, lagunas de memoria, entre otros.

Pero, no por el simple hecho de experimentar alguno de estos malestares deberíamos pensar que nuestro espíritu está fragmentado. Para llegar a una mejor conclusión deberíamos hacernos unas cuantas preguntas más:

1. ¿Cuándo fue la primera vez que sentí esta molestia? Esto nos ayudará a ubicarnos en el tiempo, pudiendo ser la infancia, la adolescencia, la juventud o más adelante.
2. ¿Qué estaba pasando en mi vida o qué situación estaba atravesando? Esto nos ayudará a localizar el evento que puede estar relacionado con el síntoma que estamos experimentando. El suceso puede bien haber sido un accidente, una operación con anestesia general, un re-

gaño por parte de nuestros padres, maltratos, violación o tocamientos indebidos.
3. ¿Qué sentí cuando sucedió eso? Debemos analizar qué fue lo que sentimos a nivel físico, emocional y mental para tener una figura completa de lo que experimentamos en ese momento. Podría ser la sensación de nuestra alma saliendo de nuestro cuerpo, de quedarnos congelados en el tiempo, de que un minuto de tiempo parece una eternidad, de que nuestra mente queda en blanco o de no recordar nada de lo que sentimos.

Lo que deberíamos hacer a continuación es pedirle a esa parte de nosotros que regrese, que no tenga miedo, explicándole que eso ya pasó. Si el evento ocurrió a los cinco años de edad, pues le hablaremos como le hablaríamos a un niño o niña de esa edad, diciéndole que la vamos a cuidar, que tenemos muchas cosas por aprender juntos y que la necesitamos con nosotros para sentirnos completos nuevamente.

Luego, podemos, por ejemplo, extender nuestros brazos para recibir ese fragmento, llevándolo al corazón para integrarlo nuevamente a nosotros. Podemos decretar que, a partir de ese instante, volvemos a ser uno sintiéndonos completos.

Si bien es cierto que, en ocasiones, podemos hacer esto por nosotros mismos, existen hechos mucho más traumáticos que fueron llevados de la mente consciente a la subconsciente. Esto quiere decir que, conscientemente, no nos acordamos de ellos, pero nos siguen afectando inconscientemente.

Me ha tocado trabajar con clientes, que, en trance, visitaron eventos traumáticos de los cuales no recordaban nada. Por eso, siempre recomendaré visitar a un hipnoterapeuta en caso los malestares persistan después de haber tratado de trabajarlos por uno mismo.

Detectando almas perdidas en nuestro campo vibratorio

¿Podemos nosotros mismos hacer algún tipo de escáner de nuestra aura a pesar de no estar en trance? ¿Quizás durante alguna meditación? ¿O hay otra forma de detectar estos vacíos energéticos?

Al igual que en la pregunta anterior, lo primero que debemos hacer es determinar el dolor o malestar que nos hace sospechar que tenemos un alma perdida pegada a nuestro campo vibratorio. Los síntomas que pueden causar las almas perdidas los he mencionado en el capítulo con el mismo nombre, pero otros motivos por los cuales podríamos sospechar que tenemos un alma perdida con nosotros son, por ejemplo: el sentirnos tristes o deprimidos sin motivo alguno, los cambios de ánimo repentinos, pensamientos que no van de acuerdo con nuestra habitual manera de pensar, etc.

Lo que debemos hacer a continuación es ubicarnos en el tiempo y espacio en el que ese síntoma comenzó a manifestarse. ¿Qué estaba aconteciendo en nuestra vida? ¿Qué estaba sucediendo a mi alrededor con mis familiares y amigos?

Si, por ejemplo, el síntoma es un dolor en el pecho cada vez que tengo miedo y nos damos cuenta que comenzamos a padecerlo al poco tiempo del fallecimiento de nuestro abuelo, quien murió de un ataque al corazón, pues la sospecha más lógica podría ser que el alma del abuelo está pegada a nosotros. No digo que esto siempre se dé así. Lo que quiero demostrar es la manera en la que debemos pensar alrededor de los síntomas.

Entonces, si sospechamos que el alma del abuelo pueda estar con nosotros, lo que debemos hacer es simplemente hablarle o comunicarnos mentalmente con él, y explicarle lo que le pasó al cuerpo, ayudándolo a tomar consciencia de lo que le ocurrió.

También, probemos preguntarle mentalmente qué es lo que le está impidiendo ir a la luz. Veamos qué respuesta nos llega a la mente. Basado en esa respuesta, podemos proceder a ayudarlo usando las técnicas que he explicado anteriormente.

Si bien es cierto que nosotros mismos podemos ponernos en un estado meditativo o de trance, la verdad es que, para lograr llegar a él, nuestra mente consciente debe ser puesta de lado.

Podemos tratar de visualizar nuestro campo vibratorio por nosotros mismos, aunque lo cierto es que, para comenzar a trabajar en ello, debemos analizar, racionalizar y deducir haciendo preguntas, y uniendo cabos sueltos, algo que generalmente es hecho por el hipnoterapeuta.

Ayudando al espíritu a partir

Algunos espíritus perdidos al morir, no vieron la luz. ¿A qué se debió esto? ¿Cómo podemos ayudar a nuestros seres queridos a morir, permitiendo que su espíritu se desprenda del cuerpo físico sin mayor resistencia?

Pienso que esta pregunta aplica tanto para el momento de nuestra propia muerte, como para el de un ser querido. Si bien es cierto que la muerte no es más que la transición del espíritu de un plano a otro, es durante la muerte que ponemos en juego toda nuestra reencarnación, la vida que está terminando.

Es por esto que es muy importante ayudar a otros y a nosotros mismos en el proceso de la muerte. En el caso de nuestros seres amados, es encaminarlos a que perdonen todo aquello que quedó pendiente y a que pidan perdón por todo aquello que crean que hicieron o provocaron. En otras palabras, debemos ayudarlos a saldar las cuentas pendientes en esta vida, ya que sino, podrían estar arrastrándolas a su siguiente reencarnación.

Uno de los principales motivos del atrapamiento *post mortem* del alma, es no perdonar. Ya sea porque podemos quedarnos buscando venganza, en caso alguien nos haya hecho algo, o porque nos convertimos en víctimas, en caso de no perdonarnos a nosotros mismos por lo que hicimos. Sea cual fuere el caso, el resultado es el mismo: el atrapamiento del alma.

De la misma manera, es fundamental que los que nos quedamos atrás dejemos partir al espíritu de la persona que está muriendo. Al decirles cosas como "no me dejes", "no te vayas", "no sé qué voy a hacer sin ti" o "espérame para ir juntos", no solo estamos siendo egoístas, sino que también estaremos contribuyendo con el atrapamiento del espíritu que debe partir a la luz.

Por otro lado, es fundamental guiarlos a que logren ser conscientes de lo que está pasando con su cuerpo durante la agonía. Hay personas que optan por ocultarle al moribundo lo que le está ocurriendo, es decir, que su cuerpo está muriendo. Otros, prefieren doparlos, dormirlos para que no sientan cuando llegue el momento, lo que les producirá confusión cuando despierten en el mundo espiritual después de la muerte del cuerpo físico.

Recordemos que, durante la agonía y el proceso de la muerte, somos asistidos por otros espíritus que tienen esa función. Entre estos, también pueden estar nuestros seres queridos que fallecieron antes. Incluso, durante el desprendimiento del cuerpo, antes de morir, nuestra alma irá accediendo poco a poco a esa dimensión más sutil y hasta podremos ver a nuestros seres queridos y guías. La temperatura de la habitación en la que se encuentra un moribundo será más baja debido a la presencia de las energías que mencioné líneas arriba.

Una manera en la que podemos colaborar con los espíritus que han venido a asistir al espíritu a partir es no dejando que nuestras emociones dificulten el proceso de la partida, pues estas crean una especie de red magnética sobre el cuerpo, complicando el trabajo de los espíritus asistentes.

Sé que es difícil no estar triste y desesperado, pero, en la medida de lo posible, debemos mantener un ambiente de paz y tranquilidad, pues se trata de un momento crucial en la transición del alma. Es por ello que siempre será mejor que este proceso de transición se lleve a cabo en un ambiente tranquilo, como nuestra casa en vez de un hospital.

Durante el embarazo

¿Cómo una madre puede mantener protegido a su bebé de espíritus parásitos?

Durante el embarazo, el feto y el espíritu que lo va a ocupar o que ya pueda estar ocupándolo, se encuentran dentro del campo vibratorio de la madre. A pesar de que el espíritu que va a reencarnar tiene su propio campo vibratorio, este será afectado e influenciado por el de su madre.

Tanto la madre como el espíritu que ocupa el feto, poseen sus propias lecciones, misiones, miedos, fobias, tristezas y traumas. Pero, al estar el espíritu del bebé dentro del aura de la madre, este sentirá todo lo que ella sienta, tanto por ella misma como por su entorno familiar o social.

Podría explicar aún con más detalle lo que experimenta el espíritu del bebé durante su tiempo en el vientre y todo lo que podría perjudicarlo no solo ahí sino una vez que nazca y comience su vida, pero, por ahora, dado a los temas que toco en este libro, me enfocaré más en cómo puede afectarle las energías externas (otros espíritus).

Páginas arriba mencioné quiénes son susceptibles a los espíritus parásitos, también expliqué sobre los agujeros que se crean en nuestro campo vibratorio cuando nuestro espíritu se fragmenta y cómo este también se debilita cuando nuestra energía se queda atrapada en eventos traumáticos. Pues, todo esto también aplica y puede afectar a la madre.

Otras cosas que también influirán, tanto en ella como en el bebé que lleva en su vientre, serán sus patrones de conducta y, por qué no decirlo también, los lugares que frecuente.

Si, durante la gestación, la madre decidiera consumir drogas, alcohol en exceso y cualquier sustancia alucinógena que la ponga en un estado alterado de consciencia en el cual pierda el control, su campo vibratorio se vería comprometido y debilitado. Esto no solo puede afectar al bebé, sino que también puede atraer a almas perdidas que se identifiquen con esa conducta, las cuales podrán pegársele o influir negativamente en ella.

En cuanto a los lugares que sería recomendable evitar durante el embarazo, me atrevería a aconsejar no visitar aquellos que se caracterizan por ser grandes depósitos de almas perdidas, como hospitales, velatorios, cementerios o morgues. En algunos países, hay museos que antes fueron cárceles, campos de batalla o lugares de tortura. También aconsejo evitarlos. Estos establecimientos, por lo general, no solo están perjudicados por la energía guardada en ellos, sino también por las almas perdidas que por alguna u otra razón se quedaron ahí.

Dentro de las sesiones de hipnosis en las que almas perdidas se manifestaron, me ha tocado trabajar con almas que se pasaron de una persona a otra en el momento de las relaciones sexuales que se mantuvieron por mera satisfacción instintiva y donde el amor no estaba presente. Cabe resaltar que el común denominador en estos casos era la promiscuidad.

Por este motivo, es recomendable que la madre en gestación, o inclusive la mujer antes de salir embarazada, sea consciente de que, a la hora del acto sexual, estamos intercambiando energía y frecuencia. Entonces, sería aconsejable tomar conciencia de a quiénes se les está permitiendo entrar en el campo vibratorio.

Las almas perdidas y las vidas pasadas

¿Es posible que tenga un alma perdida pegada a mí desde una vida pasada?

Sí y no. Cuando hablamos de vidas pasadas, estamos refiriéndonos al cuerpo físico, a los cuerpos que hemos ocupado anteriormente. Las almas perdidas no se adhieren a lo físico sino a nuestro campo vibratorio, a la energía que rodea nuestra alma. Entonces bajo este principio, esto es totalmente posible.

Esto no quiere decir que el alma perdida vaya con nosotros a la luz y esté adherida a nosotros inclusive cuando nos toque reencarnar. Recordemos que las almas perdidas no ven la luz. Lo que parece suceder es que nos esperan hasta que reencarnemos para pegarse otra vez.

Sin afán de creerme dueño de la verdad absoluta, pues lo que he mencionado no lo puedo comprobar, este concepto lo he podido observar en algunas de las sesiones en donde el alma perdida siguió a mi cliente desde una vida pasada, tanto para dar un mensaje, como por un mero ajuste de cuentas.

Durante nuestras vidas, ¿somos víctimas de las almas perdidas que buscan pegarse a nosotros, sin que podamos hacer algo al respecto? Pues la verdad es que no. Si recordamos lo que relaté en capítulos anteriores, no es que estemos a merced de las almas perdidas, sino que, en cierto modo, por nuestra conducta, tendencias, vicios o adicciones, estamos atrayéndolas, colaborando en cierto modo a que esta situación se dé tal cual es explicada en "El libro de los espíritus" de Allan Kardec.

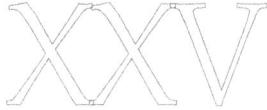

CONCLUSIONES

Cuando miro atrás, hacia el camino recorrido en el aprendizaje de la hipnosis, me doy cuenta que no soy la misma persona de hace unos años. Cada sesión con mis clientes, con los espíritus, almas perdidas y seres de luz ha ido generando un cambio en mí que ha ayudado a que sane mis propias heridas.

A través de ellos, mientras abrían su alma ante mí en busca de ayuda, he conocido nuevos conceptos. Aunque, para mí, la lección más valiosa que he aprendido es la del amor, la de ver más allá de la envoltura que reviste nuestra alma, de mirar dentro de cada persona a un alma clamando por ayuda, mientras descubría su identidad y hallaba sus fragmentos atrapados en otras experiencias, fueran en una vida pasada, en la vida intrauterina, en la primera infancia o en su etapa adulta.

Aunque, para muchos esto no tenga sentido, disfruto de la comunicación con los espíritus y las almas perdidas. Siento que al ayudarlos a salir de su atrapamiento y a encontrar la luz, estoy cumpliendo con mi propósito de vida.

Estamos en constante contacto con otras dimensiones más sutiles en todo momento sin siquiera saberlo. Si contásemos con una especie de visión rayos x espirituales, podríamos darnos cuenta que hay espíritus por todos lados, como si estuviésemos compartiendo un mismo espacio, pero en otra dimensión.

De la misma manera en que nosotros tenemos organizaciones que ayudan a los más necesitados y desvalidos, el mundo espiritual tiene sus propias organizaciones o grupos de auxilio, cuya finalidad es brindar una mano a las almas perdidas, tanto en el proceso de la reencarnación como en el previo a morir. Su tarea no solo se limita a las que he mencionado, sino que también las ayudan cuando están perdidas, turbadas o extraviadas en la zona a la que el espíritu de André Luiz denomina 'zona purgatorial'. Esto quiere decir que un alma perdida tratará de ser asistida por estos seres de luz siempre y cuando esté dispuesta a ser ayudada.

Hoy puedo decir que sé quién soy y para qué he venido. Siento que, en cierto modo, soy parte de los grupos de auxilio espiritual, como muchos de nosotros que decidimos reencarnar para seguir evolucionando, guiando a nuestros hermanos espirituales desde la corteza del planeta Tierra, desde esta densa tercera dimensión.

Agradezco a todo aquel que estuvo abierto a recibir todo esto que he compartido en estas páginas, producto de mis años de experiencia asistiendo a nuestros hermanos espirituales. Mi intención ha sido siempre la de poner un poco de luz de entendimiento en el corazón del lector, ayudando a que conozca un poco más esa dimensión que no podemos ver, pero que, sin embargo, está llena de almas clamando auxilio.

Si tú, lector, ya practicas alguna modalidad de hipnosis, te invito a también llevar a cabo la asistencia a los espíritus. Como mencioné al inicio de este libro, nuestro trabajo terapéutico no estaría completo si no le tendiéramos una mano también a las almas perdidas pegadas al campo vibratorio del cliente afectado.

A aquellos terapeutas que están interesados en continuar con este tipo de trabajo, no les deseo suerte porque no es cuestión de azar ni casualidad que estén brindando asistencia a los espíritus. Esta es una labor que requiere disciplina, dedicación, paciencia, conocimiento, y, sobre todo, amor y la voluntad de ayudar al prójimo. Son simplemente cualidades y condiciones que no se encuentran por azar en una persona.

Les deseo que escuchen ese llamado interno, esa chispa de luz que hasta el día de hoy los ha guiado a ayudar a otros. También deseo que, a partir de hoy, todos nosotros veamos a nuestros clientes como lo que en realidad son: almas en evolución pidiendo ser escuchadas, así como aquellas que se encuentran pegadas a su campo vibratorio, pidiendo lo mismo.

GUIANDO A LAS
ALMAS PERDIDAS

AYUDANDO A LOS ESPÍRITUS A REGRESAR A
LA LUZ A TRAVÉS DE LA HIPNOSIS

www.ingramcontent.com/pod-product-compliance
Lightning Source LLC
Chambersburg PA
CBHW050855160426
43194CB00011B/2158